SUPERAÇÃO

SUPERAÇÃO

TRABALHO DURO, SALÁRIO BAIXO E O DEVER DE UMA MÃE SOLO

STEPHANIE LAND
PREFÁCIO DE BARBARA EHRENREICH

ALTA LIFE
EDITORA

Rio de Janeiro, 2019

Superação — Trabalho duro, salário baixo e o dever de uma mãe solo
Copyright © 2019 da Starlin Alta Editora e Consultoria Eireli. ISBN: 978-85-508-1056-0

Translated from original Maid. Copyright © 2019 by Stephanie Land. ISBN 978-0-316-50511-6. This translation is published and sold by permission of Hachette Book Group the owner of all rights to publish and sell the same. PORTUGUESE language edition published by Starlin Alta Editora e Consultoria Eireli, Copyright © 2019 by Starlin Alta Editora e Consultoria Eireli.

Todos os direitos estão reservados e protegidos por Lei. Nenhuma parte deste livro, sem autorização prévia por escrito da editora, poderá ser reproduzida ou transmitida. A violação dos Direitos Autorais é crime estabelecido na Lei nº 9.610/98 e com punição de acordo com o artigo 184 do Código Penal.

A editora não se responsabiliza pelo conteúdo da obra, formulada exclusivamente pelo(s) autor(es).

Marcas Registradas: Todos os termos mencionados e reconhecidos como Marca Registrada e/ou Comercial são de responsabilidade de seus proprietários. A editora informa não estar associada a nenhum produto e/ou fornecedor apresentado no livro.

Impresso no Brasil — 1ª Edição, 2019 — Edição revisada conforme o Acordo Ortográfico da Língua Portuguesa de 2009.

Publique seu livro com a Alta Books. Para mais informações envie um e-mail para autoria@altabooks.com.br

Obra disponível para venda corporativa e/ou personalizada. Para mais informações, fale com projetos@altabooks.com.br

Produção Editorial Editora Alta Books	**Produtor Editorial** Juliana de Oliveira Thiê Alves	**Marketing Editorial** marketing@altabooks.com.br	**Vendas Atacado e Varejo** Daniele Fonseca Viviane Paiva	**Ouvidoria** ouvidoria@altabooks.com.br
Gerência Editorial Anderson Vieira	**Assistente Editorial** Adriano Barros	**Editor de Aquisição** José Rugeri j.rugeri@altabooks.com.br	comercial@altabooks.com.br	
Equipe Editorial	Carolinne Oliveira Ian Verçosa Illysabelle Trajano Keyciane Botelho	Larissa Lima Laryssa Gomes Leandro Lacerda	Livia Carvalho Maria de Lourdes Borges Paulo Gomes	Raquel Porto Thales Silva Thauan Gomes
Tradução Maíra Meyer	**Copidesque** Wendy Campos	**Revisão Gramatical** Thaís Pol Hellen Suzuki	**Diagramação** Joyce Matos	**Capa** Paulo Gomes

Erratas e arquivos de apoio: No site da editora relatamos, com a devida correção, qualquer erro encontrado em nossos livros, bem como disponibilizamos arquivos de apoio se aplicáveis à obra em questão.
Acesse o site www.altabooks.com.br e procure pelo título do livro desejado para ter acesso às erratas, aos arquivos de apoio e/ou a outros conteúdos aplicáveis à obra.

Suporte Técnico: A obra é comercializada na forma em que está, sem direito a suporte técnico ou orientação pessoal/exclusiva ao leitor.

A editora não se responsabiliza pela manutenção, atualização e idioma dos sites referidos pelos autores nesta obra.

Dados Internacionais de Catalogação na Publicação (CIP) de acordo com ISBD

L253s   Land, Stephanie

Superação: trabalho duro, salário baixo e o dever de uma mãe solo / Stephanie Land ; traduzido por Maíra Meyer. - Rio de Janeiro : Alta Books, 2019.
288 p. ; 14cm x 21cm.

Tradução de: Maid
Inclui índice.
ISBN: 978-85-508-1056-0

1. Autoajuda. 2. Superação. 3. Pobreza. I. Meyer, Maíra. II. Título.

2018-2182   CDD 158.1
                                                 CDU 159.947

Elaborado por Vagner Rodolfo da Silva - CRB-8/9410

Rua Viúva Cláudio, 291 — Bairro Industrial do Jacaré
CEP: 20.970-031 — Rio de Janeiro (RJ)
Tels.: (21) 3278-8069 / 3278-8419
www.altabooks.com.br — altabooks@altabooks.com.br
www.facebook.com/altabooks — www.instagram.com/altabooks

ASSOCIADO CBL Câmara Brasileira do Livro

Para Mia:
Boa noite
Eu te amo
Vejo você de manhã
Mamãe

Sumário

Agradecimentos   *xi*
Prefácio de Barbara Ehrenreich   *xiii*

PARTE UM

1. O Abrigo   3
2. O Trailer   15
3. Moradia Provisória   23
4. O Apartamento   33
5. Sete Tipos Diferentes de Assistência Governamental   41
6. A Fazenda   55
7. O Último Emprego da Terra   65
8. A Casa Pornográfica   75
9. Faxina de Mudança   83
10. A Casa de Henry   97

PARTE DOIS

11. O Estúdio   111
12. Minimalista   119
13. A Casa de Wendy   127

14. A Casa das Plantas — 135
15. A Casa do Chef — 143
16. A Casa de Donna — 151
17. Daqui a Três Anos — 157
18. A Casa Triste — 163
19. A Casa de Lori — 173
20. "Não Sei Como Você Consegue" — 187
21. A Casa do Palhaço — 197
22. "Still Life With Mia" — O Blog — 209

PARTE TRÊS

23. Faça Melhor — 221
24. A Casa da Baía — 233
25. A Trabalhadora Mais Esforçada — 241
26. A Casa da Acumuladora — 249
27. Em Casa — 261

Aprendi que ganhar a vida não é o mesmo que viver a vida.

—Maya Angelou

Agradecimentos

Este livro foi criado por mães solo. Adoro poder dizer isso, porque mães solo são aguerridas, valentes, resilientes, corajosas e fortes na maneira como vivem e, sobretudo, como amam. Sou eternamente grata às mães solo que foram doulas do meu livro; que amaram esta obra desde seu início:

Debbie Weingarten, o exemplo ideal de amizade, que leu muitos rascunhos horríveis disto aqui (e da proposta!) e imediatamente retornou com inúmeras mensagens exaltadas e fazendo a maior festa. Kelly Sundberg, cuja voz tranquila me instruiu de um jeito tão comovente em momentos de desespero que se tornou minha narrativa interna. Becky Margolis, de longe a melhor vizinha, ouvinte e companheira de jantares, que abençoou Mia ao ser sua "outra mãe". Andrea Guevara, cuja habilidade de enxergar o coração e a pura essência das pessoas me espanta. E, por fim, a Krishan Trotman, minha editora incrível na Hachette. Sem dúvida este livro teria sido um amontoado incoerente de "e então aconteceu isso" sem suas edições cuidadosas, ponderadas e pormenorizadas à perfeição. Obrigada por se dedicar por inteiro a este livro. Não poderia haver pessoa melhor para guiá-lo ao mundo.

A Jeff Kleinman, o agente dos sonhos, o melhor dos melhores. Você não faz ideia do quanto adorei todos os seus e-mails e mensagens cheias de pontos de exclamação.

A meus professores: Sr. Birdsall, meu professor do quarto ano no Scenic Park Elementary em Anchorage, Alasca, por trazer à tona a escritora em mim. Debra Magpie Earling, por afirmar, com tanta convicção, que meu ensaio "Confessions of the Housekeeper" ["Confissões de uma Doméstica", em tradução livre] daria um livro; isso se tornou minha própria profecia a ser cumprida. Obrigada por trazer à tona a contadora de histórias em mim. Agradeço também a Barbara Ehrenreich, Marisol Bello, Lisa Drew, Collin Smith, Judy Blunt, David Gates, Sherwin Bitsui, Katie Kane, Walter Kirn, Robert Stubblefield, Erin Saldin, Chris Dombrowski e Elke Govertsen, por pacientemente conduzirem e guiarem minha escrita rumo à coerência, com estímulo e capacitação fundamentais. Obrigada.

Às minhas filhas, que são a razão de tudo: Coraline, seus sorrisos radiantes e abraços apertados me ajudaram a lidar com muitos e longos dias de escrita e revisão. Mia, minha doce menina, Emilia Story. Agradeço a vocês por me transformarem em mãe. Obrigada por viverem esta jornada comigo. Obrigada por acreditarem em mim. Obrigada, especialmente, por sempre, sempre, me colocarem no meu lugar com sua capacidade de serem exatamente quem são, e ninguém mais. Meu peito se enche de afeto e devoção que sinto por vocês duas, e eu as amo cada vez mais.

A meus leitores e incentivadores ao longo dos últimos anos. Aos Binders. Aos que estão à mercê do sistema falido da assistência governamental e que passam os dias no desespero esmagador da pobreza. Aos que foram criados por mães solo, e aos que estão criando filhos por conta própria. Obrigada por continuamente me lembrarem da crucial importância de compartilhar esta história. Obrigada por terem este livro em mãos. Obrigada por se juntarem a mim nesta jornada. Obrigada a todos vocês por caminharem ao meu lado.

Prefácio

Bem-vindo ao Mundo de Stephanie Land

Para entrar nele, há um preço: deixar para trás todos os estereótipos envolvendo trabalhadores domésticos, pais e mães solo e imagens da pobreza extraídas da mídia que talvez você ainda conserve. Stephanie trabalha muito e é "articulada", para usar o termo elogioso condescendente atribuído pelas elites a pessoas inesperadamente inteligentes que não têm formação superior.

Superação é sobre a jornada dela como mãe, tentando proporcionar uma vida e um lar seguro à filha Mia enquanto sobrevive de migalhas da assistência social e do salário ridiculamente baixo que ganhava como doméstica.

O trabalho de uma criada evoca bandejas de chá, uniformes engomados, Downton Abbey. Porém, na realidade, o mundo da criada é incrustado de sujeira e cuecas borradas. Essas trabalhadoras desentopem ralos com pelos pubianos e lidam com nossa roupa suja no sentido literal e no metafórico. Ainda assim, permanecem na invisibilidade — ignoradas pela política e pelas diretrizes governamentais, olhadas com desdém em nossas portas de entrada. Sei disso porque vivenciei brevemente essa experiência, quando fiz uma reportagem investigativa sobre trabalhos mal remunerados para meu livro *Miséria à Americana*. Ao contrário de Stephanie, eu podia voltar para minha vida bem mais confortável como escritora. E, ao contrário dela, não estava tentando sustentar uma criança com meu salário. Meus filhos já tinham crescido, e não tinham interesse algum em morar comigo em estacionamentos para trailers como parte de uma empreitada louca de jornalista. Então, sei como é o trabalho de limpar casas — a exaustão e o desprezo que enfrentava ao usar, em público, meu colete da empresa, em que se lia "The Maids International". Mas a ansiedade e o desespero de muitas de minhas colegas de trabalho eu só podia imaginar. Como Stephanie, muitas dessas mulheres eram mães solo que limpavam casas como meio de sobrevivência, que ficavam agoniadas o dia todo com os filhos que, às vezes, precisavam deixar em situações perigosas para poder trabalhar.

Por sorte, você provavelmente nunca precisou viver no mundo de Stephanie. Em *Superação*, verá que a escassez é a lei. Nunca há dinheiro suficiente e, às vezes, nem comida suficiente: manteiga de amendoim e macarrão instantâneo são regra; McDonald's é um raro prazer. É um mundo em que nada é muito confiável, e isso inclui carros, homens e moradia. Vales-refeição são um pilar importante para a sobrevivência dessas pessoas, e a recente lei norte-americana que exige que as pessoas trabalhem para receber os seus o deixará com raiva. Sem esses recursos do governo, esses trabalhadores, entre eles mães e pais solo, não conseguiriam sobreviver. Isso não é esmola. Como todos nós, eles querem uma base estável na sociedade.

Talvez o aspecto mais doloroso do mundo de Stephanie seja o antagonismo infligido pelos mais afortunados. É o preconceito de classe, que atinge sobretudo trabalhadores braçais, frequentemente julgados como moral e intelectualmente inferiores aos que usam ternos ou que trabalham atrás de uma mesa. No supermercado, outros clientes olham para o carrinho de compras de Stephanie com ar julgador enquanto ela paga com vales-refeição. Um homem mais velho diz, em voz alta, "De nada!" como se ele tivesse pessoalmente pagado pelas compras. Essa mentalidade vai muito além desta situação específica vivida por Stephanie e representa a visão da maior parte de nossa sociedade.

A narrativa do mundo de Stephanie tem um arco que parece rumar a um colapso desastroso. Primeiro, há o desgaste físico proveniente de ficar erguendo coisas, aspirando e esfregando de 6 a 8 horas por dia. Na companhia de limpeza para a qual trabalhei, todas as minhas colegas de trabalho, de 19 anos em diante, pareciam sofrer de algum tipo de dor neuromuscular que prejudicava as costas, lesões no manguito rotador e problemas nos joelhos e tornozelos. Stephanie lida com isso consumindo quantidades alarmantes de ibuprofeno diariamente. Em certo momento, ela lança um olhar melancólico aos opioides guardados no banheiro de um cliente, mas drogas prescritas não são uma opção para ela, nem massagens ou cuidados físicos, ou visitas a um especialista em terapia da dor.

No ápice, ou interligado à exaustão física de seu estilo de vida, está o desafio emocional que Stephanie enfrenta. Ela é o exemplo perfeito da "resiliência" que psicólogos recomendam aos pobres. Ao confrontar um obstáculo, ela imagina como seguir em frente. Mas a ofensiva dos obstáculos às vezes atinge níveis excessivos. O que não a deixa sucumbir é o infinito amor que sente pela filha, a luz brilhante e intensa que ilumina todo o livro.

Dizer que esta obra tem final feliz dificilmente é um spoiler. Ao longo dos anos de luta e labuta reportados aqui, Stephanie nutria um desejo de se tornar escritora. Eu a conheci anos atrás, quando estava começando sua carreira na escrita. Além de escritora, sou fundadora do Economic Hardship Reporting Project, organização que promove jornalismo de alta qualidade sobre desigualdade econômica, especialmente por pessoas que estão lutando para sobreviver por sua conta e risco. Stephanie nos enviou uma solicitação e nós a acolhemos, trabalhamos com ela para desenvolver sua apresentação, aperfeiçoar rascunhos e incluí-los nos melhores estabelecimentos que podíamos encontrar, incluindo o *New York Times* e o *New York Review of Books*. Ela é exatamente o tipo de pessoa que justifica nossa existência — uma escritora desconhecida, da classe operária, que só precisava de um empurrãozinho para catapultar sua carreira.

Se este livro lhe servir de inspiração, o que talvez aconteça, lembre-se de como ele passou perto de nunca existir. Stephanie poderia ter se entregado ao desespero ou à exaustão; poderia ter sofrido uma lesão incapacitante no trabalho. Pense, também, em todas as mulheres que, pelos mesmos motivos, nunca conseguiram fazer com que suas histórias fossem contadas. Stephanie nos lembra de que elas estão por aí aos milhões, cada uma heroína à própria maneira, esperando para ser ouvida.

—*Barbara Ehrenreich*

SUPERAÇÃO

PARTE UM

1
O Abrigo

Minha filha aprendeu a andar em um abrigo para pessoas sem-teto. Foi em uma tarde de junho, na véspera do primeiro aniversário dela. Eu me sentei no sofazinho surrado do abrigo, segurando uma câmera digital antiga para registrar seus primeiros passos. Os cabelos embaraçados de Mia e seu macacão de listras desbotadas contrastavam com a determinação em seus olhos castanhos enquanto curvava os dedinhos dos pés tentando se equilibrar. Atrás da câmera, registrei as curvas de seus tornozelos, as dobrinhas de suas coxas e a barriga redonda. Ela balbuciou enquanto caminhava descalça até mim, atravessando o piso de azulejos. Anos de sujeira incrustavam aquele piso. Por mais que eu esfregasse, nunca conseguiria limpá-lo.

Era a última semana de nossa estada de 90 dias em uma minúscula casa-contêiner na ala norte da cidade, concedida pela autoridade habitacional aos que não têm casa. Depois, nós nos mudaríamos para uma moradia provisória — um conjunto antigo e degradado de apartamentos com pisos de cimento que também funcionavam como casas de passagem. Apesar de temporário, fiz o melhor que pude para tornar o contêiner um lar para minha filha. Coloquei um lençol amarelo no pequeno sofá, não somente para dar vida às paredes brancas ameaçadoras e ao piso cinza, mas para acrescentar um toque vívido e alegre a um período de trevas.

Ao lado da porta da frente, pendurei um pequeno calendário na parede. Nele, várias datas indicavam encontros com assistentes sociais de organizações em que eu poderia buscar ajuda. Já tinha olhado embaixo de cada pedra, espiado pela janela de cada prédio de assistência governamental e entrado nas longas filas de pessoas carregando pastas com documentos aleatórios para provar que não tinham dinheiro. Estava sobrecarregada pelo tanto de trabalho que tive para comprovar que era pobre.

Não era permitido receber visitas, nem ter muitas coisas. Tínhamos só uma mala de pertences. Mia tinha uma única cesta de brinquedos. Alguns poucos livros foram arrumados nas estantezinhas que separavam a sala de estar da cozinha. Havia uma mesa redonda em que encaixei o cadeirão de Mia, e uma cadeira em que eu me sentava e a observava comer, com frequência bebendo café para aplacar a fome.

Enquanto observava Mia dar seus primeiros passos, eu tentava não olhar para a caixa verde atrás dela, na qual estavam guardados os documentos do tribunal que detalhavam minha briga com seu pai pela custódia. Lutei para manter o foco nela, sorrindo para ela, como se tudo estivesse bem. Se fosse eu diante da câmera, não me reconheceria. As minhas poucas fotos mostravam praticamente outra pessoa, talvez a versão mais magra de toda a minha vida. Eu trabalhava meio período como jardineira, passava várias horas por semana podando arbustos, domando pés de amora rebeldes e arrancando minúsculas folhas de grama de lugares em que não deveriam estar. Às vezes, limpava chãos e banheiros de casas de pessoas próximas, amigos que ouviam dizer que eu estava desesperada por dinheiro. Esses amigos não eram ricos, mas tinham um colchão financeiro sob eles, algo que eu não tinha. Um mês sem pagamento seria uma dificuldade, não o início de eventos que os levariam a morar em um abrigo para sem-teto. Eles tinham pais ou outros familiares a quem recorrer, que os ajudariam até se reerguerem e os poupariam de tudo isso. Não tínhamos esse apoio. Éramos só Mia e eu.

Nos documentos de admissão para a autoridade habitacional, ao me perguntarem quais eram meus objetivos pessoais para os meses seguintes, escrevi sobre me acertar com o pai de Mia, Jamie. Eu achava que, se me esforçasse o suficiente, conseguiríamos nos entender. Por vezes, imaginava momentos em que seríamos uma família de verdade — uma mãe, um pai e uma bela garotinha. Eu me agarrava a esses devaneios como se fossem uma linha amarrada a um balão gigante. O balão me carregaria para além do abuso de Jamie e do sofrimento de ter sido abandonada como mãe solo. Se segurasse firme essa linha, flutuaria sobre tudo isso. Se focasse a imagem da família que queria ser, poderia fingir que as partes ruins não eram reais; assim como essa vida era um estado de consciência temporário, não uma nova existência.

Mia ganhou sapatos novos de aniversário. Guardei dinheiro durante um mês. Eles eram marrons, com passarinhos rosas e azuis bordados. Enviei convites de festa como uma mãe convencional e convidei Jamie como se fôssemos um casal comum compartilhando a guarda da filha. Comemoramos em uma mesa de piquenique com vista panorâmica para o oceano, em uma colina com relva no Parque Chetzemoka em Port Townsend, cidade do estado de Washington, onde morávamos. Sorrindo, as pessoas se sentavam em mantas trazidas de casa. Eu comprei limonada e muffins com o que sobrara do meu vale-refeição naquele mês. Meu pai e meu avô viajaram por quase duas horas, de direções opostas, para participar. Meu irmão e alguns amigos vieram. Um deles trouxe um violão. Pedi a um amigo que tirasse fotos de Mia, Jamie e de mim, porque era raríssimo nós três juntos daquele jeito. Queria que Mia tivesse uma lembrança boa para recordar. Mas o semblante de Jamie nas fotos mostrava desinteresse, raiva.

Minha mãe pegou um voo com o marido, William, de Londres, ou da França, ou de onde quer que estivessem morando naquela época. Um dia depois da festa de Mia, eles apareceram — violando a regra de "nada de visitas" do abrigo para sem-teto — para me ajudar com a mudança para o apartamento provisório. Fiz um leve sinal de reprovação com a cabeça ao ver os trajes deles — William de calça jeans preta skinny, suéter preto e botas pretas; mamãe de vestido listrado preto e branco apertado demais em seus quadris largos, calça legging preta e tênis de solado baixo, tipo All Star. Eles pareciam prontos para degustar um espresso, não para fazer uma mudança. Eu não tinha deixado ninguém ver onde estávamos morando, então a invasão de sotaque britânico e trajes europeus fez a casa-contêiner, nosso lar, parecer ainda mais suja.

William pareceu surpreso ao ver que nossa mudança se resumia a uma mochila. Ele a pegou e levou para fora, e mamãe o seguiu. Voltei para dar uma última olhada naquele piso, nos meus próprios espectros lendo livros no pequeno sofá, nos de Mia vasculhando sua cesta de brinquedos, dela sentada na gaveta embutida sob a cama de solteiro. Eu estava feliz em ir embora. Mas aquele foi um breve momento para assimilar as coisas a que sobrevivi, um adeus agridoce ao frágil local de nosso começo.

Metade dos moradores do nosso novo prédio de apartamentos, o Northwest Passage Transitional Family Housing Program, era como eu, pessoas se mudando de abrigos para sem-teto, mas a outra metade era gente que tinha acabado de sair da cadeia. Deveria ser um avanço em relação ao abrigo, mas eu já sentia falta do isolamento da casa-contêiner. Aqui neste prédio, minha realidade parecia estar exposta para todo mundo ver, até para mim.

Mamãe e William esperaram atrás de mim enquanto eu me aproximava da porta de nosso novo lar. Tive dificuldades com a chave, então posei a caixa que carregava no chão para lidar com a fechadura, até que finalmente conseguimos entrar. "Bom, pelo menos é seguro", brincou William.

Entramos por uma porta estreita; a porta principal ficava em frente ao banheiro. Sem demora, reparei na banheira, onde Mia e eu poderíamos tomar banho juntas. Não tínhamos o luxo de uma banheira há muito tempo. Nossos quartos ficavam do lado direito. Cada um tinha uma janela com vista para a rua. Na cozinha minúscula, a porta da geladeira encostava no armário, do lado oposto. Caminhei pelos amplos pisos brancos, que lembravam os do abrigo, e abri a porta que dava para um pequeno deque externo. O tamanho era suficiente para eu poder me sentar com as pernas esticadas.

Julie, minha assistente social, me mostrara rapidamente o local durante uma visita duas semanas antes. A última família que morou no apartamento ficou por 24 meses, o máximo de tempo possível. "Você tem sorte por este aqui estar disponível", disse ela. "Sobretudo por seus dias no abrigo terem acabado."

Em meu primeiro encontro com Julie, sentei-me de frente para ela, gaguejando enquanto tentava responder perguntas sobre meus planos e como pretendia proporcionar abrigo à minha filha. Qual o caminho pretendido para a estabilidade financeira. Quais trabalhos eu era capaz de fazer. Julie parecia compreender meu desconcerto, dando algumas sugestões sobre como proceder. Mudar-me para moradias para pessoas de baixa renda parecia ser minha única opção. O problema era encontrar uma vaga. Havia advogados no Centro de Serviços de Violência Doméstica e Agressão Sexual que mantinham um abrigo protegido para vítimas que não tinham a quem recorrer, mas minha sorte foi a autoridade habitacional me oferecer meu próprio espaço e um caminho para a estabilidade.

Julie e eu examinamos uma lista de quatro páginas durante esse primeiro encontro, regras que eu deveria seguir para poder ficar no abrigo.

O hóspede compreende que este é um abrigo emergencial; esta NÃO é sua casa.
EXAMES ALEATÓRIOS DE URINA podem ser solicitados a qualquer momento.
Visitas NÃO são permitidas no abrigo.
SEM EXCEÇÃO.

Julie deixou claro que eles ainda fariam inspeções aleatórias para assegurar que as tarefas domésticas básicas eram executadas, como lavar os pratos, não deixar comida na bancada e manter o chão limpo. De novo, concordei com os exames aleatórios de urina, inspeções aleatórias na unidade e um toque de recolher às 10h da noite. Visitantes só podiam passar a noite com prévia autorização e por no máximo três dias. Todas as mudanças relacionadas à renda deveriam ser reportadas imediatamente. Deveriam ser enviadas declarações mensais, com detalhes sobre quanto dinheiro entrou (e como), e por que ele acabou.

Julie era sempre simpática e sorria enquanto falava. Eu gostava do fato de ela não ter a aparência cansada e morosa que outros assistentes sociais de escritórios governamentais tinham. Ela me tratava como uma pessoa e tinha o hábito de colocar os cabelos curtos e acobreados atrás da orelha enquanto falava. Mas meus pensamentos estavam paralisados no momento em que ela me disse que eu "tinha sorte." Eu não me sentia sortuda. Grata, sim. Definitivamente. Mas com sorte, não. Não por estar me mudando para um lugar com regras que sugeriam que eu era viciada, suja, ou apenas com a vida tão bagunçada que precisava de um toque de recolher obrigatório e exames de urina.

Ser pobre, viver na pobreza, parecia uma provação — em que o crime era não ter meios de sobreviver.

༺༻

William, mamãe e eu mudamos as coisas a um ritmo razoável da picape que eu pegara emprestada até as escadas que davam para minha porta no segundo andar. Tiramos minhas tralhas de um depósito que meu pai conseguiu para mim antes de me mudar para o abrigo. Mamãe e William estavam tão bem-vestidos que eu lhes ofereci camisetas, mas recusaram. Mamãe sempre esteve acima do peso, exceto durante o período em que se divorciou de meu pai. Ela atribuía sua perda de peso à dieta de Atkins. Mais tarde, papai descobriu que a motivação repentina dela pela ginástica não era entrar em forma, e sim um caso, acompanhado de um desejo recém-descoberto de fugir das obrigações de esposa e mãe. A metamorfose de mamãe era uma saída do armário ou um despertar para a vida que sempre quis, mas que sacrificara pela família. Para mim, parecia que de uma hora para outra ela se tornara uma estranha.

Na primavera em que meu irmão, Tyler, se formou no ensino médio, meus pais se divorciaram, e mamãe se mudou para um apartamento. No Dia de Ação de Graças, ela tinha reduzido pela metade o manequim de seus vestidos e deixado o cabelo crescer. Fomos a um bar e eu a vi beijar homens da minha idade e depois desmaiar em uma poltrona de lanchonete. Fiquei com vergonha, mas depois essa sensação se transformou em uma perda que eu não sabia como lamentar. Eu queria minha mãe de volta.

Papai foi absorvido por uma nova família por um tempo. A mulher que ele namorou logo após o divórcio era ciumenta e tinha três filhos. Ela não gostava quando eu aparecia. "Cuide-se", disse-me ele uma vez após um café da manhã em um Denny's perto da casa deles.

Meus pais tinham se mudado, deixando-me emocionalmente órfã. Jurei não criar o mesmo hiato físico e emocional entre mim e Mia.

Agora, olhando para mamãe, casada com um britânico apenas sete anos mais velho que eu, vi que seu manequim estava vários números maior do que jamais fora, tanto que ela parecia desconfortável com o próprio corpo. Eu não conseguia parar de olhar para ela enquanto, de pé à minha frente, falava com um falso sotaque britânico. Já devia fazer uns sete anos desde que ela se mudara para a Europa, mas eu a vira poucas vezes.

Em meio à mudança das minhas várias caixas de livros, ela começou a falar sobre como um hambúrguer parecia uma boa pedida. "E uma cerveja", acrescentou na próxima vez em que passamos uma pela outra nas escadas. Era no máximo meio-dia, mas ela estava em modo férias, o que significava que a bebedeira começava cedo. Ela sugeriu irmos ao Sirens, um bar no centro da cidade com cadeiras na calçada. Minha boca se encheu de água. Eu não saía para comer há meses.

"Tenho que trabalhar depois, mas posso ir", disse. Eu limpava a pré-escola de um amigo uma vez por semana, por US$45.

Também precisava devolver a picape e pegar Mia na casa de Jamie.

Naquele dia, mamãe arrumou várias caixas enormes — fotos antigas e quinquilharias — que guardava na garagem de um amigo. Trouxe tudo aquilo para minha nova casa, como um presente. Aceitei de bom grado, com nostalgia, e como evidência de nossa antiga vida juntos. Ela guardara cada foto de escola, cada retrato de Halloween. Eu segurando meu primeiro peixe. Guirlandas de flores após o musical da escola. Mamãe estava na plateia, me apoiando, sorrindo e segurando uma câmera. Agora, no apartamento, ela me olhava como apenas outra adulta, uma igual, enquanto eu estava lá, de pé, me sentindo mais perdida do que nunca. Precisava de minha família. Precisava vê-los acenando com a cabeça, sorrindo, assegurando-me de que tudo ficaria bem.

Quando William se levantou para usar o banheiro, sentei-me no chão perto de mamãe. "Ei", disse eu.

"Sim?", respondeu ela, como se eu estivesse prestes a pedir algo. Sempre tive a sensação de que ela ficava preocupada que eu lhe pedisse dinheiro, mas nunca pedi. Ela e William levavam uma vida frugal na Europa, alugando o flat de William em Londres enquanto moravam em um chalé na França, perto de Bordeaux, que eles transformariam em uma hospedagem com café da manhã.

"Será que poderíamos passar um tempo juntas?", perguntei. "Só nós duas?"

"Steph, só acho que não seria apropriado."

"Por quê?", perguntei já me levantando.

"É que, se quiser passar um tempo comigo, terá de aceitar que William estará junto, também", disse ela.

Naquele momento, William veio em nossa direção, assoando alto o nariz em seu lenço. Ela agarrou a mão dele e olhou para mim com as sobrancelhas levantadas, como se estivesse orgulhosa de si mesma por impor esse limite.

Não era segredo que eu não gostava de William. Quando fui visitá-los na França, alguns anos antes, William e eu tivemos uma discussão tão intensa que acabou com minha mãe indo chorar no carro. Nessa visita, quis recuperar a relação perdida com minha mãe, mas não somente como alguém que poderia me ajudar nos cuidados com Mia. Eu almejava uma mãe, alguém em quem pudesse confiar, que me aceitasse incondicionalmente apesar de eu viver em um abrigo para sem-teto. Se eu tivesse uma mãe com quem conversar, talvez ela pudesse explicar o que estava acontecendo comigo, ou deixar isso mais fácil, e me ajudar a não enxergar a mim mesma como um fracasso. Era difícil, considerando o meu nível de desespero, disputar a atenção da própria mãe. Então, eu ria sempre que William contava piadas. Sorria quando ele satirizava a gramática norte-americana. Não comentava sobre o novo sotaque de minha mãe ou o fato de que agora ela agia de maneira arrogante, como se vovó não fizesse salada com frutas enlatadas e usasse chantilly pronto.

Mamãe e papai cresceram em partes diferentes de Skagit County, região conhecida por seus campos de tulipas, localizada a mais ou menos uma hora ao norte de Seattle. As famílias de ambos tinham vivido na pobreza por gerações. A de papai estava muito enraizada nas colinas arborizadas acima de Clear Lake. Havia rumores de que seus parentes distantes ainda fabricavam aguardente caseira. Mamãe vivia no vale, onde agricultores cultivavam plantações de ervilha e espinafre.

Vovó e vovô estavam casados há quase 40 anos. Minhas lembranças mais antigas deles são no trailer na floresta, que ficava perto de um riacho. Eu ficava com eles durante o dia, enquanto meus pais trabalhavam. No almoço, vovô preparava maionese e sanduíches de manteiga com pão de forma. Eles não tinham muito dinheiro, mas as lembranças de meus avós maternos eram repletas de amor e aconchego: vovó esquentando uma sopa de tomates da Campbell, com um refrigerante na mão, apoiada em um pé só e com o outro na coxa, parecendo um flamingo; e sempre havia um cigarro queimando em algum cinzeiro por perto.

Eles se mudaram para uma casa antiga na cidade, perto do centro de Anacortes, um lugar tão deteriorado ao longo dos anos que beirava o inóspito. Vovô era corretor de imóveis, e sempre que tinha uma folga me levava brinquedos que encontrava ou "pescava" em máquinas no boliche.

Durante a infância, quando não estava na casa deles, eu telefonava para vovó. Eu passava tanto tempo falando com ela que a maioria das fotos na caixa me mostrava aos quatro e cinco anos, de pé na cozinha, com um telefone amarelo grande colado à orelha.

Vovó tinha esquizofrenia paranoide, e com o tempo ficou quase impossível conversar com ela. Ela desenvolveu delírios. Da última vez em que Mia e eu a visitamos, eu levei uma pizza do Papa Murphy que comprara com meus vales-refeição. Vovó, usando uma grossa camada de rímel preto e batom rosa-choque, ficou do lado de fora fumando durante a maior parte da visita. Tivemos que esperar vovô chegar em casa para comer. Quando ele chegou, vovó disse que não estava mais com fome e acusou vovô de ter um caso, e até de flertar comigo.

Mas Anacortes foi a guardiã de minhas memórias de infância. Embora eu tivesse cada vez menos laços com minha família, sempre contei a Mia sobre Bowman Bay, região de Deception Pass — uma fenda no oceano que separa as ilhas Fidalgo e Whidbey, onde meu pai me levava para caminhar quando eu era pequena. Aquela diminuta área do estado de Washington, com suas sempre-vivas e madronas altíssimas, era o único lugar em que me sentia em casa. Explorei cada recanto dela, conheci seus trajetos e as nuances das correntes oceânicas, gravei minhas iniciais no tronco retorcido vermelho-alaranjado de uma madrona e saberia apontar exatamente qual. Sempre que voltava a Anacortes para visitar minha família, eu me pegava caminhando pelas praias sob a ponte Deception Pass, tomando o longo caminho para casa pela rua Rosario, passando pelas mansões nas encostas.

Eu sentia falta de minha família, mas ficava aliviada por mamãe e vovó ainda se falarem todos os domingos. Mamãe ligava para ela de onde quer que estivesse na Europa. Isso me consolava, era como se não tivesse perdido por completo minha mãe, por ela ainda guardar dentro de si alguma recordação das pessoas que deixara para trás.

Mamãe pediu outra cerveja quando chegou a conta do almoço no Sirens. Verifiquei as horas. Eu precisava de 2 horas para limpar a pré-escola antes de pegar Mia. Depois de observar por mais de 15 minutos mamãe e William se divertindo com histórias bizarras sobre seus vizinhos na França, avisei que precisava ir embora.

"Ah", disse William, levantando as sobrancelhas. "Quer que eu acene para a garçonete para você pagar o almoço?"

Olhei fixo para ele. "Eu não...", disse. Nós nos entreolhamos, em um tipo de impasse. "Eu não tenho dinheiro para pagar."

O correto teria sido eu pagar o almoço para eles, já que estavam me visitando e me ajudaram com a mudança, mas, supostamente, eles eram meus pais. Quis relembrá-lo de que ele tinha acabado de me ajudar a mudar de um abrigo para sem-teto, mas não o fiz, e me virei para minha mãe com súplica no olhar. "Posso colocar a cerveja no meu cartão de crédito", ofereceu ela.

"Só tenho dez pratas na minha conta", disse eu. Os nós na minha garganta aumentavam.

"Isso mal paga seu hambúrguer", deixou escapar William.

Ele estava certo. Meu hambúrguer custava US$10,59. Eu pedi um prato exatamente 28 centavos a menos do que tinha na conta bancária. A vergonha pulsava dentro do meu peito. Qualquer sensação de vitória em relação à minha mudança do abrigo naquele dia foi despedaçada. Eu não era capaz de pagar um maldito hambúrguer.

Olhei para minha mãe e William e pedi licença para usar o banheiro. Eu não precisava fazer xixi. Precisava chorar.

Meu reflexo no espelho mostrava um vulto excessivamente magro, usando uma camiseta de criança e um jeans apertado com as barras enroladas para disfarçar que era curto demais. No espelho estava aquela mulher exausta e sem dinheiro algum como resultado, alguém que não era capaz de comprar uma porra de um hambúrguer. Eu sempre estava estressada demais para comer, e na verdade em muitas refeições eu apenas observava Mia colocando comida na boca, grata por cada mordida que ela dava. Meu corpo se resumia a linhas angulosas e profundas, e tudo o que me restava era gritar naquele banheiro.

Anos antes, quando eu pensava no meu futuro, a pobreza parecia inconcebível, tão distante da minha realidade, que nunca pensei que terminaria aqui. Mas agora, depois de uma filha e um rompimento, me vi imersa em uma realidade da qual não sabia como cair fora.

Quando voltei, William ainda soltava fogo pelas ventas, como algum tipo de dragão em miniatura. Mamãe se inclinou na direção dele, sussurrando algo, e ele balançou a cabeça em sinal de reprovação.

"Posso pagar dez dólares", disse eu, ao me sentar.

"Tudo bem", disse mamãe.

Não esperava que ela aceitasse minha oferta. Levaria dias até eu receber meu pagamento. Fui tateando dentro de minha bolsa procurando pela carteira e, então, peguei meu cartão. Depois que assinei o comprovante do cartão, levantei-me, enfiei meu cartão no bolso de trás e mal dei um abraço de despedida nela enquanto eu saía. Estava a apenas alguns passos da mesa quando William disse: "Ora, nunca vi alguém tão arrogante!"

2

O Trailer

No Natal de 1983, ganhei dos meus pais uma boneca que queria muito. Mamãe esperara horas na fila da JCPenney antes de as portas abrirem. Os gerentes da loja de departamentos intimidavam os consumidores com tacos de beisebol para impedir que a multidão avançasse nos balcões. Mamãe abriu caminho a cotoveladas, como uma guerreira, e agarrou a última caixa da prateleira antes que outra mulher a pegasse. Pelo menos, foi assim que ela contou a história. Eu escutava de olhos arregalados, adorando o fato de ela ter lutado por minha causa. Mamãe, a heroína. A campeã. A provedora de bonecas superdisputadas.

Na manhã de Natal, carreguei orgulhosa minha nova boneca apoiada em meu pequeno quadril, como um bebê. Ela tinha cabelos loiros curtos e encaracolados e olhos verdes. Fiquei de pé em frente à mamãe, levantei minha mão direita e fiz um juramento: "Depois de conhecer esta boneca e todas suas necessidades, quero assumir o grande compromisso de me tornar uma boa mãe para Angelica Marie." Então, assinei os papéis da adoção que vinham com a boneca e eram o principal motivo do sucesso dessa linha de bonecas. Eles representavam valores familiares e estimulavam a responsabilidade. Quando recebi a certidão de nascimento da boneca com meu nome impresso nela, mamãe envolveu a mim e Angelica, que estava cuidadosamente limpa e vestida para a ocasião, em um abraço orgulhoso.

Desde que me entendo por gente, queria ser escritora. Adulta, escrevia histórias e desaparecia com meus livros como se fossem velhos amigos. Alguns dos meus dias de folga favoritos eram os chuvosos, quando começava um livro novo de manhã em uma cafeteria e o terminava à noite em um bar. Foi durante o primeiro verão, quando eu já tinha quase 30 anos e estava com Jamie, que a Universidade de Montana, em Missoula, começou a me seduzir com cartões-postais de seus programas de escrita criativa. Eu me imaginava nas fotos, caminhando pelas paisagens pastoris de Montana, em algum lugar entre as citações de *Viagens com o Charley*, de Steinbeck, que com simplicidade rabiscou em letras trabalhadas: "... mas com Montana é amor." Essas palavras me trouxeram ao "Big Sky Country" de Montana, em uma busca por um lar na próxima fase de minha vida.

Conheci Jamie voltando para casa de um bar, aonde meus colegas de trabalho e eu íamos após o expediente. Era quase meia-noite e os grilos de verão cantavam na grama. Meu moletom com capuz ficou amarrado em minha cintura enquanto eu dançava e transpirava a noite toda. Agora, achei melhor vesti-lo, prevendo um longo trajeto de bicicleta para casa. A parte da frente de minha calça Carhartt ainda tinha pequenas gotas de espresso do café onde eu trabalhava, e ainda conseguia sentir o último gole de uísque na boca.

Lá fora, na brisa refrescante, ouvi o som suave de um violão vindo de um banco de jardim e a voz inconfundível de John Prine. Fiz uma pausa longa o suficiente para reconhecer a música e reparei em um cara com um MP3 player e alto-falantes portáteis no colo. Ele usava um casaco de flanela vermelho e um chapéu fedora marrom, estava sentado com os pés para cima e abraçando os joelhos, balançava sutilmente a cabeça, absorto na música.

Sem pensar, eu me sentei perto dele. O calor do uísque se agitava em meu peito. "Oi", disse eu.

"Oi", ele respondeu, sorrindo.

Ficamos sentados daquele jeito por um tempo, ouvindo suas músicas favoritas, inspirando o ar noturno na orla do centro de

Port Townsend. Prédios vitorianos de tijolos se erguiam sobre as ondas que envolviam o cais.

Quando me levantei para ir embora, empolgada por conhecer um novo rapaz, rabisquei meu número de celular em uma página do meu diário e a arranquei.

"Quer sair uma hora dessas?", perguntei, entregando-lhe a página. Ele olhou para mim, depois lançou um olhar em direção ao som das risadas dos trôpegos clientes do Sirens. Pegou o pedaço de papel da minha mão, olhou para mim e acenou com a cabeça.

Na noite seguinte, enquanto eu dirigia até a cidade, meu celular tocou.

"Está indo aonde?", perguntou ele.

"Até o centro." Perdi a direção, com dificuldade para reduzir a marcha, dirigir e segurar o telefone ao mesmo tempo.

"Encontre-me do lado de fora do mercado Penny Saver", disse ele, e desligou.

Cerca de cinco minutos depois, encostei no estacionamento. Jamie estava encostado na traseira de um Fusca vermelho remontado, usando as mesmas roupas da noite anterior, esperando por mim. Ele me sorriu friamente, deixando à mostra dentes tortos que eu não tinha notado no escuro.

"Vamos pegar umas cervejas", disse ele, jogando no chão a bituca de um cigarro enrolado.

Ele pagou duas garrafas de Samuel Smith, e, depois, entramos em seu Fusca e fomos a um penhasco assistir ao pôr do sol. Enquanto ele falava, folheei o *New York Times Book Review* que encontrei no assento do passageiro. Ele me contou sobre uma viagem de bicicleta que planejava — pela costa do Pacífico na estrada 101 até San Francisco.

"Já estou de férias do trabalho", disse ele, olhando de relance para mim. Seus olhos tinham um tom castanho mais escuro que o dos meus.

"Onde você trabalha?", perguntei, percebendo que não sabia nada sobre ele além de suas preferências musicais.

"No Café Fountain." Ele tragou o cigarro. "Eu era sous-chef. Mas agora só faço as sobremesas." Ele exalou, e uma pluma de fumaça desapareceu pelo penhasco. "Você faz o tiramisu?" perguntei, interrompendo minha frágil tentativa de enrolar um cigarro sozinha.

Ele acenou com a cabeça, e eu soube que iria para a cama com ele. O tiramisu era bom mesmo.

Mais tarde naquela semana, Jamie me levou ao seu trailer pela primeira vez. Fiquei em pé no espaço minúsculo, assimilando os painéis de madeira, o pufe laranja e as prateleiras cheias de livros.

Jamie pediu desculpas quando reparou que eu estava olhando ao redor e se atrapalhou ao explicar que o trailer era só para guardar dinheiro para a viagem de bicicleta. Mas, depois de ver Bukowski e Jean-Paul Sartre em uma fileira de livros sobre a mesa, parei de me importar com a aparência do trailer. Eu me virei imediatamente para beijá-lo.

Ele me empurrou devagar contra o edredom branco na cama. Nós nos beijamos durante horas, como se mais nada no mundo existisse. Ele me envolveu em seus braços.

Em algum momento, Jamie e eu planejamos seguir caminhos opostos — eu para Missoula e ele para Portland, Oregon. Quando ele sugeriu que eu me mudasse para o trailer a fim de guardar dinheiro, fiz isso imediatamente. Morávamos em um trailer de seis metros, mas o aluguel era apenas US$150 por pessoa. Nossa relação tinha hora para acabar, cada um ajudava o outro rumo ao objetivo de sair da cidade.

A principal força de trabalho de Port Townsend era o setor de serviços, voltado para turistas e pessoas com dinheiro para gastar que chegavam aos montes durante os meses mais quentes. As balsas ficavam lotadas, flutuando sobre as águas entre o continente e a península, a porta de entrada para as florestas tropicais e fontes termais na costa. As mansões vitorianas, lojas e cafés à beira-mar traziam dinheiro à cidade e, em troca, proviam subsistência para muitos moradores. Mesmo assim, não havia tanto dinheiro assim entrando. A menos que um morador de Port Townsend abrisse um negócio, não havia muito mais que um trabalhador médio pudesse fazer para construir seu futuro.

Muitos dos principais moradores já tinham seus futuros firmemente programados. No final dos anos 1960 ou início dos anos 1970, um grupo de hippies se mudou para Port Townsend, na época praticamente uma cidade-fantasma que mal sobrevivia, graças a uma fábrica de papel que empregava a maioria de seus moradores. A cidade foi construída sob a promessa de se tornar um dos maiores portos do ocidente, e fracassou quando a falta de financiamento decorrente da Depressão redirecionou ferrovias para Seattle e Tacoma. Os hippies, alguns dos quais eram agora meus novos empregadores e clientes fiéis, compraram as mansões vitorianas, cuja decadência de quase um século de abandono saltava aos olhos. Eles passaram anos trabalhando nas construções, preservando-as como monumentos históricos, melhorando a cidade, construindo padarias, cafés, cervejarias, bares, restaurantes, mercados e hotéis. Port Townsend se tornou conhecida pelos barcos de madeira e esse interesse crescente levou a uma escola formal e um festival anual. Então, o grupo que trabalhou para reavivar a cidade relaxou, diminuiu o ritmo, e se acomodou como parte da burguesia. Todos nós, operários, os servíamos, trabalhávamos para eles de várias maneiras, vivendo em cabanas minúsculas, yurts ou quitinetes. Estávamos lá pelo clima — a sombra de chuva proporcionada pelas Montanhas Olímpicas — e pela comunidade artística secreta a apenas uma viagem de balsa saindo de Seattle. Estávamos lá pelas águas calmas do oceano na baía, pelo trabalho suado e o estilo de vida que as agitadas cozinhas proporcionavam.

Jamie e eu trabalhávamos em cafés, aproveitando a juventude e a liberdade para fazer isso. Ambos sabíamos que estávamos no auge. Ele ajudava no negócio de catering de seu amigo e fazia qualquer trabalho paralelo que conseguisse achar e que pagasse por baixo dos panos. Além do café, eu trabalhava em um hotelzinho para cachorros e vendia pães em feiras de produtores locais. Nenhum de nós cursara faculdade — Jamie admitiu que não tinha sequer se formado no ensino médio — e fazíamos qualquer trabalho possível para ganhar dinheiro.

Jamie tinha turnos típicos de restaurante, do fim da tarde até noite adentro, então, na maioria das vezes, eu já estava adormecida quando ele chegava em casa, um pouco bêbado depois de passar em um bar. Às vezes eu ia encontrá-lo, gastando minhas gorjetas com cerveja.

Então, descobri que estava grávida. Por causa do desconforto dos enjoos matinais, não conseguia comer, e de repente o mundo começou a encolher até aparentemente parar. Fiquei na frente do espelho do banheiro durante um longo tempo, com a camisola levantada, examinando minha barriga. Fiquei grávida no meu 28º aniversário, um dia antes de Jamie partir para a viagem de bicicleta.

Ao optar por ficar com o bebê, eu estaria escolhendo continuar em Port Townsend. Quis manter a gravidez em segredo e continuar com meu plano de me mudar para Missoula, mas isso não parecia possível. Eu precisava dar a Jamie uma chance de ser pai — parecia errado negar a ele essa oportunidade. Mas ficar significaria adiar meu sonho de ser escritora. Adiar a pessoa que eu esperava ser. A pessoa que seguiria adiante, tornando-se alguém na vida. Não tinha certeza de que queria desistir disso. Eu usava anticoncepcional e não achava errado fazer aborto, mas não conseguia parar de pensar em minha mãe que, possivelmente, também olhara para a própria barriga e questionara suas opções para a minha vida da mesma maneira.

Apesar de todas as minhas esperanças por um caminho diferente, amoleci nos dias que se seguiram e comecei a me apaixonar pela maternidade, pela ideia de ser mãe. Quando contei a Jamie sobre o bebê, ele tinha acabado de concluir sua viagem de bicicleta. Sua ternura inicial em me persuadir a interromper a gravidez mudou abruptamente quando eu disse a ele que não faria isso. Eu conhecia Jamie há apenas quatro meses, e a raiva — o ódio até — que ele me dispensou foi assustadora.

Uma tarde, Jamie irrompeu no trailer e me encontrou sentada no sofá reformado em frente à televisão, tentando engolir uma sopa de frango enquanto assistia a Maury Povich revelar os resultados de testes de paternidade. Jamie andava de um lado para outro me encarando, repetindo os gestos dos homens no programa de TV, gritando sobre não querer o nome dele na certidão de nascimento. "Não quero que você venha atrás de mim para dar dinheiro a essa porra dessa criança", continuou falando, apontando para minha barriga. Fiquei quieta como costumava fazer durante suas infindáveis ladainhas, na esperança de que ele não começasse a atirar objetos. Mas, desta vez, quanto mais ele gritava, brigava e me dizia o erro que eu estava cometendo, mais isso me aproximava do bebê, para protegê-lo. Depois que ele saiu, liguei para o meu pai, com a voz trêmula.

"Estou tomando a decisão certa?", perguntei, após contar a ele o que Jamie disse. "Porque eu realmente não sei. Mas sinto que deveria ter certeza. Não sei mais nada."

"Diabos", disse ele, depois fez uma pausa. "Eu realmente esperava que Jamie assumisse sua responsabilidade." Fez outra pausa, talvez esperando que eu respondesse, mas não havia nada a dizer. "Você sabe que sua mãe e eu enfrentamos a mesma situação quando descobrimos sobre você, mas éramos adolescentes. E, sabe, não fomos perfeitos. Nem sei se alguma vez chegamos perto disso. Não sabíamos o que estávamos fazendo, ou se estávamos fazendo a coisa certa. Mas você, seu irmão, eu e sua mãe — estamos todos bem. Fizemos tudo ficar bem. E eu sei que você, Jamie e esse bebê também ficarão bem, mesmo que não pense isso agora."

Depois dessa ligação, eu me sentei e olhei pela janela. Tentei não deixar meu atual cenário — um trailer ao lado de uma grande loja em meio à floresta — me distraísse de prever meu futuro. Comecei a falar comigo mesma de um jeito diferente, sufocando minhas dúvidas. Talvez Jamie mudasse de opinião. Talvez ele só precisasse de um tempo. Se isso não acontecesse, decidi que enfrentaria a situação, mesmo que não tivesse a mínima ideia de como. Eu não podia basear minhas decisões nele, ter um filho com ele, mas eu sabia que pelo menos tinha que lhe dar a oportunidade de ser pai. Meu filho merecia isso. Embora não fosse uma situação ideal, eu faria o que pais fazem e têm feito há gerações — faria dar certo. Não tinha dúvida. Não havia outra opção. Eu era mãe agora. Honraria essa responsabilidade pelo resto da minha vida. Eu me levantei e, na saída, rasguei minha inscrição da faculdade e fui trabalhar.

3
Moradia Provisória

Meus pais foram embora do estado de Washington quando eu tinha sete anos, para longe de todos nossos parentes. Morávamos em uma casa localizada nas encostas da cordilheira Chugach em Anchorage, Alasca. A igreja que então frequentávamos tinha vários programas sociais para pessoas sem-teto e comunidades de baixa renda. Quando criança, o meu favorito era o de doações para gente necessitada, nas festas de fim de ano. Após a missa de domingo, mamãe deixava que meu irmão e eu escolhêssemos um anjo de papel da árvore de Natal no saguão da igreja. Iríamos ao shopping depois do brunch a fim de escolher os itens listados para uma menina ou menino sem nome da mesma idade que nós, a quem daríamos brinquedos novos, pijamas, meias e sapatos.

Um ano, fui entregar ceia com minha mãe a uma família. Aguardei minha vez de dar meus presentes delicadamente embrulhados ao homem que abriu a porta de um apartamento úmido. Ele tinha cabelos grossos e escuros, e uma camiseta branca cobrindo a pele curtida. Depois que dei a ele minha sacola de presentes, mamãe lhe entregou uma caixa com peru, batatas e vegetais enlatados. Ele acenou com a cabeça e, então, fechou calmamente a porta. Fui embora desapontada. Pensei que ele nos convidaria para entrar, para que eu pudesse ajudar sua filhinha a abrir os presentes que tinha escolhido a dedo e ver como ela ficaria feliz com eles. "Os sapatos novos de verniz eram os mais bonitos da loja", diria a ela. Eu me perguntei por que o pai não ficou mais feliz em poder dar esses presentes à filha.

Na adolescência, passava algumas tardes no centro de Anchorage entregando marmitas a pessoas sem-teto. Íamos lá para "testemunhar" e compartilhar o evangelho com eles. Em troca de sua escuta atenta, oferecíamos maçãs e sanduíches. Eu dizia "Jesus te ama", mas um homem sorriu para mim e disse: "Parece que ele ama você um pouco mais." Eu lavava carros para arrecadar dinheiro para nossa viagem a orfanatos em Baja Mexico ou retiros religiosos para crianças em Chicago. Olhando em retrospecto para esses esforços e o lugar onde eu estava agora, lutando para encontrar trabalho e um local seguro para morar, tais esforços, embora nobres, eram caridade e uma solução temporária que transformavam pessoas pobres em caricaturas — anjos de papel anônimos em uma árvore. Trouxe à memória o homem que atendeu à porta, a quem dei uma pequena sacola de presentes. Hoje em dia era eu quem abriria a porta, aceitando caridade. Aceitando que não era capaz de sustentar minha família. Aceitando o pequeno gesto deles — um novo par de luvas, um brinquedo — em seu impulso de se sentirem bem. Mas não havia nenhum meio de colocar "assistência médica" ou "creche" em uma lista.

Como meus pais criaram a mim e a meu irmão há milhares de quilômetros de nossas raízes no noroeste do estado de Washington, onde meus avós moravam, minha formação teve como base o que a maioria chama de classe média norte-americana. Não passávamos nenhuma necessidade básica, mas meus pais não conseguiam bancar várias despesas, como aulas de dança ou caratê, e não havia uma poupança destinada à nossa formação universitária. Aprendi bem rápido o valor do dinheiro. Comecei a trabalhar como babá aos 11 anos, e quase sempre tive um ou dois empregos depois disso. Trabalhar estava no meu sangue. Meu irmão e eu estávamos protegidos pelo sudário de nossa religião e pela segurança financeira de meus pais.

A segurança era algo incutido em mim. Eu estava segura, e nunca questionei isso, até não estar mais.

Jamie cerrou os olhos quando eu lhe disse que queria levar Mia para morar com meu pai e minha madrasta, Charlotte. Mia mal tinha feito sete meses, mas já presenciara vários de seus rompantes de raiva; os ataques e destruições me deixaram traumatizada.

"Pesquisei online", disse, procurando no bolso um pedaço de papel enquanto segurava Mia contra meu quadril. "Eles têm uma calculadora de pensão alimentícia, e a quantia parece mais que justa."

Ele arrancou o papel da minha mão, amassou-o e o jogou no meu rosto, com um olhar furioso que não desviava do meu. "Não vou pagar sua pensão alimentícia", disse ele, com a mesma fúria. "Você que deveria me pagar!" Sua voz subia de tom enquanto ele falava e andava para lá e para cá. "Você não vai a lugar nenhum." Apontou para Mia. "Vou levá-la embora tão rápido que sua cabeça vai girar." Com isso, ele se virou para sair, soltando um grito de raiva enquanto, com um murro, fazia um buraco na janela Plexiglas da porta. Mia deu um pulo e um berro agudo que eu nunca tinha ouvido antes.

Minha mão tremia enquanto eu ligava para a linha de apoio contra a violência doméstica. Eu mal consegui explicar o que estava acontecendo e Jamie já começara a telefonar sem parar. Eles me orientaram a desligar e chamar a polícia. Minutos depois, os faróis de um carro de patrulha iluminaram toda a lateral do trailer. Um policial bateu de leve na porta quebrada. Ele era tão alto que a cabeça quase encostava no teto. Enquanto eu lhe contava o que tinha acontecido, ele fez algumas anotações, examinou a porta, acenou com a cabeça e perguntou se estávamos bem. Se nos sentíamos seguras. Depois de um ano de abuso, ameaças e gritos de insultos dirigidos a mim, essa pergunta gerou bastante alívio. A maior parte da fúria de Jamie era invisível. Ela não deixava hematomas ou marcas roxas. Mas desta vez havia marcas visíveis. Era possível mostrar os vestígios de sua fúria. Eu poderia dizer: "Ele fez isso. Ele fez isso com a gente." E as pessoas veriam, balançariam a cabeça e me diriam: "Sim, estou vendo. Estou vendo que ele fez isso com você." O boletim de ocorrência que o policial deixou era um atestado de que eu não estava louca. Eu o carreguei dentro da bolsa durante meses, como um certificado.

~~~

As primeiras noites que passamos no apartamento provisório fora da rua principal alimentaram minha insegurança. Cada barulho que ecoava pelas paredes e pisos do complexo me fazia pular. Toda hora eu verificava se a porta estava trancada quando estávamos em casa, algo que nunca tinha feito antes. Mas éramos apenas minha filha e eu, e eu era a única proteção que ela tinha.

Quando morávamos no abrigo para sem-teto, a entrada levava direto à porta de minha casa, então meu carro ficava estacionado bem do lado de fora, caso precisássemos fugir. Nunca vi ou ouvi meus vizinhos, que viviam todos em casas-contêineres separadas, e estávamos cercados pela natureza — árvores e campos que causavam uma sensação de paz, não de perigo. Aquele pequeno espaço era meu, e eu não temia invasões. Mas, no apartamento, as paredes e pisos pareciam finas demais, e havia muitas vozes desconhecidas. Na escadaria, estranhos subiam e desciam, gritando uns com os outros. Eu olhava fixo para minha porta da frente, a única coisa entre nós e o resto do mundo, sabendo que alguém poderia arrombá-la a qualquer momento.

Estávamos cercadas por outros apartamentos naquele retângulo cinza, mas a única evidência de moradores eram as vozes por trás das paredes, a enorme pilha de lixo nas caçambas e os carros parados no estacionamento. Talvez eu me sentisse mais segura se tivesse conhecido meus vizinhos, se tivesse visto a cara deles. Os sons noturnos, sapatos de salto que estalavam no piso, uma voz grave inesperada e, depois, a risada de uma criança embalavam meu sono. Eu me levantava várias vezes de madrugada para olhar Mia. Ela dormia no quarto ao lado, em um berço portátil.

Na maioria das noites eu ficava acordada durante horas, recordando os momentos no tribunal com Jamie.

Fiquei de pé em frente ao juiz, perto de Jamie e do advogado dele. Eu não tinha casa e lutava pela guarda de Mia. Não era segredo que meses de palavras iradas de Jamie contra mim causaram minha depressão, e agora ele usava isso como o fundamento da alegação de que eu não estava apta para cuidar de nossa filha. Meu fracasso parecia me envolver. Era como se o advogado de Jamie e o juiz pensassem que eu achava melhor assim, como se eu pensasse que criar uma filha longe de um lar estável era aceitável. Como se eu não pensasse a cada segundo em uma maneira de melhorar nossa situação, se fosse capaz. De algum modo, tentar tirar Mia de um lugar em que fui castigada e brutalizada até me curvar no chão, soluçando feito uma criança pequena, parecia algo ruim. Ninguém enxergava que eu estava tentando dar uma vida melhor à minha filha — a única coisa que viam era que eu a tirei daquilo que consideravam um lar financeiramente estável.

De algum jeito, descobri uma força quase instintiva e obtive a guarda. Consegui meu próprio espaço, um lugar para Mia ficar comigo. Ainda assim, na maioria das noites eu me consumia de culpa por tudo aquilo que nos faltava. Alguns dias, a culpa era tão pesada que eu não conseguia estar totalmente presente com Mia. Eu me forçava a ler os livros dela antes de dormir, e balançá-la com suavidade na mesma cadeira em que minha mãe lia histórias para mim. Eu dizia a mim mesma que amanhã seria melhor; que eu seria uma mãe melhor.

Permanecia sentada observando Mia comer, ou andava pela cozinha, bebendo meu café e olhando fixo para nosso orçamento e meu horário de trabalho, que pendurei nas paredes. Se saíssemos para comprar comida, eu passava a manhã checando os saldos na conta bancária e em meu cartão de benefícios, um cartão de débito destinado a comprar comida fornecido pelo governo, a fim de ver quanto dinheiro nos restava. Os cartões de benefícios ainda eram relativamente novos, foram implementados em 2002. Solicitei vales-refeição quando estava grávida, e Jamie se recordava de sua mãe pagando compras com vales-refeição e sempre ridicularizava essa lembrança. Eu era grata pelos programas que alimentavam minha família, mas também trazia para casa uma sacola de vergonha, lutando mentalmente contra o que a caixa pensava a meu respeito, uma mulher com um bebê em um sling, comprando comida à custa de assistência pública. Todos viam que eram os vales-refeição, os grandes cupons de papel WIC [Women, Infants and Children — Mulheres, Bebês e Crianças], que nos compravam ovos, queijo, leite e manteiga de amendoim. O que eles não viam era o saldo, por volta de US$200, dependendo de meus rendimentos, e que era todo o dinheiro que eu tinha para comida. Eu tinha que fazê-lo durar até o fim de cada mês, até o saldo ser recarregado no início do mês seguinte. Eles não me viam comer sanduíches de manteiga de amendoim e ovos cozidos, racionando minha xícara matinal de café para fazê-lo durar. Embora ainda não soubesse, o governo trabalhara naquele ano para mudar o estigma que atingia as 29 milhões de pessoas que usavam vales-refeição dando um novo nome a eles: Programa de Assistência Nutricional Suplementar (SNAP, na sigla em inglês). Mas o nome, SNAP ou vales-refeição, não importava: o pressuposto de que os pobres roubavam o dinheiro dos impostos de trabalhadores norte-americanos para comprar junk food não mudava.

Apesar de perdida em meus próprios pensamentos, eu estava obcecada pelo fato de ser ou não uma boa mãe. Eu estava fracassando; concentrava-me mais em como sobreviveríamos à semana do que em minha filha. Quando morava com Jamie, o trabalho dele me permitia ficar em casa com Mia. Sentia falta de ter o dia todo para nós, de poder observá-la, aprender e me orgulhar. Agora, parecia que mal sobrevivíamos. Sempre atrasada para alguma coisa. Sempre no carro. Sempre com pressa para acabar de comer e limpar tudo. Sempre me mexendo, mal parando para respirar. Com medo de atrasar as contas, esquecer alguma coisa, ferrar ainda mais com nossas vidas — eu simplesmente não tinha tempo para que Mia observasse uma lagarta atravessando sem pressa a calçada.

Embora eu ouvisse quase todo barulho fantasmagórico de descarga e o movimento de cadeiras pelo piso dos apartamentos vizinhos, a mulher que morava no andar embaixo do meu fazia questão de se apresentar, batendo no próprio teto com uma vassoura ou esfregão e gritando sempre que Mia corria pelo chão. Quando chegamos de mudança, varri folhas e teias de aranha do deque para o terreno abaixo. Ela gritou "Que porra é essa?", debaixo de mim. Além das batidas com a vassoura, essa foi a primeira vez que ela falara semidiretamente comigo. "Que merda é essa?", continuou ela. "Você está jogando sujeira em mim, porra!" Entrei devagar, fechei a porta de mansinho e me sentei imóvel no sofá, na esperança de que ela não subisse e batesse na minha porta.

Meus vizinhos do andar de cima — uma mãe e três filhos — quase nunca estavam em casa. Nas primeiras semanas eu só os ouvi. Eu me deitava por volta das 10 horas da noite, e eles chegavam subindo as escadas mais ou menos nesse horário. Depois de 20 minutos ou mais, tudo ficava quieto de novo.

Certa manhã, ao raiar do sol, ouvi-os sair e corri para a janela para vê-los, curiosa sobre quem eram as outras pessoas na mesma situação que eu.

A mulher era alta, e usava uma jaqueta corta-vento roxa e vermelha e tênis brancos. Ela mancava ao andar. Dois meninos em idade escolar e uma menina caminhavam atrás dela. Não conseguia imaginar o que ela estava passando. Só tinha uma para cuidar. Eu a vi algumas vezes depois disso. O cabelo da garotinha estava sempre limpo, com tranças decoradas com fitas de cores vivas. Eu me perguntava aonde eles iam o dia todo, como ela fazia as crianças ficarem tão quietas e bem-comportadas. Ela parecia uma boa mãe — respeitada pelos filhos, o que eu invejava. Mia acabara de aprender a andar ereta e parecia correr ou fugir de mim todos os segundos em que estava acordada. "Você aprende a gostar de café", disse minha vizinha Brooke quando nos encontramos depois de uma inspeção domiciliar, referindo-se à proibição de álcool. Até então só nos havíamos cruzado pelos corredores de maneira desajeitada, e esta era a primeira vez em que nos falávamos. Conheci Brooke em minha antiga vida, quando ela servia as cervejas no bar que eu frequentava. Ficava pensando no que a levou até este lugar. Mas nunca perguntei. Assim como nunca quis que ela me perguntasse.

Nunca conversei com nenhum dos homens que moravam na casa de passagem do outro lado do complexo. Eu os via em pé no caminho que dava para os apartamentos deles, de calças de moletom e chinelo, fumando cigarros. Um homem mais velho tinha uma família que o buscava de vez em quando, mas os outros não pareciam ir a lugar algum. Talvez estivessem apenas passando um tempo naquele lugar. Eu meio que me sentia do mesmo jeito.

Sentia falta de ir a bares. Sentia falta de beber uma cerveja se quisesse — não necessariamente da cerveja em si, mas de não me preocupar com a autoridade domiciliar aparecendo de surpresa; era a liberdade que me fazia falta. Sentia falta de várias liberdades: de sair, de ficar, de trabalhar, de comer ou de não comer, de dormir nos dias de folga, de ter um dia de folga.

Mia e eu tínhamos uma vida aparentemente normal, com compromissos e responsabilidades ao longo do dia. Fui selecionada para uma bolsa na creche, mas somente meio período. O marido de minha amiga, John, tinha um pequeno negócio de jardinagem, e me pagava US$10 por hora para remover ervas daninhas, podar arbustos e tirar flores mortas de canteiros de azaleias. Eu dirigia por toda a região nordeste da Península Olímpica, para pequenos condomínios fechados, com uma lata de lixo grande na traseira do meu carro, que continha um balde pintado de branco com ferramentas e alguns pares de luvas. Alguns clientes tinham uma área marcada para eu jogar as ervas daninhas e as aparas, caso contrário eu tinha que ensacá-las e colocá-las no meio-fio ou carregá-las na traseira do meu carro. John tinha só uns poucos clientes fixos, com empregos importantes o bastante para precisarem da minha ajuda, então eu preenchia a maior parte do tempo com trabalhos que encontrava por conta própria. Chegava a cobrar de US$20 a US$25 por hora, mas, com o tempo de deslocamento, só conseguia trabalhar de duas a três horas por dia.

Jardinagem significava engatinhar o tempo todo. A maioria das pessoas me contratava para limpar ervas daninhas de encostas inteiras cobertas de lascas de madeira. Eu passava horas com luvas na mão e calças Carhartts com reforços nos joelhos, enchendo baldes, latas de lixo e sacolas com ervas daninhas que as pessoas me pagavam para matar de maneira orgânica, arrancando-as uma a uma. Era um trabalho bom. Mas, por ser sazonal, acabaria em questão de semanas, e eu não sabia o que fazer depois. O mercado de empregos de Port Townsend também era sazonal, dependente dos turistas com bolsos cheios e barrigas vazias. Não havia muitos trabalhos "normais" com "horários de mãe", ou outros em que eu tivesse experiência, de qualquer modo. Sempre trabalhei em cafés ou em empregos bizarros que eu não poderia, de fato, listar em um currículo. Mesmo limpar a pré-escola aos domingos não era o bastante. Mas, por ora, eu tinha trabalho, e tentava me concentrar em fazer o melhor que podia.

Eu deixava Mia na creche ao meio-dia, e três vezes por semana o pai dela a buscava e ficava com ela até as sete horas. Algumas noites em que Mia estava com Jamie, eu me sentava no deque, encostada na parede. Uma de minhas vizinhas sempre aparecia do lado de fora com a filha, na pequena faixa de grama entre o prédio e as árvores. A filha dela era um pouco mais nova que Mia. Ambas tinham a pele muito bonita, quase transparente. Eu ouvia a jovem mãe perguntar, com doçura "Você vai descer no escorregador?", enquanto a filha subia os degraus do desbotado brinquedo de plástico vermelho e azul — provavelmente abandonado por um inquilino lá há algum tempo. "Iupiiii!", dizia a mãe enquanto a bebê escorregava. *É uma mãe melhor que eu*, pensava, ouvindo-a narrar os trajetos acima e abaixo da filha no escorregador, sabendo que talvez nunca fosse capaz de demonstrar a mesma empolgação.

Porém, em um desses fins de tarde, paramédicos e bombeiros passaram pelo pequeno escorregador na grama, tirando-o do caminho. Todos eles foram até o apartamento da mãe de pele bonita. Eu não ouvia o bebê. Inclinei-me para a frente na grade da varanda para ver o que estava acontecendo. Vários vizinhos fizeram o mesmo. Um dos bombeiros olhou para cima, para todos nós, e instintivamente dei um passo para trás a fim de me esconder. Ele balançou a cabeça. Eu me perguntava com o que nós nos parecíamos, homens e mulheres em moradias transitórias, espiando pelas grades. E me perguntava como a polícia e os bombeiros se referiam ao prédio e a nós; por quais outros motivos já haviam sido chamados aqui. Fui para dentro antes que eles tirassem a mãe com uma maca. Não queria que ela me visse olhando, mesmo que seus olhos estivessem fechados; quis dar a ela a dignidade que merecia. Eu teria desejado o mesmo.

Uma hora mais tarde, quando deixei o apartamento para pegar Mia, Brooke saiu, de olhos arregalados, bochechas vermelhas, pronta para espalhar a fofoca. "Você sabe o que aconteceu, né?", disse ela, correndo em minha direção.

Fiz que não com a cabeça. Ela disse que alguém tinha vindo devolver o bebê quando encontraram a mãe desmaiada na cama. Eles não conseguiram acordá-la. Ela tinha tomado soníferos e esvaziado uma garrafa inteira de vodca. "Só que eles a encontraram a tempo. Ela está viva", Brooke me assegurou. Então, ela suspirou e encolheu os ombros. "Que bela abstinência a dela."

A primeira coisa em que pensei não foi se a mulher estava bem, ou a garotinha. Só esperava que Jamie não ouvisse falar a respeito. Eu vivia com medo de que qualquer coisa ruim que acontecesse ao redor de Mia, incluindo na creche Early Head Start, que ela frequentava, teria reflexo negativo em minha frágil permissão de ser sua mãe em tempo integral. Eu mergulhara Mia em um mundo de pobreza, cercando-a de pessoas que tentavam lidar com isso de um jeito muitas vezes trágico; algumas que foram para a cadeia ou reabilitação por tanto tempo que perderam as próprias casas, algumas tão iradas por trabalharem sem parar, outras que sofriam com sintomas de doenças mentais. Uma mãe escolheu desistir completamente. Uma opção tão tentadora que, por um rápido instante, senti uma ponta de inveja.

4

O Apartamento

"A Julie está?", perguntei, esperando a mulher por trás do vidro redigir o recibo do cheque do aluguel. O valor do aluguel era diferente a cada mês, dependendo da minha renda declarada, e continuava em torno de US$200.

A mulher deu uma olhada no quadro branco na parede de trás do escritório principal. "Não", disse ela, suspirando. "Ela saiu com um cliente. Quer deixar recado?"

Deixei.

"Estou tendo problemas para me acertar com o apartamento", disse a Julie no dia seguinte, na sala de reuniões.

Julie, para imenso alívio da minha parte, não perguntou o motivo.

Tudo estava insuportável: eu me perguntava se a autoridade domiciliar bateria à minha porta, ou se eu teria que andar na ponta dos pés com medo da vizinha do andar de baixo gritar conosco da escada, batendo no teto com o cabo da vassoura. Uma vez, cheguei a chamar Jamie para jantar, porque minha solidão começava a me consumir. Eu não saía de casa, não via os amigos ou convidava ninguém para sair. Sentia-me isolada. Ali não era lugar para mim.

"Espere aqui", disse Julie, e então voltou alguns minutos depois com uns pacotes. "Podemos inscrever você no TBRA." Ela pronunciou *tê-brá*, que significava Tenant-Based Rental Assistance ["Assistência para Locação com Base no Inquilino", em tradução livre]. "É bem parecido com o Section 8. Você está na lista de espera do Section 8, não está?"

Balancei a cabeça. O Section 8 era o unicórnio da assistência governamental — todo mundo já ouviu falar, mas nunca conheceu ninguém que tinha. É um vale-aluguel que paga pelos custos de moradia que superem de 30% a 40% da renda do inquilino. Portanto, alguém que receba salário mínimo, ou seja, US$1.000 por mês, pagaria somente US$300 de aluguel com o vale. O governo pagaria pelo restante, contanto que estivesse dentro dos parâmetros para o inquilino — geralmente dois ou três quartos. O prédio tinha que estar de acordo com os padrões do Section 8, que são bem básicos — como tinta sem chumbo, encanamento funcionando e coisas do tipo. Cumpridos os requisitos, ele é concedido — contanto que você consiga encontrar um senhorio que o aceite — em qualquer lugar do estado, e nunca expira.

Eu estava na lista de espera em três comarcas diferentes. Jefferson County, onde ficava Port Townsend, tinha a mais curta delas, de apenas um ano, mas a maioria dos lugares para os quais telefonei tinha um tempo de espera de cinco anos ou mais. Alguns nem mesmo aceitavam novos candidatos, a demanda era alta demais.

Julie me apresentou a uma nova assistente social, que trabalhava especificamente com os programas Section 8 e TBRA. A mulher estava sentada atrás de uma mesa grande, com cabelos curtos, escuros e ondulados emoldurando a expressão sem sorriso. Ela me fez preencher vários formulários com perguntas sobre meus planos para o ano seguinte e além. Com comprovantes detalhados e cálculos de minha renda, mais a pensão alimentícia mensal de US$275, o aluguel que eu esperava pagar por um apartamento de dois quartos de US$700 mensais seria atualmente US$199.

"Essa quantia vai aumentar ou diminuir, dependendo de sua renda declarada", acrescentou Julie, a quem eu agradecia por ter se sentado comigo durante a reunião.

O TBRA também exigia que eu frequentasse uma aula ou a um seminário, em que aprenderia sobre o programa, mas, principalmente, como abordar potenciais senhorios sobre o uso do TBRA (e, por fim, do Section 8) para pagar meu aluguel. "A maioria dos senhorios têm alguma experiência com o Section 8", disse Julie ao sairmos. "Ou, no mínimo, conhece o programa. Mas alguns deles não estão cientes de que pode ser uma coisa boa de verdade." Não entendi bem o que ela quis dizer, e imaginei por que seria uma coisa ruim, mas não perguntei.

Paramos no estacionamento, onde ela anotou o horário e o endereço da aula sobre assistência domiciliar. "Está com sorte, tem uma amanhã", disse ela, com otimismo. "Talvez você consiga um lugar novo bem rápido!"

Sorri para ela e acenei com a cabeça, mas não me apeguei a qualquer esperança de que um desses programas me ajudaria. O trauma dos últimos seis meses, desde que ficamos sem casa, e de lidar com Jamie sempre brigando comigo, paralisara todo o meu organismo. Cérebro, estômago, nervos, tudo estava em constante estado de alerta. Nada era seguro. Nada era permanente. Todo dia eu andava sobre um tapete que poderia ser puxado de debaixo de mim a qualquer momento. Observava as pessoas sorrindo para mim, acenando com a cabeça, de novo me dizendo como eu tinha sorte de ter esse programa ou lugar disponível para nós, mas eu não me sentia afortunada de maneira alguma. Toda a minha vida se tornara irreconhecível.

Assistentes sociais me diziam aonde ir, onde me inscrever, qual formulário preencher. Eles me perguntavam do que eu precisava e eu dizia "De um lugar para morar" ou "Comer" ou "De creche, para eu poder trabalhar", e eles ajudavam ou encontravam alguém que poderia ou não ajudar. Mas isso era tudo o que conseguiam fazer. Recuperar-me do trauma também era vital, talvez o mais crucial, mas não só ninguém era capaz de me ajudar com isso, mas também eu ainda não sabia que precisava disso. Os meses de pobreza, instabilidade e insegurança geraram uma reação de pânico que levaria anos para ser desfeita.

"Seria de esperar que senhorios gostassem disso", disse o homem de pé na frente da sala para cerca de 20 pessoas sentadas em volta de duas mesas em uma sala estreita. Seu nome era Mark, o mesmo cara que lecionava o curso de LIHEAP (o *Low-Income Home Energy Assistance Program,* ou "Programa de Assistência à Energia Residencial de Baixa Renda", em tradução livre). Fazia um ano que eu assistira a um seminário de 3 horas sobre como usar energia elétrica com mais eficiência. A informação era tão redundante e tão senso comum que tentei encarar com humor, distanciando-me da situação, do fato de precisar aprender que apagar as luzes era requisito para receber uma garantia de US$400 de combustível para aquecimento. Cada vez mais, eu tinha a sensação de que supunham que pessoas que necessitavam de assistência governamental eram um bando de ignorantes, e eram tratadas de acordo. Como era degradante descobrir que, por precisar de dinheiro, agora eu tinha que saber como manter minhas despesas de consumo baixas.

Agora eu precisava ficar sentada durante horas para aprender como um programa de assistência à locação pagava os senhorios, para que eu pudesse *garantir* a eles que receberiam. Para o governo e para qualquer outra pessoa, era inerente que eles não confiariam em mim. Tudo isso parecia tão contraproducente. Eu me ausentara do trabalho para estar lá e tive que providenciar uma creche. Sentei-me ali, encarando Mark, que novamente estava de pé na frente da sala. Ele usava a mesma camisa de flanela de mangas compridas e calças jeans de cintura alta cobrindo a barriga que vestira ao dar a aula sobre o LIHEAP. Seu pequeno rabo de cavalo crescera um pouco durante o ano, desde que eu o vira da última vez. Sorri ao me lembrar de sua sugestão para economizar dinheiro com a conta de luz deixando de pré-aquecer o forno e deixando-o esfriar com a porta aberta. Depois de um banho de banheira ou de chuveiro, ele dizia para nunca escoar imediatamente a água quente porque o calor da água poderia ajudar a aquecer a casa.

"O Section 8 é ótimo para senhorios porque é a garantia do pagamento dos aluguéis. Eles não gostam de alugar para as *pessoas* do Section 8", disse Mark. "É função de vocês lhes mostrar como vale a pena."

Pensei em quantas vezes a polícia, os bombeiros e os paramédicos vieram ao nosso prédio nos últimos dois meses; nas vistorias aleatórias para assegurar que os espaços habitáveis eram mantidos limpos ou ter certeza de que carros quebrados no estacionamento tinham sido consertados; para nos patrulhar e ver se não estávamos fazendo coisas horríveis que esperam que os pobres façam, como acumular pilhas de roupa suja ou de lixo, quando, na realidade, não tínhamos força física, energia nem recursos por, trabalhar em empregos que ninguém mais queria. Esperava-se que vivêssemos com um salário mínimo, tivéssemos vários empregos em horários variados, arcássemos com as necessidades básicas e ao mesmo tempo batalhássemos por locais seguros para deixar nossos filhos. Por algum motivo, ninguém enxergava o trabalho; via apenas os resultados de viver uma vida que constantemente o esmaga com sua impossibilidade. Parecia que, não importava o quanto eu tentasse provar o contrário, "pobre" sempre estava associado à sujeira. Como eu poderia me apresentar a senhorios como uma inquilina responsável se me deparava com uma pilha tão elevada de estigmas?

"Aqueles de vocês que têm TBRA terão que explicar como o programa migra para o Section 8, mas certifiquem-se de dar igual destaque às vantagens de ambos!" insistia Mark. "O que esses programas maravilhosos fazem é quebrar o aluguel em dois pagamentos — a parte de vocês e a parte paga pelo programa." Ele parecia entusiasmado com essa afirmação. Qualquer um teria a impressão de que ele estava leiloando itens, não conversando com candidatos ao Section 8. "Senhorios não gostam de que o pagamento do Section 8 tenha um dia certo; eles gostariam que fosse no primeiro dia do mês, mas você pode convencê-los!" Ele pegou outra pilha de papéis para mostrar. "O Section 8 é dinheiro garantido", repetiu.

Havia mais obstáculos a superar depois de romper as barreiras do julgamento e convencer um senhorio a aceitá-lo como inquilino. Embora devesse ser responsabilidade do senhorio conseguir do programa a aprovação do financiamento, a casa ou o apartamento tinha que atender a vários padrões de segurança, incluindo detectores de fumaça funcionando e outras condições de habitabilidade; e na maioria das vezes isso queria dizer que, se uma casa ou um apartamento não atendesse aos padrões, não estaria disponível para uma família com vale-aluguel. Isso constitui um dilema, já que senhorios de bairros mais agradáveis não querem alugar para "gente do Section 8". Tínhamos que procurar moradia em lugares degradados e em que corríamos o risco de não passar pela vistoria na hora de mudar.

"Os senhorios precisam cumprir os padrões do Section 8, mas a maioria deles simplesmente não quer fazer isso", apontou Mark. "É escolha deles. Não é ilegal nem nada parecido com discriminação..."

"É discriminação, sim", gritou a garota ao meu lado.

Eu a conhecia da Waterfront Pizza. Sorrimos uma para a outra. Pensei ter me lembrado de que o nome dela era Amy, mas não tinha certeza.

"Meu namorado e eu encontramos uma casinha ótima", disse ela, "mas no fim foi meu amigo que conseguiu o lugar. O senhorio disse que não queria alugar para o pessoal do Section 8 porque eles destroem tudo". Ela acariciou a barriga de gestante. "Ele disse que não queria ser dono de cortiço."

Todas as cabeças se viraram para Mark, que se limitou a enfiar as mãos nos bolsos.

De algum modo, levou apenas uma semana para eu encontrar um lugar. Não só isso, a disponibilidade era imediata e o imóvel passou pela inspeção de segurança. Podíamos nos mudar do alojamento temporário naquele instante. O apartamento ficava em um prédio de frente para o parque de eventos, a somente algumas quadras de North Beach. Gertie, a proprietária, encolheu os ombros quando contei a ela como o pagamento dos aluguéis seria feito. Ela receberia minha parte no dia primeiro, expliquei, mas a outra parte só chegaria no dia dez.

"Tá, acho que está bom assim", disse ela, e então sorriu para Mia, que escondeu a cabeça no meu ombro. "Ela precisa de um berço ou algo do tipo?"

Eu queria dizer que não. Meu instinto sempre foi recusar coisas quando tentavam nos ajudar. Outras pessoas talvez precisassem mais. Mas, então, pensei no buraco da lateral do cercadinho da Mia.

"Sim", disse eu. "Ela precisa."

"Ah, muito bom", disse Gertie. "Os últimos inquilinos deixaram algumas coisas, e eu não sabia o que fazer com elas." Ela deu a volta pela traseira do caminhão e tirou um berço branco como os da creche de Mia. Dentro do berço havia uma camisetinha vermelha. Estiquei o braço para pegá-la e a dei a Gertie.

"Pode ficar com ela, se quiser também", disse ela. "É uma fantasia ou coisa assim."

Eu a sacudi com minha mão livre e vi que o capuz tinha dois olhos costurados, e havia uma cauda com enchimento saindo das costas. "É uma lagosta?", disse eu, sorrindo um pouco.

Gertie riu. "Acho que é para ser uma." Mia não tinha fantasia de Halloween. Era setembro e eu ainda não tinha nem começado a pensar nisso. Minha mente estivera totalmente preocupada em encontrar uma nova casa para nós.

Gertie me ajudou a colocar o berço para dentro, depois nos deixou a sós, chaves na mão. Estávamos no apartamento do térreo, com uma varanda que dava para uma pequena faixa de grama. Para além dela, havia um campo amplo. A sala de jantar ao lado da cozinha era toda ajanelada. Meu irmão havia montado um computador para mim, e eu o coloquei na mesa ao lado do balcão da cozinha, depois coloquei um CD dentro do drive de disco. Mia dançou um pouco, e então correu em volta da mesa até a sala de estar, deu de cara com o sofá, depois correu pelo hall até voltar e fazer tudo de novo. Meus livros enchiam as prateleiras da sala de estar. Pendurei algumas fotos e artesanatos que minha mãe tinha me dado — pinturas de campos cobertos de neve, feitas por artistas do Alasca com quem cresci. Tinha acabado de pendurar a última pintura, uma bétula, quando vi a ligação de Jamie. Eu deixei uma mensagem para ele mais cedo. "O que você quer?", disse ele quando atendi.

"É que, er, apareceu uma oportunidade de trabalhar no sábado e estava pensando se você poderia ficar com Mia por mais tempo."

"Quanto tempo?" Ele ficava com ela por algumas horas aos sábados e domingos, com exceção do último fim de semana do mês.

"Fica bem longe da cidade", disse eu. "O trabalho vai demorar, então, o máximo que conseguir."

Jamie ficou calado por vários segundos. Ouvi-o dar um longo suspiro. Ele devia estar fumando. Ultimamente, eu pedia a Jamie para ficar com Mia por períodos mais longos, na tentativa de trabalhar o máximo que conseguisse antes do fim da temporada.

"Não", disse, por fim.

"Por quê? Jamie, é para eu poder trabalhar."

"Não quero ajudar você", respondeu, rispidamente. "Você está pegando todo o meu dinheiro; não manda fraldas com ela. Tenho que dar jantar a ela. Então, não." Continuei a falar, tentando fazê-lo mudar de ideia.

"NÃO!" gritou, de novo. "NÃO VOU AJUDAR VOCÊ COM MERDA NENHUMA!" E desligou.

Meu coração começou a bater descompassado, como sempre fazia depois das conversas com Jamie, que costumavam terminar com ele gritando. Dessa vez, meu peito se apertou ainda mais, era difícil inspirar direito. Minha terapeuta do programa contra violência doméstica, Beatrice, disse para eu respirar em uma sacola de papel quando isso acontecesse. Fechei os olhos e inspirei pelo nariz durante cinco segundos, exalando pela boca durante a mesma quantidade de tempo. Tentei mais duas vezes antes de abrir os olhos e ver Mia de pé à minha frente, olhando fixo para mim. "Que chê tá fachendo?", perguntou ela, com a voz distorcida passando pelos dentes serrados que seguravam a chupeta.

"Estou bem", disse, e me abaixei para pegá-la, fazendo garras com meus dedos. O monstro das cócegas. Rugi, e Mia gritou de alegria, correndo em volta da mesa da cozinha, e eu atrás dela. Agarrei-a no sofá, fazendo tanta cócega que a chupeta caiu de sua boca com as gargalhadas. Foi quando eu envolvi os braços em torno dela, peguei-a e abracei com força seu pequeno corpo, sentindo seu calor e o cheiro da pele.

Ela começou a se contorcer. "Não, mamãe!" Ela riu. "De novo! De novo!"

Mia correu até o quarto e fui atrás, sem ninguém gritando conosco ou batendo no piso com uma vassoura.

5
Sete Tipos Diferentes de Assistência Governamental

Estendi a mão procurando o capuz da minha capa de chuva para cobrir a cabeça, mas a chuva de fim de verão tinha começado tão pesada que meu cabelo já estava encharcado. Caminhei até o muro de pedras arredondadas onde meu parceiro estava, com o rosto envolto pelo capuz da capa de chuva. "Bem, o que fazemos agora?", gritei, forçando para fazer minha voz ser ouvida com aquela chuva torrencial.

"Vamos para casa", disse John, marido de minha amiga Emily, que me contratara para ajudar com o jardim seis meses atrás. Ele deu de ombros e ensaiou um meio sorriso, com sua capa de chuva verde-floresta ainda salpicada do granizo que nos atingiu antes de começar a chover. Ele tirou os óculos, limpando a névoa e os pingos de chuva antes de colocá-los de volta.

Inclinei a cabeça, com sensação de derrota. Ultimamente isso era recorrente, tínhamos que reduzir o trabalho por causa da chuva. O fim da estação estava próximo, assim como minha principal fonte de renda.

Carregamos a traseira da picape amarela de John com as lixeiras, cortadores e ancinhos, e de novo ele sorriu para mim antes de entrar e sair dirigindo. Eu o observei indo embora antes de voltar os olhos para meu carro, estacionado ao lado da via. As janelas da frente estavam abertas. *Merda.*

Ao chegar em casa, equilibrei-me em um pé só no piso de linóleo da entrada, lutando para tirar minhas botas de borracha. Desabotoei minha calça Carhartt e deslizei-a até os joelhos para conseguir sair dela. Estava tão grossa de lama e chuva que não caiu direto no chão, continuou de pé parecendo uma sanfona. Nativos do Alasca tinham um provérbio sobre quando lavar um par de Carhartts: quando você o tirava e ele ficava de pé sozinho.

Mia estaria com Jamie até as sete horas daquela noite, e eu não tinha muita certeza do que fazer com meu tempo livre. Havia algumas apostilas na mesa da cozinha, lembrando-me do dever de casa que se tornara parte do meu cotidiano. Eu tinha começado o processo meticulosamente lento de conquistar um diploma e me inscrito em doze créditos: duas aulas online e uma em um prédio próximo à creche de Mia. Quando marquei hora com a consultora de inscrições, disse a ela que só queria um diploma de transferência de ensino profissionalizante. A maioria das aulas que eu tivera no ensino médio pelo programa Running Start, que me permitiam fazer aulas na universidade pelos créditos do ensino médio e na Universidade do Alasca, contaria para isso. Uma graduação de dois anos em um curso técnico seria o lugar mais fácil para começar, e eu concluiria meu currículo-base do jeito mais barato possível. Depois poderia, com relativa facilidade, solicitar transferência para a graduação em uma universidade. Mas, como a maioria dos pais e mães solo sem muito apoio, levaria anos para eu chegar a esse ponto.

Como eu já declarava Mia como dependente em meus impostos, obter um subsídio governamental para pagar pela escola era um procedimento até fácil. Declará-la como dependente, e ter os formulários dos impostos como prova, era o modo mais simples para mostrar que eu sustentava uma criança com meu (inexistente) salário mínimo.

O Pell Grant, programa federal que oferece ajuda financeira a estudantes de baixa renda, pagou mais que minha matrícula integral pelo trimestre, deixando-me um extra de US$1.300. Com uma pensão alimentícia de US$275 mensais e US$45 por semana provenientes da limpeza da pré-escola, significava que tínhamos cerca de US$700 para passar o mês. O dinheiro dos vales-refeição era um pouco menos de US$300, e ainda tínhamos os cheques WIC. Graças à TBRA e à LIHEAP, as despesas com moradia giravam em torno de US$150, o que sobrava para gastos com seguro de carro, telefone e internet. Com a temporada de inverno, eu não estava mais trabalhando, então o auxílio-creche para Mia acabara. Ter acesso à educação e ir a aulas não me tornava qualificada para assistente de creche, então eu tinha que encontrar pessoas para cuidar de Mia por algumas horas duas vezes por semana, durante minhas aulas de francês, que não eram somente obrigatórias, mas também presenciais. Muito embora eu de certa forma odiasse tudo isso, na maioria das semanas era o único momento em que me sentava em uma sala com outras pessoas.

Muitas noites, eu fazia uma xícara grande de café depois de Mia dormir e ficava acordada até uma ou duas da manhã para terminar o dever de casa. Mia não tirava sonecas e dificilmente parava de falar ou de se mexer. Ela precisava de minha atenção e cuidado constantes. Não conseguia encontrar trabalho para preencher as brechas na minha agenda, então fazíamos longas caminhadas pela floresta e à beira-mar, como eu ansiava fazer quando estava trabalhando, só que agora eu andava com o peso de quatro horas de sono e muito dinheiro a menos. Era mais fácil quando Mia era mais nova, antes de ela começar a andar e quando seus protestos só duravam o tempo que eu demorava para deixá-la com sono. Agora, sua natureza enérgica começava a dar o ar da graça. Definitivamente, Mia tinha um espírito independente; capaz de me deixar esgotada em uma única manhã.

Porém, depois que ela ia para a cama, eu ficava olhando para minhas apostilas no silêncio da cozinha. A tarefa chata de ler os exercícios e as perguntas no fim do capítulo à minha frente só aumentava minha solidão. Aquele verão tinha sido um período movimentado, enquanto eu me concentrava em conseguir uma moradia segura. Agora que tudo estava no lugar, minha mente poderia serenar um pouco, e a conscientização de que eu agora cuidava totalmente sozinha de uma criança invadia minha mente como uma névoa densa. Com tanto drama envolvendo o tempo que Mia passava com o pai, e porque as visitas dele só duravam duas ou três horas por vez, eu nunca me sentia realmente descansada. A energia de Mia não tinha fim. Nas caminhadas, ela insistia em empurrar ela mesma o carrinho a passos de lesma. Em parques, ela insistia que eu a empurrasse no balanço pelo que parecia uma eternidade, ou que eu a observasse descer várias e várias vezes pelo escorregador. Eu tinha quase 30 anos, e muitas das minhas amigas estavam se casando, comprando casa e constituindo família. Elas estavam fazendo tudo do jeito certo. Parei de ligar para elas, com vergonha demais para admitir como as coisas tinham ficado ruins. Se eu parasse para fazer contas, eram sete os diferentes programas em que estava inscrita: Pell Grant, SNAP, TBRA, LIHEAP, WIC, Medicaid e a creche. Eu precisava de sete tipos de assistência governamental para sobreviver. Meu mundo era um silêncio em meio a um caos constante de uma criança pequena, desorganização e estresse.

Pela primeira vez, naquele mês fiz aniversário e ninguém da minha família notou. Jamie deve ter ficado com pena de mim e concordou em nos levar para pintar canecas de cerâmica. Durante o jantar no Olive Garden, eu o observei segurar Mia no colo enquanto ela empurrava punhados de massa na boca.

Quando estávamos perto do meu apartamento, fiquei sentada no carro por alguns momentos antes de abrir a porta.

"Você vai entrar?", perguntei.

"Por quê?", perguntou ele, batendo de leve no volante.

Lutei contra minhas lágrimas por querer, por precisar da companhia dele. "Será que você poderia colocar Mia na cama?"

Ele franziu os lábios, frustrado, mas desligou o carro. Olhei para ele, então me virei para trás e sorri para Mia. Jamie e Mia eram a única família que eu tinha.

Eu queria que Jamie passasse a noite, mesmo que precisasse dormir no sofá.

Em um dia normal, toda vez que eu pensava em ir sozinha para a cama, a sensação era a de que havia um monstro no meu peito me arranhando por dentro. Eu me encolhia o máximo possível e, às vezes, abraçava forte o travesseiro, mas nada aliviava o profundo buraco que ecoava em meu interior. Eu desejava, desesperadamente, que o monstro fosse embora, mas noite após noite lá estava ele. Agora, no meu aniversário, meu primeiro aniversário em anos sem alguém em quem me aconchegar para dormir, eu lutava contra aquela sensação.

"Você não pode ficar?", murmurei, olhando para o chão.

"Não", disse ele, quase rindo. E saiu pela porta sem dizer adeus ou feliz aniversário. Eu me arrependi de ter perguntado. Sentei-me no chão e liguei para meu pai. Eram quase dez horas da noite, mas eu sabia que ele ainda estaria acordado, assistindo a *Countdown with Keith Olbermann* na MSNBC com sua esposa, Charlotte, como faziam quase toda noite. Eu gostava disso quando morava com eles. Depois que Jamie nos expulsou, fiquei na casa deles por algumas semanas quando não tinha para onde ir.

"Ei, pai", disse, e fiz uma pausa. Não sabia o que dizer; eu precisava dele, mas jamais poderia dizer. A linguagem secreta de minha família era ninguém jamais falar.

"Oi, Steph", respondeu, parecendo um pouco surpreso. Eu nunca mais telefonei. Não nos víamos nem nos falávamos desde a festa de aniversário de Mia, três meses atrás, mesmo que ele morasse a algumas horas de distância. "E aí?"

Respirei fundo. "É meu aniversário." Minha voz tremeu um pouco.

"Ah, Steph", disse ele, soltando um suspiro profundo.

Ambos ficamos quietos. Eu não conseguia ouvir o som de fundo da TV, e imaginei a sala de estar escura, iluminada pela imagem pausada na tela. Talvez Charlotte tivesse saído para fumar um cigarro. Eu me perguntava se eles ainda não bebiam vinho durante a semana.

～⊙∞～

No começo, logo após eu ter deixado Jamie e buscado refúgio na casa do meu pai, ele ficava me olhando sentada na mesa da cozinha até tarde da noite, cercada por pilhas de papeladas e documentos judiciais. Imaginei que papai estivesse tentando entender o que estava acontecendo em minha vida. Tudo o que ele sabia era que eu não tinha dinheiro algum, nem casa, e Mia só tinha sete meses. Ele não tinha a menor ideia de como deixar as coisas melhores. Podia me alimentar, mas não me bancar de fato. O colapso no sistema habitacional já impactara seu ofício de eletricista. Era 2008, e empreendedores enfrentavam dificuldades por não ter ninguém para quem fazer um empreendimento. Eu tentava aliviar o fardo de ele ter nós duas lá comprando comida para todo mundo com meus vales-refeição. Eu fazia jantar ou café da manhã e tentava limpar a casa durante o dia —, mas sabia que não era o bastante. Estava pedindo demais de papai e Charlotte, que já trabalhavam arduamente para conseguir pagar as contas. Eles tinham se mudado para a propriedade quatro ou cinco anos antes e planejado morar em um trailer enquanto construíam a casa de seus sonhos. Então, o valor da propriedade deles caiu drasticamente e os planos foram por água abaixo. Charlotte trabalhava de casa como codificadora médica para companhias de seguro, e por conta disso teve que voltar a estudar para obter um certificado especial. Papai era eletricista desde que se formara no ensino médio.

Charlotte adquirira o trailer após o divórcio e foi deixada para criar o filho sozinha, com um salário modesto. Papai, esforçando-se ao máximo para torná-lo um lar, construiu um terraço grande na parte de trás, onde tinham uma dúzia de alimentadores de aves. Da janela da sala de estar, Mia adorava observar os gaios-azuis mergulhando para pegar amendoins, agitando os braços e dando gritos agudos de alegria. Papai ria sempre que ela fazia isso. "Ela é igualzinha a você nessa idade", dizia ele, com um quê de surpresa.

Uma noite, papai chegou tarde em casa, com os braços lotados de sacolas de supermercado. Depois de colocar Mia na cama, sentei-me na sala de estar com Charlotte, assistindo à TV. Papai saiu de fininho com uma garrafa de vinho e foi para a hidromassagem. Mais alto que o barulho da TV, Charlotte e eu começamos a ouvir um som semelhante a um soluço. Um homem adulto soluçando. Nunca tinha ouvido nada parecido. Charlotte foi até o terraço para ver o que estava acontecendo.

"Pare com isso!", ouvi-a, enfim, gritar. "Você está assustando sua filha!"

Nunca tinha visto ou ouvido meu pai chorar, mas, como uma criança, presumi que a culpa era minha. Eu o sobrecarreguei pedindo-lhe ajuda em um momento em que ele não podia bancar. Um pouco antes, naquela semana, ele me disse que eu precisava me mudar. Quando contei a Charlotte, ela me assegurou que eu poderia ficar o tempo que precisasse. Eu me perguntava o quanto eles discutiam por minha causa.

O colapso de papai parecia o presságio de que precisávamos morar em outro lugar. Embora eu tentasse sentir compaixão por ele, pensar em Mia e eu morando em um lugar em que teria que pagar aluguel era tão impossível sem um emprego que não conseguia sequer imaginar. Não tivera tempo para me recuperar do choque de estar sem casa com um bebê. Charlotte estava certa. Ele estava me assustando, mas provavelmente não da maneira que ela pensava.

Quando Charlotte voltou para dentro pela terceira vez, retomou seu lugar no sofá e ficamos em silêncio. Ela desativou a tecla mudo da TV e continuamos a assistir a *Countdown with Keith Olbermann*. Eu não conseguia virar minha cabeça e olhar para ela, mas tentei ficar parada. Calma.

Por fim, levantei-me para ir dormir. Meu tio trouxera um trailer pequeno e o estacionara na entrada. Mia e eu fizemos dele um lar temporário. Havia um vazamento do telhado sobre a porta e não conseguíamos usar a cozinha minúscula ou o banheiro, mas havia um aquecedor elétrico e espaço para dormirmos.

"Está indo dormir, Steph?", perguntou Charlotte, tentando agir como se aquela fosse uma noite normal.

"Sim, estou bem cansada", menti. Parei perto da porta e olhei para ela. "Muito obrigada por nos deixar ficar aqui."

Charlotte sorriu, como sempre, e disse: "Você pode ficar o tempo que quiser", mas agora a impressão era que ambas sabíamos que isso não era mais verdade.

Quando espiei pela porta do trailer, vi Mia dormindo tranquilamente no sofá-cama dobrável. Rastejei para baixo do cobertor, tateando na lateral da cama. Eu não estava cansada, só queria me deitar e ouvir seus barulhos noturnos, esquecer todo o resto em nosso novo mundo. Virei de bruços, depois de lado, mas não conseguia tirar da cabeça o som do meu pai soluçando. Talvez eu conseguisse alugar por um tempo um espaço em um acampamento e estacionar o trailer ali. Ou talvez pudéssemos colocá-lo de volta atrás da casa de meu avô em Anacortes, mas eu não conseguia imaginar morar tão perto de vovó, que, ouvi dizer, estava dando de comer a 50 gatos selvagens.

Uma hora mais tarde, pelas paredes finas do trailer, ouvi portas batendo na casa principal. Papai e Charlotte estavam brigando, dava para ouvir as batidas e estrondos. Depois, silêncio.

Entrei sorrateiramente na casa para ver o que tinha acontecido. Na cozinha, ímãs de geladeira estavam espalhados pelo chão. A mesa estava fora do lugar. Havia uma quietude desconfortável. E, então, eu os ouvi no terraço de trás. Meu pai ainda estava chorando, mas agora pedia desculpas a Charlotte repetidas vezes.

Quando Mia e eu chegamos na manhã seguinte para o café da manhã, papai já tinha saído para trabalhar. Charlotte estava sentada à mesa da cozinha, ainda fora do lugar. Eu me sentei e então, instintivamente, procurei a mão dela. Ela olhou para mim, com os olhos inchados e sem brilho.

"Ele nunca fez nada parecido antes", disse ela, com o olhar fixo na parede oposta. Então, de repente, os olhos dela encontraram os meus. "Ele é um doce de pessoa."

Os acontecimentos da noite anterior começaram a vir à tona: ela contara a papai que estava indo morar com a irmã e começara a fazer as malas, disse que, inclusive, levaria Jack, o cachorro. Olhei para ela com admiração, desejando ter tido coragem para sair quando as explosões de Jamie começaram, durante minha gravidez. Queria ser tão forte quanto ela.

"Esse foi meu erro", disse-me Charlotte, olhando para Jack, enrolado no chão perto dos pés dela. "Foi aí que errei." Ela pôs a xícara de café na mesa e, com cuidado, levantou as mangas, expondo marcas roxas profundas.

Olhei para baixo e vi Mia, que brincava feliz perto do cachorro no chão da cozinha, dando tapinhas nas costas dele, dizendo "Cachorro, cachorro". Seu cabelo estava bagunçado da noite anterior, e ela ainda estava de pijama.

Fechei os olhos. Eu precisava ir embora.

Naquele dia, comecei a telefonar para abrigos para pessoas sem-teto. Um abrigo, na pior das hipóteses, seria um teto sobre nossas cabeças por um certo período, e, na melhor, permitiria que eu e minha filha vivêssemos sem medo da violência alheia. Na hora em que meu pai ligou do trabalho para me dizer que fosse embora, eu já havia carregado o carro para me mudar.

Quando tentei desabafar com minha tia e meu irmão sobre as marcas que Charlotte me mostrara, papai já havia falado com eles e lhes dito que eu tinha inventado aquilo porque queria atenção, que tudo que eu dissera sobre Jamie também não passava de uma tentativa de chamar atenção.

"Desculpe, Steph", repetia papai ao telefone na noite do meu aniversário. Ele começou a falar que estava ocupado no trabalho, mas parei de ouvir, arrependida por ter ligado.

Ele tentou compensar pelo aniversário esquecido. Uma semana depois, recebi um cartão pelo correio com um cheque de US$100. Encarei-o fixamente, sabendo que era muito dinheiro para ele doar sem mais nem menos. Incapaz de confrontar a raiva que sentia dele por nos expulsar, decidi fazer algo imprudente com o dinheiro. Em vez de poupá-lo para pagar uma conta ou comprar artigos de higiene, Mia e eu fomos almoçar no novo restaurante tailandês da cidade, que tinha pequenas tigelas de arroz adocicado com leite de coco e manga de sobremesa. Mia ficou com tanto arroz grudado em seus cachinhos de bebê que precisou de um banho. Mais tarde, coloquei-a para tirar uma soneca, sentei-me em frente ao computador na minha área de trabalho da cozinha e, então, decidi fazer algo exclusivamente para mim.

O site do Match.com ficou aberto no meu navegador durante vários dias. Eu já tinha preenchido o perfil, feito upload de fotos e dado uma olhada nos perfis de homens da minha idade. Meus pais encontraram seus atuais parceiros por lá, e minha tia também. Mesmo que sem ter certeza de que encontraria algo do tipo, sem dúvida uma coisa estava faltando em minha vida: um escape social. A maioria das minhas amizades se desfez no último ano, porque eu me isolei e escondi por estar constrangida com minha vida. Nas madrugadas, muito depois de Mia dormir, quando conseguia parar pela primeira vez o dia todo, sentia falta de companhia, mesmo que fosse apenas alguém para enviar um e-mail ou com quem falar ao telefone. Não meus amigos que conheciam a catástrofe que se tornara minha vida; eu já estava cansada de me ouvir falando sobre isso. Queria paquerar, voltar a ser a pessoa que eu era antes de tudo isso, a garota tatuada de cabelo castanho na altura do queixo e bandana na cabeça, que dançava ao som de bandas com um moletom amarrado na cintura. Eu queria fazer novos amigos.

Parecia o cúmulo do desespero estar em um site de encontros na minha situação, mas eu não me importava. Conversava com homens de locais distantes, como Salt Lake City, Utah e Winthrop, Washington. Preferia homens que moravam a uma boa distância de mim, porque não haveria risco de cultivar sentimentos por eles. Não tinha como eu viajar para vê-los ou eles virem ficar comigo, já que Mia via o pai apenas em visitas curtas. Tudo isso parecia trabalhoso demais, de qualquer modo. De fato, eu só precisava dar umas risadas e me lembrar da pessoa que eu era antes de a maternidade e a pobreza tomarem conta de todos os aspectos da minha personalidade. Havia me perdido por completo dessa pessoa, que fora tão livre para ir e vir, encontrar amigos ou não, trabalhar em três empregos para guardar dinheiro e viajar. Eu precisava saber que essa pessoa ainda existia.

Se eu fosse honesta comigo mesma, teria admitido estar em busca de um parceiro ou que, secretamente, esperava encontrar um. Minhas inseguranças, ou talvez meu lado racional e realista, sabiam que havia uma chance muito pequena disso acontecer. Eu dependia de assistências governamentais, tinha ataques de ansiedade frequentes, ainda incapaz de processar boa parte do abuso emocional que acabara de vivenciar ou de saber com que profundidade isso me afetou. Minha vida em minha nova identidade estava em uma espécie de pausa; estava consumida pela maternidade, da qual eu não tinha certeza se sequer gostava de verdade. Quer dizer, quem em sã consciência assumiria uma pessoa *assim*?

Depois de apenas um mês no site, para meu total desalento, um dos pretendentes viajou para me ver. Ele morava perto, em uma cidade chamada Stanwood, que eu visitara várias vezes à caça de qualquer lugar para morar que não fosse Port Townsend. Stanwood era uma minúscula comunidade agrícola logo ao sul de Skagit County, onde minha família inteira morava. Era perto, mas não perto demais, e próximo a Camano Island, com inúmeras praias, a maioria escondida e intocada. Esse homem não tinha apenas a vantagem da localização, seus e-mails pareciam ter sido escritos por John Steinbeck quando ele falava sobre morar na propriedade em que o bisavô construiu uma casa e, por fim, atirou em si mesmo.

Travis falava da fazenda em que vivia com uma admiração surpreendente, considerando que havia se mudado dela uma vez por um período curto de tempo. Ele disse que tinha fotos dele quando bebê, tomando banho na pia em que hoje escovava os dentes toda noite. Os pais, que compraram a fazenda do avô, ainda moravam e trabalhavam na propriedade, gerenciando por conta própria a estabulagem de cavalos. A mãe de Travis se dividia entre a contabilidade do negócio e o cuidado dos cinco netos nos dias úteis. Isso, além da possibilidade de andar a cavalo sempre que eu quisesse, fez com que me sentisse atraída por ele o bastante para aceitar o convite para jantar.

Ele teve que pedir ao pai para dar comida e água aos cavalos naquela noite, e estava mais do que disposto a viajar a Port Townsend. Quando o encontrei no terminal de balsas, Travis exibia um olhar assustado.

"Nunca estive nesse barco antes", disse ele, um pouco sem fôlego. "Eu sequer sabia que esta cidade era aqui." Ele riu de nervoso, e sugeri que descêssemos até o Sirens. Eram apenas quatro horas da tarde, então não haveria ninguém lá. Eu sabia que, se alguém me visse com um desconhecido, contaria a Jamie. Alguns meses antes, após um longo dia cuidando de jardins, fui ao centro da cidade para tomar cerveja sozinha por um minuto, algo de que precisava muito. Alguém de lá avisou Jamie, e ele me jogou na cara que eu estava bêbada quando fui pegar Mia. Tentei ficar totalmente longe dos bares depois dessa.

Encontramos uma mesa no lado de dentro e pedimos hambúrgueres e cervejas. Dei uma olhada para a mesa na varanda em que me sentei com mamãe e William seis meses antes, a última vez que pisei no Sirens. Tive a impressão de que Travis não saía com frequência para comer, a julgar pela maneira como ele se atrapalhava com os pedidos. Presumi que estava nervoso, curiosa demais a seu respeito para me importar.

"Então, o que você faz, exatamente?", perguntei, muito embora ele tivesse me dito por e-mail e telefone.

"Eu limpo as cocheiras de manhã, alimento os animais à noite e conserto o que precisar durante o dia." Travis não parecia se importar com meu interesse e perguntas frequentes, e ria com facilidade quando um de nós tentava ser engraçado. "Mas a temporada de feno é mais agitada."

Balancei a cabeça como se entendesse. "Então vocês cultivam o próprio feno para alimentar os cavalos que as pessoas hospedam lá? Quantos cavalos vocês têm?"

"Meus pais têm alguns em um estábulo deles, junto com os de amigos." Ele deu uma mordida grande no hambúrguer, e esperei que continuasse. Ele estava usando o que parecia ser sua roupa de trabalho — calça jeans furada com manchas de graxa, botas marrons de couro e um moletom com capuz por cima de uma camiseta desbotada. Minha roupa até combinava com a dele, a não ser pelo fato de eu estar usando uma calça jeans novinha que comprara durante o verão em uma loja de consignação. "Aí a Susan, a mulher que aluga uma das pistas, tem um celeiro onde dá aulas. O estábulo principal comporta uns 120 cavalos, mas agora só temos metade disso. Pessoas que os deixavam conosco perderam todo o dinheiro e não podem mais pagar por cavalos. Não podem sequer pagar alguém que os leve."

Nunca pensei que um cavalo fosse uma despesa tão grande, mas sabia que davam muito trabalho. Quando eu era bem jovem e morávamos perto de meus avós, passava muitos dias de verão na propriedade na estrada de terra, onde meu pai cresceu. Meu avô era madeireiro antes de se aposentar, e levava uma fila de cavalos de carga para a floresta. Ele me colocou em um cavalo quando eu tinha a idade de Mia. Eu sabia cavalgar sem sela melhor do que correr com minhas próprias pernas. Minha cabeça se encheu de visões de Mia fazendo a mesma coisa.

Estava começando a escurecer quando acompanhei Travis de volta ao terminal de balsas. Demos um abraço de adeus, e me peguei enterrando meu rosto no peito dele sem deixá-lo ir embora. Ele tinha cheiro de cavalo, feno, graxa e serragem. Cheirava a trabalho, o que minha mente traduzia como estabilidade. Os aromas em conjunto trouxeram à tona uma nostalgia que tomou conta de mim. Trabalhando com carros, cavalgando com vovô, segurando pregos para meu pai quando eu era criança. O abraço de Travis me lembrou de todos esses momentos, me confortou e, de algum modo, me trouxe para casa.

6
A Fazenda

Fechei minha faca Gerber de lâmina única e a coloquei de volta no bolso da Carhartts. O ar do outono umedecia meu rosto à medida que Travis e eu nos movimentávamos jogando dezenas de fardos de feno de 30 quilos em um triturador, que o separava em pedaços menores a fim de que pudéssemos misturá-lo à serragem para as camas dos cavalos. Limpei a poeira amarela-escura de minha testa antes de calçar novamente a luva que colocara embaixo do braço. Fiz uma pausa para tomar fôlego e, então, puxei o barbante vermelho na minha direção. Se eu cortasse o barbante segurando o fardo de feno de frente para o nó, conseguiria retirá-lo devagar e o fardo permaneceria inteiro, facilitando remover pequenas porções e jogá-las no triturador. Cortar o barbante atrás do nó dificultava a remoção do barbante, desmanchando o fardo e espalhando o feno pelo chão, o que atrasava ainda mais o trabalho.

"Você não está fazendo direito!" Travis gritou de novo, enquanto montes de feno se empilhavam ao redor de meus pés.

"Desculpa!", gritei de volta, tentando parecer sincera. Fiz isso várias e várias vezes, com montanhas de fardos, transformando-os em montanhas ainda maiores de capim seco triturado.

Nós nos mudamos para Stanwood para morar com Travis apenas quatro meses depois de nosso primeiro encontro, quando Mia tinha quase dois anos. Foram nove meses difíceis desde então. Travis trabalhava arduamente na fazenda e no quintal. Em casa, ele mal tirava os olhos da TV. Nossa relação proporcionava estabilidade; um lar. Mas, talvez o mais importante, ela me proporcionava um carimbo invisível de aprovação. Com Travis, eu era parte de um núcleo familiar. Era completa. Mas eu não contava com a perda de minha independência, sem perceber o quanto isso atribuía à minha identidade mais valor como mãe. Na visão de Travis, meu valor vinha do trabalho que eu fazia fora da casa, na fazenda, já que o trabalho doméstico — limpeza e comida — não tinha valor algum para ele. Mas eu não conseguia encontrar um emprego, então minha contribuição se limitava ao trabalho que fazia para ajudá-lo. O problema era que tudo que eu tinha para cuidar de Mia era a pequena quantia que Jamie pagava de pensão alimentícia e os vales-refeição. Via Travis ser pago por um trabalho do qual fiz boa parte e não recebia por isso.

No começo, era divertido sair toda noite para dar comida e água aos 50 ou mais cavalos que os clientes deixavam ali. Quando a pessoa que limpava os estábulos aos fins de semana se demitiu, Travis se ofereceu para assumir a tarefa e ganhava um extra de US$100 por semana, além dos US$100 que seus pais lhe pagavam por alimentar os animais. Aos fins de semana Mia ficava com o pai, eu me levantava às sete da manhã para ajudar a limpar o esterco nos estábulos, além de alimentar os cavalos toda noite, e ficava vendo Travis embolsar o maço de dinheiro que seus pais lhe davam pelo trabalho, sem me oferecer nada.

"Travis", disse eu, na segunda vez que isso aconteceu. "Eu não deveria receber um pouco? Eu ajudei."

"Você precisa de dinheiro para quê?", repreendeu ele. "Você não paga nenhuma conta."

Sufoquei as lágrimas pela humilhação e consegui grunhir que meu carro precisava de gasolina.

"Aqui", disse ele, manuseando as notas até escolher uma de 20.

Começamos a brigar. Todas as vezes que eu me recusava a ajudar a alimentar os cavalos. Todas as vezes que o jantar não estava na mesa. Todas as vezes que eu optava por dormir até tarde, sabendo que seria ignorada como forma de punição. Desesperada, eu me inscrevia em todas as vagas postadas na Craigslist ou no jornal local, candidatando-me para qualquer lugar, de poucas a uma dezena de inscrições por semana, mas raramente recebia retorno. Então, um amigo passou meu número para uma mulher que precisava de uma nova funcionária para sua empresa de limpeza, e fui contratada na hora. O trabalho parecia promissor. Eles me pagariam US$10 por hora, e Jenny, a dona da empresa, esperava ter 20 horas de trabalho para mim toda semana: US$200 por semana de um dinheiro só meu. E talvez eu pudesse até parar de trabalhar na fazenda.

"É um trabalho excelente. Todas as casas que eles limpam ficam em Stanwood", contei a Travis, enquanto ele descia do trator. "Não acho que eles tenham sequer um período de treinamento. Basta ir trabalhar e sou paga por baixo dos panos." Tentei sorrir com doçura, muito embora não trocássemos mais que meia dúzia de palavras há dias. "Parece perfeito para mim." Mia, agora com quase dois anos e meio, estava incrivelmente feliz por morar com Travis. Para ser honesta comigo mesma, eu também estava, mas sobretudo porque viver com ele me tirava vários estigmas de ser mãe solo.

"O quê?", perguntou Travis, com cara de irritado e como se tivesse ouvido só metade do que eu dissera. Ele estava com a mesma roupa de nosso primeiro encontro. Eu tentava me lembrar da sensação de abraçá-lo pela primeira vez. Um ano atrás, eu me sentia segura, reconfortada nos braços dele. Agora, eles tinham ressentimentos demais para me abraçar.

"Se eu trabalhar meio período de manhã", raciocinei, seguindo-o enquanto ele amarrava o trailer no engate da traseira do trator, "Mia poderia ficar na creche durante o resto do dia, e eu conseguiria ajudar na fazenda". Eu me convenci de que trabalhar na fazenda era como me livrar de minha quota do aluguel e das contas. O que não sabia lidar era com o fato de pedir dinheiro para gasolina.

Ele olhou para mim com cara de paisagem.

"Vou trabalhar duro. Vou limpar estábulos", continuei, ignorando minha ausência de dignidade em quase implorar. "Vou dar comida e água aos cavalos. Vou dar o melhor de mim para fazer o jantar, apesar de eu detestar isso."

"Não me importo com o jantar, contanto que você trabalhe na fazenda", disse ele. Então, suspirou.

Esperei.

"Ajude-me a triturar esses montes de feno", disse ele, subindo de volta no trator.

"Então, tudo bem se eu aceitar o trabalho?", gritei para ele, mais alto que o motor do trator. Ele me lançou um olhar grosseiro, mas não respondeu. Minha única escolha era ficar amuada, seguindo o trailer com pilhas de feno até o celeiro.

Era o início do inverno de 2009, durante a recessão, quando as pessoas não podiam bancar cavalos para lazer ou para nenhuma outra coisa. A taxa de ocupação na estabulagem de Travis e dos pais estava no nível mais baixo já registrado, enquanto o custo do feno e das lascas de madeira que usavam para as camas tinha aumentado. A maior parte do equipamento deles estava velha e com defeito. Seus pais estavam cansados de tentar manter a empresa funcionando, e contavam com Travis para gerenciar a maior parte dela. Ele trabalhava sem parar durante a estação de feno, passando até 12 horas por dia no trator, e, nos meses frios, cuidava das reformas e dos tubos congelados enquanto limpava o esterco de 40 a 80 cocheiras toda manhã.

Olhei para cima e vi pó de feno flutuando no ar, surpresa ao perceber que Travis sorria para mim. Estávamos na metade da segunda pilha. Serragem cobria a parte de cima de seu boné vermelho de beisebol e os ombros do moletom com capuz. Quando ele estendeu a mão enluvada para roçar meu cabelo, eu me esquivei, e então joguei um punhado de barbante nele. Travis riu, com os olhos azuis iluminando todo o rosto.

~ · ~

A companhia de limpeza de Jenny parecia bem organizada, pelo que eu podia perceber. Ela alternava um monte de clientes em uma agenda que carregava como se fosse uma bolsa. No meu primeiro dia de trabalho, ela me deu um kit de limpeza e um rolo de papel--toalha. Eu encontrei Jenny e algumas mulheres no lado de fora de uma casa grande e marrom de uma cliente, com vista panorâmica para o vale. Ela mal me apresentou, simplesmente falou: "Esta é a garota nova", e as mulheres acenaram com a cabeça sem parar para apertar minha mão ou me olhar nos olhos, enquanto descarregavam cestos de utensílios da traseira dos próprios carros. A cliente que atendeu à porta era uma mulher mais velha, com cabelos brancos e bobes, que sorriu como se fôssemos as convidadas do jantar. Todo mundo entrou e se dirigiu para as partes designadas da casa, e fiquei ali em pé, esperando por algum tipo de instrução.

"Limpe o banheiro e o quarto principal se tiver tempo", disse uma de minhas colegas, a mais velha. Tracy, acho que era esse o nome. Ela apontou para o quarto com uma cadeira rosa grande e cheia de coisas perto da cama, e me deixou lá antes que eu pudesse fazer qualquer pergunta.

Quando eu estava quase na metade do serviço, Jenny veio dar uma olhada; por um segundo seu rosto não demonstrou nenhuma expressão, depois, ela sorriu e disse: "Parece ótimo!", e sumiu de novo. Todo mundo estava empacotando as próprias coisas quando saí, e Jenny disse: "É só seguir a gente até o próximo." Foi a mesma coisa durante toda minha primeira semana. A equipe inteira descia por uma hora em uma casa, cada uma de nós passando por cantos e cômodos diferentes, completando o percurso até a porta de entrada. Então, voltávamos para nosso pequeno comboio de carros velhos e íamos até a próxima. No meio de tudo isso estava Jenny, com os cabelos loiros acobreados firmemente puxados em um rabo de cavalo. Ela passava a impressão de ter sido popular no ensino médio e esperava que as pessoas ainda fizessem tudo para agradá-la. Quando ela me ensinava como limpar um cômodo, fosse um quarto ou um banheiro, sorria e dizia: "É só fazê-lo brilhar!" Eu borrifava líquido de limpeza e o tirava com papel toalha, tirava pó com um espanador sintético de cores fluorescentes e borrifava aromatizadores nos quartos quando saía.

Todas as garotas pareciam ter uma preferência diferente em relação à parte do trabalho que mais gostavam de fazer. Algumas gostavam de limpar cozinhas; outras, ao que parece, preferiam passar aspirador em salas de estar e quartos. Ninguém gostava de limpar banheiros. Esse trabalho ficava com a novata.

Um banheiro podia parecer limpo ou até ser bonito, enfeitado com assentos de privada cor-de-rosa, tapetes e toalhas combinando com uma cortina de chuveiro coberta de flores, mas isso não significava que o sanitário não fosse horrível. No início, eram os pelos pubianos perdidos que mais me enojavam. Mas, diante da quantidade que encontrava, acabei me acostumando. Descobri como esvaziar os cestos pequenos de lixo sem tocar — mesmo usando luvas — absorventes internos, preservativos, lenços cheios de catarro e tufos de cabelo. As pessoas deixavam frascos de remédios prescritos por todos os cantos, ao lado da pasta de dente ou perto de um copo. Eu estava lá para limpar, é claro, mas continuava esperando que as pessoas fossem um pouco mais organizadas ou que arrumassem a própria bagunça. Gastava pelo menos cinco minutos recolhendo vários objetos, removendo cada objeto, limpando-os, limpando embaixo deles e colocando-os de volta de um jeito organizado.

Após a primeira semana acompanhando o grupo, formei uma dupla com uma mulher de cabelos castanhos ondulados na altura dos ombros, cerca de dez anos mais velha que eu, de quem todo mundo reclamava sussurrando para que Jenny não ouvisse. Angela tinha os dentes e as pontas dos dedos amarelados por causa do cigarro, e eu ainda não tinha sido apresentada formalmente a ela até Jenny me informar de que iríamos sozinhas para a próxima casa.

"Angela conhece a casa", disse Jenny. "Ela lhe dirá onde é. Então, você pode deixá-la em casa e pegá-la de manhã. Angie, hoje à noite mando uma mensagem e digo quais casas você vai fazer amanhã, certo, garota?" Jenny acenou e entrou no carro com duas das outras mulheres, e aquele pareceu o fim do meu período de treinamento.

Na casa, Angela batia papo com os clientes, um casal de meia-idade usando roupas cáqui passadas a ferro, enquanto eu limpava a cozinha e os banheiros. Não parecia que ela estava trabalhando de verdade, até eu ouvi-la ligando o aspirador um pouco antes de sair do banheiro principal e me juntar a ela.

"Terminou?", perguntou ela, desligando o aspirador e sorrindo.

Depois que Jenny me colocou para fazer dupla com Angela, outra colega a esperou sair e sussurrou que eu deveria ficar de olho nela quando fizéssemos limpeza. "Ela rouba esponjas e papel-toalha das casas", sussurrou — itens que nós mesmas deveríamos fornecer com nosso próprio dinheiro. Às vezes, depois de terminarmos uma casa, Angela pegava guloseimas dos armários e pulava no carro com uma sacola cheia até a metade de batatas chips ou um pacote de biscoitos de água e sal. Eu a observava comer, sabendo que não estavam com ela antes de entrarmos.

"Quer um pouco?", perguntou ela, apontando a sacola na minha direção, tão alheia a meu olhar de desprezo que me deu vontade de gritar.

"Não", disse eu, esperando as duas outras faxineiras com quem tínhamos montado equipe naquele dia partirem com o carro parado atrás do meu. Tracy, a motorista, cujos cabelos pretos curtos tinham um centímetro de raízes acinzentadas, parou para acender um cigarro.

"Ei, posso fumar aqui dentro?", perguntou-me Angela pela terceira ou quarta vez, como Mia fazia quando sabia que eu estava cansada e talvez cedesse.

"Não", disse eu, sem rodeios.

"Então vou ver se posso ir no carro da Tracy", disse ela, abrindo a porta e correndo até o carro atrás do meu, que já começava a se movimentar.

Nunca mencionei a Jenny o comportamento de Angela. Fazia meu serviço sem reclamar, humilde e grata por ter encontrado um trabalho. Mas eu também precisava de mais horas. Jenny falava com carinho de suas funcionárias, e tive a sensação de que Angela estava fazendo limpeza para ela há um longo tempo, possivelmente o mais longo entre todas nós. Eu me perguntava qual era a história de Angela, por que acabara nesse tipo de trabalho. Eu me fazia a mesma pergunta em relação a todas as minhas colegas. O que aconteceu que as trouxe aqui, a este ofício de limpar privadas por tão pouco dinheiro?

"Ela era uma das minhas melhores funcionárias", me contou uma vez, em uma rara ocasião em que estávamos sozinhas dirigindo até o próximo trabalho. A voz dela abrandou. "Ela está passando por momentos difíceis. Tenho pena dela."

"Sim", disse eu. "Entendo." Mas, na maioria das vezes, com certeza eu não entendia. Nas casas que eu e Angela limpávamos juntas, ela ficava dando voltas, examinando revistas e armários, enquanto eu trabalhava em uma velocidade quase dobrada. Depois de um tempo, as laterais de meus dedos começavam a descascar. Eu fedia a amônia, alvejante e aquela merda em pó que pulverizávamos no carpete antes de passar o aspirador.

O clima de inverno veio com uma umidade que tomou conta de meus pulmões. Com poucas semanas no emprego, caí doente com uma bronquite horrorosa; fiz o melhor que pude para disfarçá-la com pastilhas para tosse e remédios para gripe, mas continuou piorando. Certa manhã, enquanto Angela e eu descíamos por um acesso de cascalhos até uma casa azul-marinho graciosamente aninhada na floresta, tive um acesso horrível de tosse. Estava tão ruim que parecia que eu não conseguia recuperar o fôlego.

"Iiiiih", disse Angela com um tipo mórbido de interesse. "Você está doente também?" Eu tentava inspirar profundamente, mas parecia que tentava respirar através de um pano úmido. Olhei para ela, irritada, obviamente doente. "Talvez devêssemos ligar para Jenny", disse ela. "As pessoas aí dentro são velhas. Não acho que devíamos limpar a casa delas." Angela pegou o celular e começou a procurar o número de Jenny.

Ela virou as costas para mim e se afastou um pouco. Antes que eu pudesse impedi-la, já tinha ligado. Acenei para ela e sacudi a cabeça, mexendo os lábios: *Não*, mas ela continuou a falar com Jenny.

"Stephanie está muito doente", disse Angela, com um tom mais baixo e rouco de voz, parecido com o que uma criança usa para convencer a mãe de que não pode ir à escola. "Acho que talvez eu também tenha pegado a doença." Ela segurou o telefone contra o ombro e tirou um maço de cigarros do bolso, franzindo a testa ao ver que estava vazio, e o atirou em sua cesta de produtos de limpeza.

Por ser recém-contratada, não queria perder o pagamento do dia ou tirar folga por doença. Eu precisava desse emprego, e não queria que Jenny pensasse que eu era preguiçosa. Angela me ignorava enquanto eu saía do carro e, teimosa, começava a descarregar meus suprimentos. "Quinta-feira à tarde daria supercerto", disse Angela, olhando para mim com um sorriso largo, com o polegar levantado, feliz por ter tirado o resto do dia de folga. "Ótimo", disse ela ao telefone, ainda sorrindo, esquecendo-se de mudar a voz para parecer doente. "Certo, depois falamos com você."

"Eu disse para você não fazer isso", falei enquanto ela dava a volta para se juntar a mim atrás do carro. Minha cabeça começou a latejar. Eu teria que explicar isso a Travis, sabendo que ele ficaria incomodado ao me ver chegar mais cedo em casa. Mas sentia ainda mais ficar sem o pagamento do dia. "Não posso faltar no trabalho. Você não entende isso?"

"Está tudo bem, garota", disse ela, levantando sua cesta quase vazia de suprimentos e colocando de volta no meu carro. "Haverá mais trabalho amanhã." Ficamos sem conversar durante o restante do caminho até a casa dela, liguei o rádio para garantir que continuaríamos assim. Angela balançou a cabeça ao ouvir a música, tamborilando ligeiramente as pernas. Eu não conseguia acreditar que ela não estava estressada por perder aquele pagamento. Eu queria perguntar sobre seus filhos e sua situação de vida, a fim de ter uma ideia melhor do que ela achava daquilo tudo, uma vez que eu também vivi a trajetória de ser mãe solo, sem-teto e pobre. Essa era parte do motivo para eu estar com Travis, embora nunca admitisse a ninguém. A casa de Angela, que era bem perto da nossa, havia sido condenada, e, apesar de ter sido despejada, ela se recusava a sair. Ela vivia sem água corrente ou eletricidade.

Mas minha compaixão ou curiosidade desapareceram quando perdi as 20 pratas do pagamento do dia. Quando parei em frente à casa de Angela, continuei de cabeça baixa, tentando não olhar para os vários avisos colados na porta, declarando-a inabitável.

Ela fez uma pausa antes de sair. "Você pode me emprestar dinheiro para um maço de cigarros?"

"Isso é o que ganho por uma hora", disse eu, tremendo um pouco, sabendo que ela me pressionaria a dá-lo de qualquer jeito.

Em vez disso, ela acenou com a cabeça, possivelmente compreendendo o quanto eu estava incomodada. Talvez até compreendendo também que eu não tinha, de fato, aquele dinheiro.

Esperei que ela pegasse a cesta de produtos de limpeza, e tentei não passar os olhos pela casa. Não queria que ela se sentisse envergonhada, lembrando-me de como era quando eu morava no abrigo, apenas um ano atrás. Algumas das outras faxineiras murmuravam que ela perdera a guarda dos filhos àquela altura. Eu não sabia com certeza, mas eles não estavam lá quando eu a deixava em casa.

"Pronto", gritou para mim depois de fechar a porta do bagageiro. Acenei com a cabeça, tentando não pensar em como seria o restante do dia. Só esperava que ela estivesse pronta quando eu viesse buscá-la na manhã seguinte.

Mais tarde naquela semana, quando voltamos para limpar a casa do casal de idosos, vi duas pessoas que construíram uma vida juntos, cercadas de fotos da família, que agora chegavam ao fim da vida ao lado um do outro. O marido ria e fazia brincadeiras com Angela, enquanto eu o via pegar a tigela de cereais da esposa, trazendo o cobertor favorito dela antes de ela se sentar no sofá, e me afligi com a imagem de um dos dois partindo. Era difícil não me afetar pelo papel que assumira na vida de meus clientes.

Eu me tornei uma testemunha. Ainda mais estranhos eram minha invisibilidade e meu anonimato, embora eu passasse várias horas por mês na casa deles. Meu trabalho era limpar o pó e a sujeira e aspirar os tapetes, permanecer invisível. Parecia que eu tinha a oportunidade de conhecer meus clientes melhor que muitos de seus parentes. Sabia o que eles comiam no café da manhã, a quais programas assistiam, se ficavam doentes e por quanto tempo. Eu os via, mesmo que não estivessem em casa, pelas marcas deixadas na cama e lenços de papel no criado-mudo. Eu os conhecia de um jeito que poucas pessoas conheciam ou, talvez, jamais conheceriam.

7

O Último Emprego da Terra

Após um mês, a promessa de Jenny de mais trabalho não se cumpriu. Não parecia que ela gostava de mim de verdade, por qualquer motivo. Talvez eu não falasse o suficiente, ou não me importasse o suficiente com a fulana que saiu com o beltrano. Talvez minha irritação a respeito do horário irregular de trabalho que tornava impossível fazer um orçamento e planejar a creche tenha ficado muito explícita, ou, de modo geral, talvez eu fosse mal-humorada demais.

Ainda assim, eu pegava o máximo de trabalhos de Jenny que conseguia, aturando sua falta de capacidade de gestão. Angela se tornara tão irresponsável que Jenny começou a mandar os trabalhos por mensagens de texto para mim, à noite. Eu ansiava por um horário convencional de trabalho, sobretudo porque as 20 horas semanais que Jenny projetou originalmente se transformaram em 10 ou menos, que dependiam de Angela aparecer para trabalhar. Mas essa questão permanecia sem solução. Eu não podia reclamar de ter que ficar sentada do lado de fora da casa de Angela por 15 minutos de manhã, esperando que ela se vestisse, o que nos fazia chegar atrasadas à casa. Jenny achava que quem reclamava não tinha espírito de equipe. Quando Angela ostentou o quanto estava feliz por ser paga por baixo dos panos a fim de conseguir mais dinheiro do governo, as juntas dos meus dedos, já firmes no volante, ficaram brancas. Seu grau de alívio em relação a isso me incomodava. Começava a dar a impressão de que devíamos cuidar uma da outra, mas eu estava mais preocupada em cuidar de Mia e com o que viria pela frente.

Enquanto isso, Travis lidava com meu emprego como se fosse um clube do livro, algo que me mantinha afastada do trabalho importante em casa, na fazenda. Lutei para manter o ritmo dos cuidados com Mia enquanto mantinha a casa limpa, e minha raiva crescia sempre que Travis olhava para mim na expectativa de que eu alimentasse os cavalos. Quanto mais tumultuada ficava minha vida em casa como a "esposa do fazendeiro", menos certeza e segurança eu tinha sobre o tempo que ainda nos restava na casa de Travis. Minha capacidade de trabalhar, de ganhar dinheiro, era minha única rede de proteção caso perdêssemos novamente o chão. E Jenny não estava oferecendo o bastante para nos sustentar, muito pelo contrário.

⁓⁕⁓

A Classic Clean, uma companhia de limpeza autorizada e segurada, quase sempre tinha um anúncio nos classificados. "Precisa-se de faxineiras!", lia-se, em negrito. Eu sempre pensava em responder ao anúncio se os trabalhos de Jenny não dessem certo. Agora, chegara o momento.

"Oi. Stephanie, certo?", disse a mulher que atendeu à porta. "Foi fácil achar o lugar? Sei que pode ser meio confuso com todos esses prédios."

Tentei dar um sorriso cordial, muito embora tivesse acabado de brigar com Travis a ponto de chorar por causa do rastro de lama que ele espalhara pela cozinha. "Suas orientações foram perfeitas", respondi, e a mulher pareceu satisfeita.

"Sou Lonnie", disse ela, estendendo a mão. "Diretora de recursos humanos da Classic Clean."

Estendi a mão para apertar a dela, depois lhe entreguei meu currículo. Lonnie pareceu surpresa, como se não visse muitos assim.

"Ah, bem, olhe para você", disse ela, aparentemente satisfeita. Era como se fosse o último emprego da Terra. Qualquer dinheiro que eu conseguisse me pouparia de telefonar novamente para uma lista de abrigos para sem-teto. O que me deixava nervosa e com raiva de mim mesma por acabar nesta situação. Um horário convencional e um emprego de verdade seriam minha passagem para a independência e, por fim, nossa sobrevivência. Nosso futuro dependia disso.

Com um sinal de cabeça, Lonnie apontou para uma mesa na parte de trás da área de escritórios, montada em um de dois anexos grandes. Por telefone, ela havia me dito que a empresa funcionava de um escritório na casa de Pam, a dona. "Por que não se senta e começa a preencher a ficha? Precisamos que você concorde com uma verificação de antecedentes criminais também, certo?"

Concordei com a cabeça e fiz o que ela pediu. Depois de um tempo, Lonnie veio e se sentou perto de mim. "Provavelmente, pelo sotaque, você já sabe que sou de Jersey", começou ela. Era verdade. Ela tinha a voz da irmã mais nova do Danny DeVito. Lonnie era baixa e atarracada, com cabelos pretos cacheados em um corte mullet — o tipo de pessoa que era melhor não contrariar. Ela era direta e objetiva, falava rápido e fazia pausas para me dar tempo de processar o que ela dizia, levantando as sobrancelhas para ouvir meu "certo" antes de continuar.

"Este é nosso horário", disse Lonnie, referindo-se a um quadro de avisos atrás de sua mesa, tão grande que ela precisava de uma escadinha para alcançar a parte de cima. "O nome de cada cliente fica na etiqueta laminada, e eles se alternam pelas semanas A, B, C e D. Como você pode ver aqui pela seta, atualmente estamos na semana C. Alguns clientes são mensais, alguns semanais, mas a maioria é quinzenal; portanto, duas vezes por mês. Cada faxineira é identificada com um ponto colorido, para sabermos qual faxineira está com quem." Ela parou e olhou para mim. Eu estava perto dela, em pé, com as mãos fechadas à minha frente. "Entende o que estou dizendo?", perguntou ela, e eu fiz que sim com a cabeça. "Então, se você passar na verificação de antecedentes criminais, não estou dizendo que acho que não vai, mas, sabe, às vezes ficamos surpresas com o que descobrimos." Ela parou e riu de si mesma. "Mas, de qualquer modo, depois que você passar, vamos chamá-la aqui e entregar uma cesta, aspirador e algumas camisas. Qual é seu tamanho, pequeno ou médio? É provável que você não queira pequeno. É bom ter um espaço para respirar. Acho que temos algumas médias. Enfim, alguma pergunta?"

Eu tinha várias, mas tudo o que queria saber era quanto ganharia, ou quantas horas trabalharia, ou se eles ofereciam plano de saúde ou se licença médica era aceitável. Tudo o que importava era que a pessoa que eu substituiria era um ponto amarelo, quer dizer, todos os pontos amarelos naquele quadro agora eram eu, o que significava que trabalharia toda quarta, quinta e sexta-feira, e uma vez por mês às segundas-feiras.

Lonnie apontou para um cartaz na parede em que se lia "US$8,55 a hora", que era o atual salário mínimo no estado de Washington. "Você vai começar com isso enquanto estiver em treinamento", disse ela. "Mas, depois, sobe para 9." Isso daria US$18.720 dólares por ano se eu trabalhasse em período integral, o que não era possível. A política da empresa proibia trabalhar mais de seis horas por dia. Qualquer coisa a mais que isso e funcionárias correriam risco de lesão por fadiga, disse ela. Eu também não seria paga pelo deslocamento. Jenny adicionava ao meu próximo pagamento as horas que eu passava dirigindo de uma casa para outra, o que me rendia umas duas pratas extras por dia. Com o novo emprego, às vezes eu gastaria umas duas horas não remuneradas por dia dirigindo de um trabalho para outro, e depois teria que lavar em casa os trapos que usava para trabalhar, com meu próprio sabão em pó, e a camisa do uniforme da Classic Clean com um pequeno pássaro bordado perto do nome da empresa.

Lonnie parecia não se importar comigo lá, em pé, estudando o calendário, enquanto continuava a explicar o sistema deles. Muitas casas eram limpas em duas ou três horas. Algumas levavam quatro. Outras, seis horas. Cada casa para a qual eu seria designada vinha com uma folha impressa, detalhando cada cômodo e as instruções para limpá-lo, e quanto tempo deveria levar. Ela pegou uma para me mostrar. A maioria dos cômodos tinha observações anexadas para alertar as faxineiras sobre pisos soltos, sobre tirar o pó de lugares frequentemente esquecidos e sobre onde havia lençóis limpos se o cliente se esquecesse de deixá-los à vista. Tudo aquilo que não só esperavam de mim como também o que eu devia esperar estava meticulosamente detalhado em preto e branco. Não haveria conversas tarde da noite, nem planejamentos por mensagens de texto. Se eu quisesse, poderia planejar com antecedência e saber que, em três meses a partir de agora, na segunda quarta-feira do mês eu estaria trocando lençóis em uma casa antes de dirigir quase cinco quilômetros até a próxima. Não tinha caído minha ficha do quanto eu precisava desse tipo de constância, de confiabilidade; quase abracei Lonnie. Tive que esconder as lágrimas brotando de meus olhos.

Lonnie me ligou no dia seguinte. Eu acabara de limpar uma casa com Angela e me sentara impaciente dentro do carro, enquanto ela terminava lá dentro, tentando ignorar a possibilidade real de ela estar pegando algo que não lhe pertencesse.

"Você passou", disse Lonnie. "Eu sabia que não haveria problemas, mas precisamos verificar essas coisas."

"Ah, eu sei", disse, com vontade de dizer a ela o quanto eu estava feliz por ver que eles procediam assim.

"Você tem disponibilidade para vir hoje à tarde e pegar algumas coisas?", perguntou ela. "Pam, a dona, não está, mas eu posso deixar você preparada e pronta para começar. Depois, talvez pudéssemos ir até minha casa — fica do lado de baixo da rua, a partir daqui — para eu treiná-la um pouco, limpando o banheiro e tirando o pó."

Tentei absorver o que ela dizia. Então, significava que eu estava contratada. E começaria a trabalhar naquela tarde. Eu tinha um emprego; um emprego de verdade, com salário e horário fixo. "Sim! Parece ótimo!", respondi, de repente sem ar, quase gritando. Lonnie riu e me disse para dar uma passada no escritório depois do meio-dia.

Na minha adolescência, eu passava as manhãs de sábado fazendo faxina na casa. Mamãe não tirava o roupão até que estivesse terminada. Eu acordava com o cheiro da panqueca com bacon ou linguiça penetrando meu quarto, ao som do piano de George Winston. Após o café da manhã, todos assumíamos nossas várias tarefas predeterminadas, com as quais concordávamos de modo relutante. A minha eram os banheiros. Durante um tempo, era apenas o banheiro que dividia com meu irmão, mas minha habilidade era tão grande e mamãe me elogiava tanto que quis limpar o banheiro principal, também. Mamãe contaria vantagem às amigas sobre como eu limpava bem uma banheira, tanto que eu chegava a estufar o peito de tanto orgulho.

A aparência sempre foi importante para minha mãe. "Você vai sujá-la", dizia ela sobre qualquer roupa que eu quisesse e que fosse branca. Ela não me deixava pintar as unhas quando eu era menor porque, dizia, sempre via meninas com o esmalte lascado, que ficava vulgar. Uma noite de sábado em que fiquei na casa de meus avós, quando tinha cerca de cinco ou seis anos, vi vovó pintar as unhas dos pés e das mãos de um rosa intenso e depois pintar, cuidadosamente, as minhas, mesmo eu tendo dito a ela que isso deixaria minha mãe louca. Na manhã seguinte, na igreja, sempre que tínhamos de postar as mãos em oração, eu curvava meus dedos para dentro, a fim de escondê-los.

O método da Classic Clean em relação à casa dos clientes era muito diferente do de Jenny. Eu me tornara um fantasma sem nome, chegava às 9h da manhã ou antes das 13h, dependendo da agenda dos clientes e se eles queriam ou não estar em casa, mas nunca depois. Era raro eu trabalhar depois das 15h30. "Você sabe, horários de mãe", dissera Lonnie. "Quando as crianças estão na escola." Eu tinha que limpar a casa de um jeito específico, da maneira e com a quantidade de tempo iguais às da pessoa que vinha antes de mim, a fim de evitar que quaisquer diferenças entre faxineiras fossem notadas. Precisava ser cuidadosa e ter um olhar afiado. A superfície do fogão tinha que ser impecavelmente lustrada, as almofadas afofadas a cada visita e os papéis higiênicos dobrados formando um pequeno triângulo exatamente do mesmo jeito, todas as vezes.

Meu teste inicial de treinamento foi limpar a cozinha e os banheiros principais nas casas de Lonnie e de Pam, onde eu não tinha a menor preocupação de não errar. Ambas tinham casas bem bonitas na floresta, de dois andares. Não eram enormes, mas também não eram pequenas. Segui o Kia Sportage de Lonnie até sua casa, com meus produtos de limpeza recém-abastecidos, que foram meticulosamente inventariados e registrados em minha ficha de funcionária. Duas garrafas de spray, um frasco de Comet em pó, duas esponjas, um par de luvas amarelas, 50 panos brancos, dois espanadores, um aspirador Oreck, dois esfregões e assim por diante. Lonnie me orientou a usar somente os produtos que me deram, e voltar ao escritório para pegar refis quando precisasse. Conversamos um pouco, enquanto ela procurava todos os itens de que eu precisava para começar, e mencionei que mais tarde, naquele dia, eu teria de deixar Mia na casa do pai para passar o fim de semana.

"Ah, sim", disse Lonnie. "Sei como é, acredite, eu sei." A filha dela estava com dez anos quando ela se casou de novo, ela me contou. "E, sabe, Pam passou pela mesma coisa. Na verdade, ela abriu a empresa como mãe solo. Aposto que você e ela terão muito o que conversar." Jenny era mãe solo, também. Eu me perguntava o quanto era normal, para faxineiras, serem mães desalojadas, presas entre o trabalho doméstico e a busca por empregos que pagassem um salário decente. Esse emprego parecia o último recurso.

Lonnie me fez ligar para o escritório do telefone da casa dela para marcar oficialmente a hora inicial. "Oi", disse eu, quando a mensagem terminou e ouvi um bipe. "Aqui é Stephanie Land, e estou começando na casa de Lonnie", disse, antes de desligar.

"Não!" disse Lonnie, com tanta seriedade que dei um pulo. "É para você dizer a data e a hora!" Então, ela mesma se corrigiu com rapidez. "Bem, de qualquer modo, ele diz a data e a hora depois de reproduzir a mensagem. Mas você terá que fazer isso sempre que começar e terminar, e tem que ser do telefone fixo deles, para aparecer no identificador de chamadas. É só um jeito de mantermos as coisas sob controle." Acenei com a cabeça, meus olhos um pouco arregalados. Ela já havia me dito tudo isso antes, ao entregar o fichário cheio de folhas de clientes a quem eu estava designada, mas a informação se perdeu no meio de tantas outras. Com todas essas instruções, tive a sensação de que ela precisava ser muito repetitiva, em geral.

Lonnie me apontou o banheiro na outra ponta do corredor, a partir da minúscula cozinha. "Neste banheiro você precisa prestar atenção especialmente nas bancadas e na parede atrás da pia." Ela usava muito spray para cabelo, disse, conforme ficou evidente pelas duas latas de Aqua Net guardadas com cuidado no armário de espelho. "No mais, tudo aqui é bem comum, sabe, o vaso, a banheira e o chuveiro." Ela bateu de leve no meu ombro. "É só fazer seu melhor e me chamar depois para verificar seu trabalho."

Anos antes de ficar grávida de Mia, eu me inscrevi na filial local do serviço de limpeza Merry Maids, desesperada para deixar de trabalhar em cafeterias. Passei meu primeiro dia no escritório assistindo a vídeos de treinamento; uma loira usando uma camisa polo verde-militar por dentro de uma calça cáqui, que sorria ao colocar joelheiras enquanto uma narradora pedante dizia: "Como limpamos pisos? Isso mesmo. Com mãos e joelhos." Eu sentia vergonha alheia, mas parte do vídeo de treinamento se provou incrivelmente útil: cada espaço, cada cômodo, cada piso continha um mapa de quadrantes. A Merry Maids instruía suas faxineiras a trabalhar em uma única direção: da esquerda para a direita, de cima para baixo. Desde então, sempre que eu limpava o que quer que fosse, não conseguia tirar o vídeo da cabeça, começava no canto superior esquerdo, avançava pela horizontal e pela vertical até terminar o trabalho.

De maneira quase instintiva, fiz o mesmo com o banheiro de Lonnie, começando pelo lado esquerdo da porta do cômodo, pelo lado esquerdo do topo do espelho, e continuei a partir dali. Qualquer spray que não cabia dentro do espelho ficava em uma superfície que também seria limpa. Isso também dificultava esquecer-me de limpar algum ponto. O trabalho de uma criada, em essência, é tocar cada centímetro quadrado da superfície de uma casa. Com algumas casas com quatro quartos, dois banheiros completos, dois lavabos, uma cozinha e salas de jantar, de estar e o quarto da bagunça, é fácil se sentir sobrecarregada com a quantidade de centímetros quadrados e como se certificar de que tudo ficou limpo.

Quando disse a Lonnie que havia terminado o banheiro, ela apertou os lábios, enquanto se preparava para inspecionar meu trabalho. Apenas alguns segundos depois de desaparecer dentro do banheiro, ela gritou: "Stephanie!"

Entrei atrás dela, correndo. De frente para o espelho, ela se inclinou, retornou à posição original rapidamente, então se inclinou e me pediu que fizesse o mesmo. Com o dedo, ela apontava para partes do espelho que eu tinha esquecido, e que só podiam ser vistas de um ângulo mais baixo. Depois, ela passou a mão pela bancada. "Você precisa refazer tudo", disse ela, balançando a cabeça. "Lave bem o spray de cabelo que cai na bancada e na parede."

Arregalei os olhos. Eu me esquecera da parede.

Ela me fez passar a mão na bancada para sentir a superfície grudenta, e disse para fazer o mesmo no banheiro todo. O spray estava, literalmente, por toda parte, até atrás da privada, outro lugar que eu havia esquecido.

"Mas a banheira e o chuveiro estão ótimos", disse ela, batendo de novo no meu ombro antes de me deixar só.

De pé, no banheiro vazio, olhando fixo para meu reflexo no espelho, pensei na minha mãe contando vantagem para as amigas. "Com certeza Stephanie sabe fazer uma banheira brilhar", diria a elas. Agora, meu reflexo mostrava uma pessoa humilhada, curvada, que queria fugir não somente de ter que limpar o banheiro de outra mulher enquanto ela ficava sentada em outro cômodo vendo um catálogo, mas também do fato de ela ter me dito para fazer aquilo de novo.

Assim que comecei a acumular uma quantidade decente de horas de trabalho Jenny me despediu. Por mensagem de texto, é claro, enviada às oito da noite, após eu recusar uma casa que ela agendou para o dia seguinte. Eu tinha uma faxina para a Classic Clean, da qual ela sabia e tinha se esquecido, mas, de qualquer modo, usou isso contra mim.

"Consegui esse cliente só porque você disse que precisava de mais horas", escreveu ela. "Assim não vai dar certo. Preciso de alguém que trabalhe em equipe."

Não me defendi, sabendo que Lonnie ficaria satisfeita em me ter só para ela. O pagamento na Classic Clean era inferior, mas sua natureza organizada e prática o compensava. Por ora, pelo menos. Eu precisava disso. Era tudo o que eu tinha.

8

A Casa Pornográfica

Nas primeiras duas semanas, fui a sombra de Catherine, a garota que eu substituiria. Ela era alta e mais velha que eu, mas dirigia um modelo mais novo de jipe Cherokee. Disse que começaria a trabalhar como contadora na empresa de construção do marido. Este havia sido um trabalho adicional para ela, enquanto os negócios estavam devagar. Ela parecia cansada, mas feliz por visitar as casas dos clientes pela última vez.

Segui o jipe de Catherine até casas diferentes durante duas semanas, tentando imitar seu jeito tranquilo e calmo de abordá-los. Nos dias que antecederam o Natal, reparei que ela recebia com frequência um cartãozinho dos clientes, com US$10 ou mais dentro dele. Eles não tinham a menor ideia de que havia duas faxineiras, ou de que ela seria substituída por mim. Toda vez que um cliente entregava um, ela agia como se fosse uma surpresa agradável, e tive a sensação de que aquilo era seu bônus de Natal, e não algo frequente. Eu teria que trabalhar um ano inteiro, esfregar cada banheiro com a mão dezenas de vezes, para ganhar uma gorjeta de US$10.

Éramos orientadas a entrar, na maior parte das vezes, pela porta dos fundos ou por uma porta lateral da cozinha. Entrávamos com nossos carrinhos asseadamente organizados, cheios de borrifadores e escovas, uma sacola grande quadriculada com panos, um aspirador e esfregões. Eu tinha pouca experiência com todos eles, no começo. A Classic Clean era bem diferente de trabalhar para Jenny — estávamos lá para esfregar tudo com as mãos. Meu trabalho não era mais só tirar pó e lustrar as coisas para deixá-las brilhando e cheirando bem. E fazíamos tudo com uma infinidade de esponjas e escovas, sabão orgânico e vinagre.

Desajeitada, tomei meu rumo, tentando carregar todos os produtos do carro em uma única viagem, e organizei uma "estação de trabalho", exatamente como me disseram para fazer. Abri a pasta na minha tabela de horários e escrevi o sobrenome do cliente, depois liguei para o escritório e deixei uma mensagem de voz para registrar o horário de entrada, anotando a hora inicial. No começo era uma corrida contra o tempo, já que eu me esforçava para terminar cada casa nas três ou quatro horas previstas e registrar o horário de saída.

Meus dias passaram a ter novamente um pouco de rotina, que começava por deixar Mia na creche perto da esquina de nossa casa. Nunca tive a melhor das impressões sobre aquele lugar, mas era o único que aceitaria meu dinheiro do auxílio-creche. Não apenas achava que as instalações eram frias, lotadas e os funcionários pareciam odiar o trabalho como, além disso, Mia vinha para casa com uma nova doença imediatamente após ter se recuperado da última. Precisava que ela ficasse lá para eu poder trabalhar, mesmo sacrificando seu bem-estar. Minha capacidade de receber salário era a única coisa que importava para nós agora. Uma vez, fiquei em pé na entrada da creche, segurando a mão úmida e infantil de Mia. Eu sabia que ela precisava de mim. Ela precisava que fôssemos para casa, mas eu não consegui explicar que poderia perder o emprego se ficasse em casa com ela, e o que isso poderia significar para nós. Paramos antes de passar pela porta. Olhei para baixo e vi seu lábio superior coberto por resquícios de muco verde.

"O que é isso saindo do seu nariz?", perguntou uma mulher de cabelos escuros que passava por nós; presumi ser a assistente da creche, que eu nunca tinha visto antes. Ela fez a pergunta a Mia, mas na verdade estava falando comigo. Como Mia pediu meu colo, a assistente virou as costas para nós, balançando a cabeça. Eu me senti horrível por ter que deixar Mia lá. Após doses de Tylenol, mesmo depois de ela ter vomitado na noite anterior, eu não tinha escolha.

A creche de Mia só me telefonava para ir pegá-la se ela ficasse indiferente e letárgica, se vomitasse sem parar ou se estivesse com febre alta. Alguns dias, quando chegava em casa com ela, eu a deixava no sofá em frente à TV, debaixo do cobertor, segurando meio copinho de suco, e ela não se mexia até a hora do jantar e do banho antes de ir para a cama. Travis se sentava perto dela, e eles assistiam a desenhos animados enquanto eu cozinhava e fazia a limpeza.

Apesar de meu crescente ressentimento, eu via que Travis amava Mia de verdade. Ele gostava de ter uma companheirinha de quadriciclo ou que se sentasse perto dele no sofá para assistir à TV. Mas acredito que eu amava mais aquilo que representávamos do que aquilo que éramos. Ele era uma figura paterna maravilhosa, mais do que compensava o que faltava em Jamie. Um trabalhador, como meu pai. Quando o trabalho diminuía, ele bancava o engraçado e fazia panquecas. Para mim, a graça não compensava o olhar indiferente, um tanto recorrente, voltado para a tela da TV; mas eu via os olhos de Mia brilharem quando ela olhava para ele. Tinha certa inveja disso. Eu também queria me sentir apaixonada por ele. Vê-los no sofá daquele jeito, após ter trabalhado o dia inteiro, fazia com que eu me sentisse um pouco mais segura — talvez até de que as coisas pudessem dar certo.

No trabalho, depois que Catherine foi embora, Lonnie e eu desenvolvemos um ritual. A cada nova limpeza, ela concordava em me "apresentar" à casa, como se cada uma delas tivesse uma essência que eu deveria conhecer.

Esses eram os momentos em que eu via Lonnie mais feliz. Ela parecia, de fato, encontrar alguma conexão pessoal com essas casas. "Vocês podem se conhecer", dizia ela, piscando o olho.

Muito do que Lonnie me contava nessas reuniões sobre cada uma das casas não estava no documento impresso que recebíamos para cada cliente. Eram observações não mencionadas que eles nunca veriam, como "Você precisará entrar no chuveiro e dar uma bela esfregada, porque fica muito encardido lá" ou "Cuidado com o xixi acumulado no piso no meio da banheira dessa espelunca". Mas isso abriu meus olhos para meu trabalho de uma nova maneira: além da fachada profissional, secretamente tomávamos conhecimento da natureza repulsiva de nosso emprego.

Na Classic Clean, no início, eu era a única faxineira rotativa de um punhado de casas. As quartas-feiras eram dias longos, de seis horas, em que eu limpava duas casas menores que ficavam próximas uma da outra, na beira de um penhasco com vista panorâmica para o oceano.

Muitos dos meus clientes viviam no bairro Camano Island, que ficava a 30 minutos de carro da creche de Mia. Vários clientes viajavam todos os dias para trabalhar em Everett ou Seattle, pelo menos a uma hora de distância. Na verdade, eu não tinha a menor ideia, mas apenas presumia que eles deviam ser médicos e advogados de cidade grande para conseguirem bancar os impostos prediais dos lugares que chamavam de lar. Camano Island estava situado entre o continente e Whidbey Island, então a maioria das casas que eu limpava tinha vista para o oceano. Minhas casas de quarta-feira eram as duas menores, com garagens independentes que tinham duas vezes o tamanho da sala de estar do cliente.

Lonnie me disse para limpar primeiro a casa do casal, dando ao outro cliente um tempo para ele sair antes que eu começasse na casa dele. Na manhã em que fomos à primeira casa, Lonnie apontou com a cabeça para a casa vizinha. "Vamos lhe dar um tempo para se recuperar. Ele está muito doente." Perguntei o que ele tinha. Lonnie encolheu os ombros. "Sua esposa faleceu", disse ela. "Você vai ver. É triste."

Desde então, passei a chamá-la de Casa Triste. Não conseguia pensar nela de outro jeito. Outras casas ganharam apelidos quanto mais eu as conhecia: a Casa da Mulher do Cigarro, a Casa da Fazenda e assim por diante.

Quando comecei, achava bizarro demais que nenhum dos meus clientes de quarta-feira soubesse que tinham uma nova faxineira, mas que a casa e eu estivéssemos adequadamente familiarizadas. Não acho que Lonnie tenha precisado notificá-los, salvo em caso de um pedido expresso, porque éramos invisíveis. Pegaria mal se os clientes soubessem da alta taxa de rotatividade que a empresa tinha. Talvez eles achassem esquisito saber quantas estranhas passaram por suas casas. Eu não era uma criada pessoal, mas parte de uma empresa. Eles haviam contratado a companhia e confiado nela, não em mim. Eu passava dezenas de horas por mês na casa deles, e não acredito que sequer sabiam meu nome.

A Casa Pornográfica, como passei a chamá-la, era a primeira casa de quarta-feira. Ela tinha apenas três cômodos de fato, com janelas grandes voltadas para o penhasco e um jardim com roseiras na parte de trás. Duas pessoas com um gato e um cachorro em um espaço pequeno significava pó, cabelo e pelos. Eu tinha que prestar muita atenção em lugares como cornijas de lareira, topos de televisões e lavanderia.

"Este chuveiro", disse Lonnie, abrindo a porta de correr e revelando uma ducha de formato quadrado cheia de cabelo, frascos de xampu e o que parecia ser um fio de muco verde. "Você vai precisar deixar de molho."

Nossos produtos de limpeza eram extremamente reduzidos. Na minha cesta, eu tinha só um frasco reutilizável com água até a metade, e meio sabão de castela do Dr. Bronner. O outro tinha um quarto de vinagre branco e o restante, água. Eu tinha um recipiente de Comet em pó, uma pedra-pomes, uma escova de dentes, algumas esponjas verdes para esfregar e esfregões portáteis de dois tamanhos. Para o tal chuveiro, com camadas visíveis de resíduos de sabão e sujeira, havia um protocolo.

A primeira coisa a fazer seria tirar todos os frascos de xampu, toalhas de rosto e buchas, e colocá-las em ordem do lado de fora da porta. Depois, borrifar o chuveiro todo com o que a Classic Clean chamava de limpador multiuso e deixá-lo de molho. Após limpar o balcão e a privada, eu deveria encher de água uma pequena leiteira cortada ao meio e começar pelo chuveiro. Precisaria de uma esponja, um esfregão, ambos os frascos com borrifador e alguns panos. Eu deveria borrifar novamente o interior das portas de vidro, espalhar Comet na esponja e esfregar tudo, da esquerda para a direita, de cima para baixo.

Em seguida, deveria enxaguar com água de vinagre, secar com um pano, esfregar eventuais manchas até achar que estava realmente limpo antes de voltar minha atenção para o resto do chuveiro, que deveria ser esfregado da mesma maneira. Durante minha primeira visita, passei uma hora limpando o chuveiro, ansiando por um limpador multiuso "de verdade". A Classic Clean não se dizia uma empresa de limpeza "verde". Eles usavam produtos naturais a fim de reduzir custos e contavam com o "esforço" das faxineiras para uma limpeza eficaz. Embora eu nunca tenha contado à minha gerente sobre isso, uma lesão neural na coluna me impedia de segurar uma esponja ou esfregão com a mão direita, a dominante. Eu tinha escoliose, condição que, desde criança, encurvara minha coluna de um lado a outro; mas, recentemente, por causa do trabalho pesado, pincei um nervo que descia até meu braço direito. Para esfregar aquele chuveiro, eu tinha que cerrar o punho da mão direita, colocando a esponja entre ela e a parede e, com as articulações, fazer a maior pressão que eu conseguisse. Para fazer isso no piso do chuveiro, eu deveria travar o cotovelo, cerrar a mão e colocar todo o peso da parte superior do corpo na minha mão direita, para tirar os restos de sabão e a sujeira sem machucar a mão. Minha mão esquerda assumia o comando sempre que a direita ficava cansada demais, mas nos primeiros meses de seis horas por dia, quando chegava em casa, mal conseguia segurar um prato no jantar ou carregar uma sacola de compras.

Excedi as horas de trabalho nas primeiras visitas, e Pam ficou furiosa. A Classic Clean não podia cobrar mais do cliente e teve que arcar com meus custos extras. Não era muito dinheiro, mas Pam reclamou da sobrecarga financeira, como se o fato de eu ter ultrapassado 15 minutos lhe tivesse causado um prejuízo pessoal. Eu ficava estressada por demorar demais, e espantada com o fato de ter de limpar uma casa inteira, mesmo pequena, em apenas 3 horas.

A Casa Pornográfica só ganhou esse nome depois de algumas visitas. Certa vez, entrei no quarto, onde tinha que trocar os lençóis, e vi no criado-mudo um frasco de lubrificante em frente a um relógio digital. Os números vermelhos brilhantes o iluminavam, e eu o observava como se ele estivesse prestes a me agarrar. Fui devagar até o canto da cama, para evitá-lo. Abaixo dele, a gaveta do criado-mudo entreaberta revelava uma revista *Hustler*. Aos meus pés, havia um par de meias sujas jogado no chão.

Recuei, enquanto alcançava os cobertores para puxá-los. Retirei rapidamente os lençóis e usei-os para envolver as meias. Foi tudo para a máquina de lavar. Lençóis limpos foram para a cama, exatamente como fui treinada para arrumá-la — com ângulos aparentes e diagonais na parte de baixo, e o lençol sem elástico cobrindo-a até a parte de cima. Na hora de tirar o pó, decidi deixar o criado-mudo por último, para evitar o lubrificante. Apesar de nunca ter achado errado alguém se masturbar olhando revistas pornográficas, achava errado deixá-las escancaradas para a faxineira ver.

Talvez ele tenha se esquecido de que hoje é quarta-feira, pensei.

Porém, com o tempo, percebi que o lubrificante era apenas um indício de uma história maior que acontecia na Casa Pornográfica. As vidas do casal naquela casa pareciam separadas. A mulher era enfermeira e fazia hora extra; eu sabia disso por causa dos uniformes colocados com cuidado sobre uma cadeira no quarto dos fundos. Não consegui descobrir o que ele fazia da vida. Embora presumisse que eram marido e esposa, não havia nenhuma foto de casamento nas paredes — só retratos dos dois usando suéteres combinando. A casa era escura, já que eles pareciam preferir tons terrosos, azul-marinho e verde-escuro. Na borda da janela acima da pia da cozinha havia um quadro emoldurado, no qual se lia "Estamos juntos por causa do gato".

O lixo do banheiro na Casa Pornográfica transbordava de montanhas de papel higiênico, absorventes internos e diários, e teias de fio dental. O armário de remédios, entreaberto, mostrava filas de antibióticos receitados. A julgar pelos lenços de papel e pelo muco no chuveiro, era possível que um deles tivesse sinusite crônica, assim como eu, Mia e provavelmente a maioria das pessoas que viviam no clima úmido no noroeste, onde crostas de mofo preto apareciam da noite para o dia em casas, despensas e bordas de janelas.

Na sala de estar havia um sofá e algumas cadeiras de frente para a televisão e a lareira. Parecia que o lugar preferido da enfermeira no sofá era perto da luminária, onde o gato ficava com frequência. O marido, é óbvio, sentava-se na cadeira em que havia uma cesta de edições antigas da *Hustler* enfiadas no meio de revistas de viagem. Durante cerca de um mês, a mesa da sala de jantar ficou coberta de catálogos de resorts all-inclusive, mas não acredito que eles tenham ido. Em geral, clientes cancelavam a limpeza se saíssem de férias.

No quarto dos fundos, anexo à lavanderia, havia uma cama de solteiro muito bem arrumada, com uniformes de enfermeira dobrados na cadeira perto dela. Atrás, havia um recuo com pilhas de livros de histórias românticas, do tipo encontrado em lojas de conveniência, com ilustrações de homens musculosos sem camisa abraçados a mulheres de cabelos longos. Eu me perguntava por que ela dormia lá. Havia uma cama king size no quarto, ao lado de uma cômoda estreita que continha uma urna com uma coleira de cachorro enrolada ao redor. Talvez ele roncasse. Ou, talvez, ela tivesse que se deitar e levantar da cama em horários irregulares.

Mas a pornografia e as histórias românticas me impressionaram. Eu os imaginava dormindo em camas diferentes, em quartos diferentes, cada um fantasiando um parceiro diferente e, possivelmente, uma vida diferente.

Travis e eu tínhamos começado a ficar assim. Não a esse ponto, mas ele chegava do trabalho, comia a comida que eu fazia, sentava-se no sofá e assistia à TV durante horas, depois se mudava para nossa cama e assistia a mais TV, a pequena com timer. Em geral, ele a configurava para 60 minutos.

No início, quando me mudei para a casa de Travis, ele tinha uma TV do tamanho de um colchão queen, que ficava em cima de um rack artesanal. Ele a inclinara para a frente a fim de endireitar o ângulo e a prendera na parede com correntes grandes. Cravei os olhos nela quando cheguei na casa pela primeira vez. Desde então, ele se modernizara com uma tela plana comum e um rack comprado em loja. Mas as telas tinham quase o mesmo tamanho. Eu tinha raiva dela do mesmo jeito.

Travis comprou um notebook para mim no meu 31º aniversário. Após Mia ir para a cama à noite, eu me sentava à mesa da cozinha, escrevendo um diário online que tinha começado a fazer porque minha mão direita estava tão fraca que não conseguia segurar uma caneta. Às vezes, eu fazia o dever de casa ou batia papo online com meus amigos, de costas para Travis enquanto ele assistia à TV.

9
Faxina de Mudança

Ser mãe, para mim, muitas vezes significava aprender a dizer adeus, na esperança de conquistar a confiança de que eu sempre voltaria. Muitas coisas que aprendi com terapeutas ao longo da crise que Mia e eu enfrentamos com Jamie mostravam que, para uma criança desenvolver inteligência emocional e ser resiliente, é importante, se não crucial, que ela tenha um cuidador permanente na vida, uma pessoa adulta que não hesite em estar presente quando disser que estará. Não importava quantos cuidadores entrassem e saíssem de nossas vidas, aparecendo e sumindo, contanto que uma pessoa central permanecesse.

Nos primeiros anos de Mia, quando começou a verdadeira via crucis entre creche e o fim de semana na casa do pai, passei a manter um rigor inacreditável em relação a nossos horários e nossa vida em casa, um padrão previsível. Todo fim de banho desencadeava uma série de movimentos: uma toalha em cima da privada, colocar Mia em pé, no centro, secar o corpo e a cabeça dela com outra toalha, fazer cócegas da mesma maneira. Cada história de ninar, beijo, cada "Boa noite, amo você, até amanhã" transmitiam o mesmo grau de intimidade. Como mãe, esse se tornou meu maior presente a ela, porque exigia demais de mim sempre estar por perto quando dizia que estaria, e nunca, jamais, cometer um deslize. Minha esperança era que, se todas as outras coisas na vida dela fossem um caos, pelo menos ela sabia que, não importa o lugar que chamássemos lar, haveria panquecas servidas do mesmo modo.

Dizer adeus, assim como aprender a compartilhar minha filha com um homem que fora horrível conosco, nunca deixou de ser difícil. Cenas dramáticas ao deixá-la na creche de manhã começavam assim que parávamos no estacionamento. No momento em que entrávamos em sua sala de aula, uma funcionária tinha que desgrudar Mia de mim, já que ela berrava, chutava e gritava meu nome, enquanto eu me virava bruscamente e partia dizendo: "Tchau, querida. Amo você. Eu a vejo depois do lanche." Algumas funcionárias da creche a tiravam de mim e a abraçavam um pouquinho, mas a maioria a arrancava do meu corpo e a punha no chão, e eu tinha que olhar para Mia chorando na janela, batendo no vidro.

Levar Mia a uma creche integrada a um asilo parecer uma boa ideia, já que dificilmente ela via os avós. Porém, duas vezes por dia, eu dava uma volta pelos corredores, observando a equipe formar uma fila de residentes para dar os remédios e reclamar, na cara deles, do cheiro que tinham. Parecia que eu estava testemunhando o fim da vida em primeira mão, e, ao contrário da Casa Triste, essa devia ser uma das maneiras mais lastimáveis de partir.

※

A Casa Triste não ficava suja. Às vezes, eu tinha que esfregar gotículas de sangue do piso do banheiro, e a privada era um desastre. Fora isso, tudo continha uma camada fina de poeira. O velho ficava lá a maior parte do tempo, a menos que estivesse no hospital, mas parecia usar muito pouco a própria casa.

A julgar pelas fotos, a esposa morrera no fim dos anos 1980. No início, presumi que sua morte era recente, mas não consegui encontrar nenhuma foto dos últimos anos em que ela aparecesse. Sua coleção de bugigangas continuava nos peitoris das janelas: pequenos bonecos de pano e ninhos de pássaros, perfeitamente enfileirados. No mural de cortiça acima da mesa da cozinha, tremulavam listas de afazeres que ela escrevera à mão, pregadas com tachas. O banheiro tinha duas pias, e a dela ainda continha um secador de cabelos ligado na tomada e pendurado em um gancho que eu espanava em todas as visitas. A dele tinha uma xícara com um pente e os remédios — que eram diferentes a cada dia.

Eu conferia os remédios, perguntando-me qual era sua doença. Parecia mais coração partido.

Em uma prateleira no banheiro, logo atrás de onde ele ficava para se olhar no espelho, estavam as cinzas da esposa e do filho deles. Em uma foto, o filho estava no alto de uma montanha fazendo sinal de "paz e amor". Ele usava bandana verde e barba longa. Dentro da moldura havia um poema conhecido:

Não fique no meu túmulo chorando.
Eu não estou lá. Eu não durmo.

Abaixo, havia duas caixas pequenas lado a lado: uma cor-de--rosa de cerâmica, com rosas em relevo, e outra preta de estanho. A foto de sua esposa ficava atrás da cor-de-rosa. Abri-a para ver o que tinha dentro. As caixas continham cinzas, além de etiquetas e comprovantes da funerária.

Ele comia massas e sanduíches da delicatessen de um supermercado, bebia café com muito licor Kahlúa. Provavelmente, tinha 60 e tantos anos ou 70 e poucos, e ainda gostava de jogar golfe e fazer apostas nos cassinos indígenas. Na garagem, uma lancha bonita e um jipe CJ enferrujavam. Na sala de estar havia uma foto da esposa na frente do jipe, sorrindo e usando óculos escuros. Ele fumava cigarros Camel no quarto, em frente à armação da porta corrediça de vidro, ou no terraço frontal quando o clima ajudava. Seu filho mais novo, que morava a algumas horas de distância, não parecia visitá-lo muito. Ele estava só, morrendo aos poucos em um templo intocado desde que a esposa falecera. Ele fizera tudo certinho — bom emprego, casa maravilhosa, casara-se com a mulher que amava e com quem viajava —, mas, apesar disso, estava morrendo só.

Quando voltei para casa na primeira noite após ter limpado a Casa Triste, não conseguia parar de pensar em meu cliente. Até então, fora só um trabalho tedioso para pagar as contas, mas agora sentia que ele deixava uma marca inesperada em minha vida, e a vulnerabilidade a que eu me expunha, de algum modo, aliviava a minha. Embora nunca tenha encontrado nem falado com eles, embora muitos não soubessem que eu existia, meus clientes passaram a ser como membros da família ou amigos com quem me preocupava, em quem pensava, de quem cuidava à distância. Eu me perguntava o que meus clientes faziam à noite. Onde se sentavam. O que comeram e a que assistiram no dia anterior. Como se sentiam a cada dia. Minha vida se tornara tranquila demais. Eles me deram algo em que depositar minhas expectativas, pessoas por quem torcer e desejar coisas boas, além de mim mesma.

Na creche, Mia continuava sendo trocada de uma sala de aula para outra, por conta da alta rotatividade de funcionárias e da oscilação na quantidade de matrículas. Durante algumas semanas, toda vez que eu via sua professora da manhã, ela rapidamente enxugava as próprias lágrimas antes de levar minha filha, que esperneava, gritava e me estendia os braços. Uma vez, ouvi-a por acaso conversando com um pai sobre como era difícil trabalhar em um local que lhe pagava tão pouco. "Fiz faculdade para isso", dizia, com raiva. Eu odiava deixar Mia com ela, odiava não poder bancar um lugar que pagasse às funcionárias um salário minimamente digno.

Certa manhã, após um adeus especialmente difícil, entrei no carro e chorei, permitindo-me alguns minutos para dar à tristeza o amor, a atenção e o afeto que merecia. Tive que deixar Mia um pouco mais cedo que o habitual, mas a luta para sair nos atrasou. Minhas frustrações vieram à tona e fui embora sem mandar um beijo de adeus. Pensamentos aterrorizantes sobre minha mortalidade me consumiam. E se eu morresse em um acidente de carro e sua última lembrança de mim fosse minha partida, deixando-a gritando e chorando no meio de estranhos?

Naquela manhã, esses pensamentos invadiram minha mente mais que o habitual. Sabia que passaria os próximos dois dias trabalhando em uma área de Camano Island que não tinha sinal de telefonia celular. Eu não gostava de ficar longe de Mia, não gostava de deixá-la em uma creche que não parecia um ambiente acolhedor e cuidadoso, e, principalmente, odiava pensar que se alguma coisa acontecesse com ela durante o dia ninguém conseguiria entrar em contato comigo. Mas o trabalho era bom demais para deixar passar.

"É uma faxina de mudança", dissera-me Lonnie ao telefone. "Não fazemos mais muitas dessas."

Para a maioria dos trabalhos de limpeza, a Classic Clean fornecia aos potenciais clientes um valor estimado. Eles marcariam um encontro com o proprietário, examinariam a dimensão do trabalho que precisava ser executado, e fariam o melhor cálculo sobre a quantidade de tempo (e, às vezes, de pessoas) necessária para executá-lo. Clientes assíduos, com faxinas semanais, quinzenais ou mensais, possuíam quantias fixas de horas e valores, mas as limpezas pós-obra e de mudança geralmente tinham uma faixa de orçamento mais ampla.

Minha agenda tinha cerca de cinco ou seis casas em horários alternados, mas eram todas bimestrais, ou mesmo mensais, significando que a maioria dos meus pagamentos totalizava cerca de 20 horas por 2 semanas de trabalho. Eu não podia arrumar outro emprego porque minha agenda variava a cada semana, então, acabei em um beco sem saída, esperando que disponibilizassem mais horas, não importava qual fosse o trabalho. Quando Lonnie telefonou para perguntar se eu me interessaria em fazer uma faxina de mudança, respondi com um "sim" entusiasmado, e até lhe agradeci por me escolher.

O trabalho era em uma casa pré-fabricada dupla na parte de baixo da rua da casa de outro cliente, a qual eu começara a chamar de Casa do Chef por causa do fogão gigante. O proprietário, em uma rara ocasião em que estava em casa, parado diante do fogão ocupava todo o espaço entre o fogão e a ilha no centro da cozinha. "Tive que fazer um empréstimo pessoal para pagar por ele", disse, passando delicadamente a mão pela borda exterior. "É provável que valha o dobro do seu carro!" Embora eu não duvidasse da veracidade da afirmação, tentei não demonstrar meu desagrado por ele me lembrar de que eu dirigia uma velha picape Subaru e, em vez disso, perguntei se havia alguma instrução especial para limpá-lo. No período de duas semanas entre as limpezas, toda a área do fogão ficava completamente coberta de gordura, graças à preferência do dono por usar a fritadeira na bancada e aos incontáveis vidros de azeite aromatizado. Ele devia usar a fritadeira várias vezes por semana, porque a casa toda cheirava a azeite. "Sim", disse ele, enfático. "Não use o lado áspero das esponjas!" para não deixar nem um arranhão, e, no lugar delas, eu teria que passar cinco ou seis panos.

Quando parei na entrada da casa para a faxina de mudança, já estava dez minutos atrasada. Pam estava lá, junto com minha colega do dia. Corri para encontrá-las. "Desculpem-me pelo atraso", disse rapidamente, tentando parecer sincera. "Mia não queria ficar na creche esta manhã."

Pam bufou um pouco, resmungando sobre a necessidade de as crianças compreenderem e respeitarem que os pais precisam trabalhar. Não lhe pedi que reiterasse ou esclarecesse o que havia dito, imaginando que já estivera em minha pele antes, sentindo que mal via os filhos por conta do trabalho e que lidou muito bem com isso. Com a cabeça, Pam apontou para a outra faxineira, uma gorducha loira com ar rude e um elástico nos cabelos, que parecia mais mal-humorada de tédio do que por causa do meu atraso. "Esta é Sheila", disse Pam. "Ela vai nos deixar esta semana." Sheila e eu nos entreolhamos, com um aceno de cabeça e um sorriso amarelo. Já estávamos descarregando a van, com amplo estoque de borrifadores desconhecidos, não usados nas limpezas semanais. Estes eram os limpadores para serviços pesados, que removiam mofo, gordura e tinta. Ela me entregou cestas com produtos e sacos de panos, esperando, impaciente, que eu equilibrasse nas mãos a garrafa em que levava meu café.

"Antes de entrarmos, preciso explicar umas coisas sobre esta casa", disse Pam, enquanto aguardávamos do lado de fora. Ela pediu a Sheila e a mim que chegássemos mais perto. Sheila olhou para Pam, mas continuei olhando para Sheila, perguntando-me por que ela se demitira, engolindo a inveja que me consumia.

Pam olhou para trás, em direção a um gramado alto. Ela caminhou até ele e disse: "Aqui ao lado fica a casa da mãe do Bandido Descalço."

O Bandido Descalço era um nome conhecido naquela época. Seu nome verdadeiro, Colton Harris Moore, raramente era usado, mas eu sabia que nosso local de nascimento em Skagit County era o mesmo. O Bandido Descalço tinha só 19 anos, e ultimamente andava causando muitos problemas na região, invadindo casas de ricos enquanto os proprietários dormiam, deixando para trás, uma vez, pegadas sem sapato na poeira de uma garagem. Ele invadira a Casa do Chef na semana anterior para usar um computador e adquiriu informações do cartão de crédito de meu cliente, a fim de encomendar spray de pimenta e óculos de visão noturna e procurar por pequenas aeronaves autônomas. Eu conseguia imaginá-lo sentado à mesa que espanava a cada duas semanas, sabendo como teria sido fácil encontrar números de cartão de crédito em meio a pilhas de papéis espalhados. A imprensa local dizia que ele estava armado e era perigoso, e afirmava que, possivelmente, ele se escondia na casa da mãe.

Embora eu duvidasse de que estivesse por lá, todo o cenário parecia o esquema de uma perfeita história de terror. Afinal, estávamos em uma casa pré-fabricada abandonada em uma longa estrada de terra, na floresta. De qualquer modo, faxinas de mudança trazem uma sensação mórbida — é como limpar a cena de um crime, apagando todos os vestígios de interação humana.

Enquanto caminhávamos até a porta de entrada, Pam continuava a nos preparar para o que havia dentro. Ela explicou que a casa pertencia a um casal que se divorciara. A esposa se mudara, e o marido continuou na casa com alguns colegas. "O proprietário tem um orçamento apertado, então temos que fazer um trabalho muito eficiente", disse Pam, virando-se para nós antes de abrir a porta de entrada. "Hoje ficarei aqui algumas horas para orientar você. Stephanie — você voltará amanhã para terminar."

Eu não tinha certeza do significado de "muito eficiente". Já não nos permitiam parar para almoçar, consideravam como "intervalo" o tempo de deslocamento entre um trabalho e outro, em que eu enchia a cara de maçã e sanduíches de manteiga de amendoim. Mas hoje não haveria viagens. Eu ficaria na casa de seis a oito horas por dia pelos próximos dois dias, no meio da floresta, em uma casa sem sinal de telefonia celular; portanto, não poderia ligar para ninguém ou mesmo estar de prontidão no caso de alguma emergência com Mia.

"Certifique-se de ficar hidratada", disse Pam, tateando a fechadura. Ela pôs no chão o esfregão com balde que enchera de limpadores extras e papéis toalha. "E de fazer intervalos pequenos para descansar sempre que precisar."

Ergui as sobrancelhas ao ouvir esse comentário. Era a primeira vez que mencionavam intervalos em nosso tempo cronometrado. Talvez os orçamentos de faxina de mudança incluíssem alguns intervalos curtos e as limpezas comuns, não. Até então, eu presumira que não era permitido sequer sentar.

A maioria das casas que eu limpara até aquele momento eram de propriedade de pessoas que tinham condições de mantê-las, e era raro eu ser a primeira faxineira a limpá-las. Faxinas de mudança são enganosas. A casa está vazia. Não há pó em abajures ou em mesas, ou livros e bibelôs nas prateleiras, então, à primeira vista, parece um trabalho fácil. Só que não: são as mais demoradas, impiedosas e as mais sujas. Muitas vezes, o proprietário decidia vender, após a casa ter sido alugada e ficado sem limpeza constante por anos. Em casas assim, a cozinha fica coberta por uma camada de gordura empoeirada, que parece cimento de borracha. Os pisos ao redor das privadas ficam com manchas amareladas; há cabelos em cada fresta. Sempre que você limpa uma superfície, a cor original se revela, o que faz com que tudo ao redor pareça ainda mais encardido.

Ao adentrar na casa, o que primeiro notei foram os azulejos escurecidos na porta de entrada. O carpete tinha um traçado preto visível que conduzia à sala de estar. Na sala de jantar, avistamos um lustre, que por pouco não tocava nossas cabeças, coberto de teias de aranha empoeiradas.

"Fico com o banheiro social", sugeriu Pam, fazendo com que eu gostasse um pouco mais dela. "Está bem ruim lá dentro." Ela pôs as mãos na cintura, encarando as teias de aranha. "Sheila", disse, chamando a mulher que estava examinando a beirada das persianas na sala de estar, tortas e com uma sujeita preta. "Você pode tirar o pó. Certifique-se de cuidar dessas persianas também". Pam olhou para mim, respirou fundo e disse: "Quero que você fique com a cozinha."

Segui Pam enquanto ela entrava no próximo cômodo, espiando a geladeira que desligara e deixara aberta logo que entrou. Ela fez uma careta. Seria a única vez em que eu a veria esboçar reação à sujeira; em geral, ela mantinha uma expressão agradável de alegria, mesmo quando estava repreendendo-nos. "Você terá que tirar todas as gavetas e deixá-las de molho", disse ela, virando a cabeça para mim, mas com os olhos ainda fixos no interior da geladeira. Cheguei mais perto e fiquei atrás dela. "Tire todas as prateleiras de vidro e deixe-as de molho da melhor maneira que puder." Ela parou de arrancar a borracha em forma de sanfona da porta. "Eu usaria uma escova de dentes na vedação da porta. Certifique-se de descolar os resíduos de comida das rachaduras. Avise se precisar de ajuda", disse ela, batendo de leve no meu ombro e sorrindo. "Essas poças secas de embalagens de carne podem ser difíceis de remover."

Continuamos a circular pela pequena cozinha, enquanto Pam apontava para a grossa camada de gordura marrom-alaranjada sob o exaustor acima do fogão. Ficamos de pé sob as manchas, olhando-as fixamente, boquiabertas. No teto, havia respingos de chili, aparentemente. Os botões do fogão também estavam cobertos de crostas de alguma comida marrom. Cada centímetro quadrado daquela cozinha, até a parte interna dos armários, tinha que ser esfregado e limpo.

Quando parei em frente à pia, mal consegui avistar, pela janela, a esquina da casa de infância do Bandido Descalço. Não conseguia parar de olhar para ver se a cabeça dele surgiria em meio à grama. Eu me sentia responsável por proteger minha amada Subaru, o carro do qual dependia para ir e voltar do trabalho. Imaginava-o apontando uma arma, pedindo minhas chaves e, depois, dirigindo para longe.

Para limpar o teto, tive que ficar em pé na bancada da cozinha. Pam aparecia para verificar meu progresso e me observava com um olhar atento. Ela me pediu para avisá-la quando eu terminasse, para que pudesse me mostrar o que precisava ser feito no banheiro principal. Ela ainda estava trabalhando no banheiro social. Eu conseguia ouvi-la tossindo por conta dos vapores do alvejante, embora ela usasse uma máscara branca descartável. A máscara não nos protegia muito dos vapores tóxicos. Pam a usava para dar o exemplo, e nos lembrava de fazer o mesmo. Se houvesse algum acidente de trabalho, a primeira pergunta seria se estávamos usando algum equipamento de segurança fornecido pela empresa. Pam me flagrou descansando os braços ao entrar na cozinha. Eu ficara de pé no balcão por quase 30 minutos, tentando remover os respingos de mancha do teto. E não estava conseguindo.

Ela fez um gesto para que eu a seguisse, e fomos até a parte da casa que eu ainda não vira. O quarto principal ainda tinha mobília, e o guarda-roupa estava apenas metade cheio. Um cobertor grosso de lã com estampa de lobos cobria o que parecia ser um colchão de água. Não consegui evitar uma careta, imaginando cenas do homem — em cuja cozinha eu havia passado duas horas esfregando e removendo comida seca — se divertindo com mulheres no quarto. Eu me perguntava que tipo de mulher entraria na onda dele e daquele cobertor felpudo de lobo.

Essas visualizações ou hipóteses que criava sobre os clientes eram o que me ajudava a lidar com medos pessoais, fadiga e solidão. Os habitantes imaginários dessas casas caminhavam comigo. Eu os via sentados na cama depois do expediente, usando a toalha depois do banho — a mesma agora jogada no chão, a qual eu manuseava com cuidado, mesmo de luvas. Eles também deixavam rastros de si mesmos e das próprias atividades. Eu conseguia vê-los de pé à janela da cozinha, bebendo seu café matinal, enquanto limpava a marca de xícara que eles deixavam para trás.

Quando eu tinha 16 anos, trabalhei em uma pet shop limpando gaiolas de animais — ratazanas, camundongos, esquilos-da--mongólia, porcos-espinho, furões e pássaros. A voz da proprietária era carregada de uma agressividade contida, alta o suficiente para me fazer tremer. Certa manhã, apareci para trabalhar já no limite, por causa das tarefas que enfrentava naquele emprego, sabendo que não conseguiria dar conta de outro dia com as mãos dentro de gaiolas de pássaros que batiam as asas freneticamente, acionando cada reação de fuga no meu corpo.

"O trabalho é estressante demais", disse eu, após entrar, determinada, no escritório da minha chefe. "Eu me demito."

"Bem", disse ela com sarcasmo, sentada à mesa que ficava perto das gaiolas dos roedores reprodutores: "Melhor que vá embora antes que *você* fique estressada demais!"

Levaram semanas para meu último pagamento chegar pelo correio. Nunca mais deixara um emprego desde então, mas o banheiro principal da Casa Pré-fabricada quase conseguiu.

No segundo dia, voltei sozinha. Estacionei na entrada, parei e tranquei o carro e depois me tranquei dentro da casa. Eu evitava espiar pelas janelas, com medo de ver o Bandido Descalço rondando por lá. Naquela manhã, deixara Mia na creche após lhe dar uma dose de Tylenol por conta de uma febre baixa. O dia anterior comprovou que realmente não havia sinal de telefonia celular na Casa Pré-fabricada. Se Mia piorasse, não me achariam, ponto final. Minha inquietação por estar sozinha, trancada lá, sem telefone, aumentava lentamente dentro de mim, e eu não conseguia me livrar dela. Ela se agravava com o estresse de desaparecer em alguma espécie de buraco negro durante o expediente. Como mãe, o mínimo que podia querer era estar sempre de prontidão caso alguma coisa acontecesse.

Havíamos terminado a maior parte da casa no dia anterior, mas tive que examinar o trabalho de Sheila. As gavetas da geladeira ainda estavam de molho na pia. O piso de linóleo da cozinha — um caminho desgastado que ligava a pia, o fogão e a geladeira em um triângulo, que ainda precisava de uma esfregada. Mas passaria a maior parte do meu dia no banheiro principal.

No dia anterior, Pam me disse para manter o ritmo entre borrifar e esfregar. Ela sugeriu limpar o banheiro em doses homeopáticas, depois passar para outra parte da casa e, em seguida, voltar para outra área do banheiro. Meu método da esquerda para a direita, de cima para baixo não parecia uma estratégia boa o suficiente para tamanha imundice. Havia um mofo preto cobrindo boa parte do teto e as partes de cima da parede da ducha. Esvaziei dois frascos de spray removedor de mofo, encharcando e esfregando tudo, usando óculos de proteção e máscara para evitar inalá-lo.

Dentro do chuveiro, os cantos e as frestas continham um bolor cor-de-rosa. O produto de limpeza escorreu em cascatas até meus pés, carregando rios de sujeira e mofo marrom e preto. Eu consegui criar pontos limpos e depois me arrependi, já que teria de esfregar com a mesma força cada centímetro daquele chuveiro minúsculo. Mantinha meu nariz coberto com a gola da camisa em vez de usar a máscara, e saía várias vezes para o quarto principal escuro a fim de respirar ar puro.

Quando me ajoelhei diante da privada e vi de perto a condição em que estava, levantei-me bruscamente e fui para o lado de fora. Foi a gota d'água. Sentei-me no terraço, sob a chuva fina, por pelo menos 15 minutos. Quase desejei ter um cigarro, ou mesmo um almoço decente para comer, ou alguma coisa para beber além de água. O café e o sanduíche de manteiga de amendoim que eu trouxera de manhã já tinham acabado fazia tempo.

No terraço, experimentei uma série de emoções. Tinha raiva, é claro, por ganhar quase um salário mínimo para esfregar merda de privada com a mão. Triplicar o pagamento não seria o bastante para fazer o que fiz. No banheiro principal havia poças de mijo cristalizado ao redor da base da privada. A parte de baixo do assento, o aro e a borda superior do vaso continham pontos de manchas marrons, que presumi que eram de fezes, e respingos amarelos e alaranjados semelhantes a vômito. Eu estava usando um par de luvas amarelas de lavar prato, e munida de Comet. Mas o homem que usava esse banheiro comprara aqueles refis azuis de privada, talvez com o objetivo de disfarçar a sujeira, e eles deixavam rastros azul-escuro na lâmina d'água e na parte de baixo do aro interno, onde a água limpa enchia o vaso. Eu teria que enfiar a mão e esfregar as linhas escuras com uma pedra-pomes, várias e várias vezes, até elas desaparecerem.

"Eles não me pagam o suficiente para isso", resmunguei. Então, soltei um grito em direção às árvores. Sentei-me sozinha no terraço, com a chuva pingando do teto, e a fúria em minha voz chegou a me surpreender. Até então me mantivera inabalável, mesmo depois de suportar os ataques imprevisíveis de Jamie, mas agora sentia minhas pernas paralisarem, não conseguia respirar, meu peito se comprimia como se alguém me apertasse com toda força. Já havia perdido o chão várias vezes, e ainda caminhava pisando em ovos, sabendo que uma única reviravolta poderia me lançar de volta ao ponto em que começamos, um abrigo para pessoas sem-teto. Eu tinha que aguentar. Acima de tudo, apesar das incertezas que eu não podia controlar, precisava me manter calma. Segura. Trabalhar e fazer o que precisava ser feito. "Você não pode se permitir desmoronar!", repetia para mim mesma. Isso se transformou no mantra que eu repetia em minha mente; às vezes, o dizia em voz alta. Minha Subaru bordô brilhava na chuva. De repente, as nuvens acima dela se dissiparam, deixando que o sol refletisse na carroceria. Nunca desejei tanto abandonar um emprego. Eu me sentia desrespeitada por aquela privada, pelo homem que a deixara naquelas condições, pela empresa que me pagava um salário mínimo. Olhei fixamente para a Subaru, imaginando minha fuga.

Eu não tinha escolha. Travis e eu mal nos falávamos ultimamente. Ele ficava com raiva de mim nos fins de semana em que Mia ia para a casa do pai, quando eu dormia até tarde em vez de me levantar às sete horas para ajudá-lo na fazenda. Eu não me importava mais, e ele sabia disso. Convivemos em meio àquela raiva durante meses. Eu não tinha recurso algum para bancar um lugar para morar. Então, voltaria àquela privada. Abandonar aquele emprego significaria meses desesperadores pela frente, sem uma renda. A pensão alimentícia que eu recebia mal cobria as despesas com gasolina. Todos os US$275 mensais iam para as viagens de ida e volta, para que Mia pudesse ver o pai. Perder meu emprego significaria ficar em dívida com Travis. Significaria perder minha dignidade.

Cerrei os punhos. Fiquei de pé. Voltei para dentro da casa, cerrando a mandíbula. Não era minha sina. Não era meu fim. Eu estava determinada a provar que tinha razão.

A Casa Pré-fabricada me provocava pesadelos. Em meus sonhos, eu dirigia de volta para casa, e meu celular começaria a tocar com avisos de mensagens de voz. Ou alguém ligaria de um número que eu não reconhecia. Ao atender, a mulher do outro lado da linha falava com tanto desespero que eu não conseguia entendê-la até ela dizer "hospital". Uma imagem de Mia, deitada em uma cama com parte dos cabelos castanhos cacheados cobertos de sangue, aparecia como um flash em minha mente antes de a mulher começar o interrogatório sobre onde eu estava e por que não havia um telefone de emergência indicado. *Sou só eu!* repetia, no sonho. *Sou só eu.*

Mas a Casa Pré-fabricada encontrou um jeito de voltar à minha vida. Após ter passado 12 horas limpando-a, Lonnie telefonou alguns dias depois. Sua voz estava sem o vigor habitual. O cliente não estava satisfeito com a faxina, disse ela. Algo a ver com poeira nas lâmpadas, ou nas persianas, ou manchas nos espelhos, ou tudo isso. "Preciso que você volte lá e resolva", disse, com calma. "E conforme consta no seu contrato" — ela fez uma pausa para respirar — "não pagamos por isso."

Meu coração disparou, batendo forte contra as paredes de meu peito. "Não tenho como fazer isso", disse, engasgando com as palavras. A viagem durava 40 minutos de ida, o que significava que o dinheiro para a gasolina não seria reembolsado. Dizer não a Lonnie significaria arriscar meu emprego, mas eu estaria arriscando desistir dele para sempre se voltasse. "Não acho que posso voltar lá. Aquela privada me fez querer pedir demissão."

Lonnie suspirou. Ela sabia o quanto eu estava desesperada para trabalhar, o quanto, de verdade, eu não podia me dar ao luxo de desperdiçar gasolina. "Pensarei em alguma coisa", disse ela, e desligou o telefone. Nunca descobri se ela mandou ou não alguém voltar em meu lugar. Talvez tenha ligado para Sheila, mas provavelmente foi Pam que teve de terminar o serviço. Se ela fez isso, nunca comentou comigo.

10

A Casa de Henry

Lonnie e eu aguardávamos no terraço de concreto para ela me apresentar ao novo cliente. Batemos na porta vermelha de madeira e esperamos por pelo menos um minuto, ouvindo um coral de latidos e uma movimentação de alguém que tentava acalmar os cães. O homem que abriu a porta de entrada usava roupão, camiseta branca, calça de moletom azul-marinho e chinelos.

"Você veio!", disse ele, em um tom animado. Os cães, dois exuberantes pastores-australianos, abanavam as caudas atarracadas e pulavam de alegria.

"Henry", disse Lonnie. "Gostaria que você conhecesse nossa melhor faxineira, Stephanie."

"Bem, entre", disse ele, e fez menção de me ajudar a carregar meus produtos. Lonnie sorriu e agradeceu, e Henry fechou a porta atrás de nós. Ele pôs no chão a sacola de panos brancos dobrados em quatro e disse: "Deixe-me lhe mostrar como proceder."

Henry pedira uma faxineira nova. Lonnie falou bem de mim e o convenceu de que eu faria um trabalho melhor que a anterior. Fora orientada a limpar a casa de acordo com as especificações dele. Na ordem que ele queria. A nunca me atrasar. A nunca fazer hora extra. A sempre, sempre, fazer meu melhor. A limpeza duraria quatro horas, às sextas-feiras, quinzenalmente. "Prepare--se para suar", disse Lonnie.

Henry já me intimidava. Quando finalmente o conheci, depois de Lonnie ter me dito o quanto ele era chato, involuntariamente me assustei. Ele era quase 30 centímetros mais alto que eu. Tinha uma postura ereta e confiante, e uma barriga protuberante.

Começamos pela sala de estar frontal, que Henry e a esposa usavam como escritório. Ambos tinham mesas de mogno grandes e polidas. A de Henry ficava de frente para a janela, onde a maioria das pessoas colocaria um belo sofá. As prateleiras na parede estavam repletas de romances de faroeste, guias de viagem e manuais de programação de computadores. Ele tinha dois monitores na mesa em formato de L. O casal se mudara para a casa quando ele se aposentara de algum tipo de trabalho com tecnologia no Havaí. A superfície da mesa estava coberta de pilhas de contas, câmeras e manuais. Em contrapartida, a mesa de sua esposa era menor e mais organizada — um scanner, uma laminadora, pilhas de artigos recortados de receitas e dicas de scrapbooking, e fotos de seus cães e gatos.

Henry estaria em casa durante a faxina, e ele precisava que eu limpasse a casa em uma certa ordem, para não atrapalhar sua rotina. Eu limparia o escritório e a sala de jantar enquanto ele terminava o café da manhã e assistia às notícias. Na hora do *The Price Is Right*, eu iria para a outra ala da casa, parando no banheiro social no meio do caminho para limpar a lavanderia e, depois, continuando até o banheiro principal.

No banheiro social, primeiro eu empilharia os quatro tapetes do lado de fora para limpá-los depois. Limparia primeiro a privada, que ficava em frente a um chuveiro grande e duplo, revestido de pedras, que Henry disse que ele mesmo limparia. Após redobrar as toalhas, eu passaria um pano na hidromassagem no canto, a qual, no meu entender, eles nunca usavam. Utilizavam o ofurô do terraço, explicou Henry, fazendo sinal para os trajes de banho pendurados na porta. Depois da banheira, eu limparia o espelho, tão grande que teria de me ajoelhar na bancada para alcançar a parte de cima, e tiraria o pó das lâmpadas, das pias duplas e do balcão desorganizado. O lado da esposa tinha muitos gaveteiros plásticos transparentes e suportes com diferentes divisórias para guardar escovas e outros utensílios de beleza que não identifiquei. O lado de Henry tinha inúmeros porta-comprimidos — daqueles com divisões, com a primeira letra do dia da semana na parte de cima. Ele tinha várias escovas de dente, e havia creme dental espalhado por todo lugar. Antes de aspirar os tapetes, eu tinha que remover manchas das paredes e esfregar o piso. Quando coloquei os tapetes de volta no banheiro, tomei cuidado para não desarrumar as linhas criadas pelo aspirador. Então, tiraria o pó das várias prateleiras do closet antes de limpar o quarto, passando o aspirador ao sair.

No primeiro dia na casa de Henry, paramos no saguão para apreciar uma cristaleira de vidro. O passatempo dele era fazer entalhes em madeira, e ele interrompeu o percurso para dizer que a maioria das peças foi feita por artistas de muito mais talento. Metade de sua garagem era uma oficina de marcenaria, disse, meio encabulado, mas ele raramente fabricava móveis hoje em dia.

Permaneci em silêncio durante o trajeto, tentando assimilar as várias instruções, perguntando-me se Henry ficaria nervoso se eu não o compreendesse da maneira correta. Na sala de TV havia uma televisão maior que meu carro. O armário abaixo dela continha vários dispositivos eletrônicos diferentes para reproduzir DVDs, TV a cabo, de alimentação e controle de volume dos diversos alto-falantes espalhados pelo cômodo. Eu só vira instalações assim em lojas. Na outra parede havia uma lareira, com uma cornija de tijolos e bancadas para lenha. Eu teria que mover as duas pesadas cadeiras de couro com rodinhas e também a mesa entre elas, com cuidado para não bagunçar os cinco controles remotos em cima dela. Quando comecei a passar o aspirador no carpete vermelho percebi que, sem a camada fina do pelo dos cães, ele era mais cor de tijolo. Após a sala de TV, limpei a copa, a geladeira de aço inox, as bancadas de mármore e os pisos da cozinha, e, finalmente, o lavabo na entrada.

Durante as primeiras limpezas, a voz de Henry me fazia tremer de medo. Eu trabalhava sem parar, fazendo pausas somente para mexer em meu iPod Shuffle ou dar uma olhada no relógio, para me certificar de que estava cumprindo o horário. Fiz hora extra nas duas primeiras sextas-feiras, o que deixou Lonnie tão preocupada que ela ligou para Pam para compartilhar sua apreensão, insistindo que Pam me ligasse e perguntasse se estava tudo bem. Mas, depois de um tempo, eu saiba onde havia cabelo acumulado, quais manchas precisavam de uma limpeza rápida, uma esfregada ou não sairiam. Tudo isso era executado em movimentos mecânicos, e eu passava o tempo me preocupando com outras coisas que estavam acontecendo em minha vida.

Quando chegava de manhã à casa de Henry, sempre conversávamos um pouco. Depois, ele enrolava um pouco na cozinha, fazendo o café da manhã, geralmente duas fatias grossas de pão com tomate e abacate. Mais tarde, eu limpava a mesa de madeira na qual ele tomara café da manhã, tirando as migalhas que ele deixara, movendo a bandeja giratória cheia de sais diferentes e molhos de pimenta, para limpar embaixo dela. No momento em que eu limpava o corredor, ele estaria trabalhando à sua mesa, ficando lá até eu sair.

Em uma sexta-feira, ele perguntou se eu poderia fazer um dia extra na semana seguinte.

"Não posso, infelizmente", disse. "Tem uma casa que limpo às sextas que não venho aqui." A Casa da Fazenda também era nova e, percebi, curiosamente similar à de Henry no fato de o cliente ter passado por quase todas as faxineiras da empresa antes de mim. A limpeza em ambas as casas era de fazer suar, levando quatro horas a um ritmo rápido, com carpetes horríveis e muitos animais. Senti um calafrio involuntário ao pensar em aspirar o carpete azul-marinho que revestia as escadas.

"Ah", disse Henry, olhando para baixo.

"Mas eu poderia vir neste fim de semana", disse. "Se for conveniente, é claro. Minha filha vai para a casa do pai em fins de semana alternados, e eu a deixo lá depois de sair daqui."

Henry se levantou, com cara de satisfeito. "Ótimo, porque vou organizar um jantar!", disse. Ele fez sinal para que eu o seguisse. Saímos pela porta corrediça de vidro até o terraço coberto atrás da casa. "E quero esta churrasqueira brilhando."

Concordei com a cabeça, observando a sujeira, e reparei na garrafa de champanhe vazia ao lado do ofurô. Meu corpo estremeceu, ansiando por uma chance, só uma oportunidade, de beber champanhe em um ofurô.

Lá dentro, voltei a aspirar a sala de jantar. Henry tinha um antigo jogo de videopôquer instalado ali e uma garrafa de um gim caro pela metade ao lado do lavatório do bar. Eu me pegava pensando em como seria minha aposentadoria, se sequer saberia como era ter uma. Eu nunca teria uma casa grande demais a ponto de não poder limpá-la sozinha, isso era uma certeza. Parecia tão inútil contratar alguém para passar um aspirador sobre as mesmas linhas ainda visíveis depois de duas semanas. Tentava seguir o mesmo padrão, pensativa, ouvindo música a todo volume, quando Henry bateu em meu ombro. Atrapalhada, tateei o aspirador para desligá-lo e arranquei os fones de ouvido.

"Você gosta de lagosta?", perguntou. Pisquei os olhos, atônita.

"Geralmente faço um tipo de jantar com carnes e frutos do mar às sextas-feiras", disse. "Pego algumas lagostas do mercado."

Balancei a cabeça, perguntando-me por que ele me fizera parar de aspirar, tentando pensar se eu já vira alguém comprar uma lagosta de um daqueles tanques.

"Para quantas pessoas você vai cozinhar hoje à noite?", disse ele. "Duas", respondi.

"Bem, trarei duas para você", disse. "Em agradecimento ao seu trabalho extra para nossa festa."

Gaguejei um agradecimento. Nunca encontrara um cliente tão gentil comigo, que me tratasse como um ser humano. Não sabia como lidar com isso. Aliás, só havia comido uma lagosta inteira uma ou duas vezes na vida, e não tinha a menor ideia de como cozinhar uma. Eu já me sentia culpada porque, provavelmente, arruinaria esse presente generoso com minhas parcas habilidades culinárias.

Henry saiu alguns minutos depois, levando os cães com ele. Era a primeira vez que me deixava sozinha na casa. Fiquei radiante por sua confiança em mim. Estava acostumada com a sensação de desconfiança. Pensei na mulher da Casa da Fazenda, que ficou em casa na primeira vez em que a limpei, andando para lá e para cá, sempre circulando por onde eu estava. Parecia tentar me atrair para armadilhas, deixando joias fora das gavetas em vez de guardá-las.

Quando pus a mão no bolso para pegar o celular, olhei ao meu redor, apesar de não haver ninguém em casa me observando. Liguei para o número de Travis e, quando ele atendeu, contei, empolgada, sobre as lagostas. Pedi-lhe que tirasse do congelador alguns dos bifes que comprara na promoção. Havia algo em compartilhar boas notícias com ele, essa boa sorte, que me fazia ter esperanças em nós de novo.

Mas ele não se ateve à lagosta ou aos bifes. Em vez disso, falou em tom monótono: "Você checou o fluido de transmissão do carro?"

"Sim, está baixo", disse, desanimada. Parei de olhar para o quadro, uma imagem metalizada de um farol, no saguão de Henry, olhei para meus pés só de meia e esfreguei o pé no lustroso piso de madeira.

Talvez o jeito de Travis demonstrar amor por mim fosse perguntando sobre meu carro, mas eu não conseguia ouvi-lo. A comunicação com minha família era esporádica, e eu precisava dele. "Eu te amo", falei antes de desligar, mas ele não disse o mesmo.

Após desligarmos, comecei a limpar o banheiro de Henry, e a decepção pela conversa com Travis persistia. Henry voltou para casa no exato momento em que eu alcançava um pano para esfregar a privada e esfregá-la.

"Você sabe preparar estas coisas?", disse ele, com a voz ecoando pelas paredes e me fazendo pular. Quando me virei, ele fez sinal para que o seguisse até a lavanderia. Lá, em cima da máquina de lavar que eu acabara de limpar estavam duas das maiores lagostas que já vira. Elas eram castanho-avermelhadas. Estavam vivas. E eram minhas.

Henry me entregou instruções de preparação impressas e um jogo novinho de alicates de lagosta.

"Sabe", disse eu, esfregando a prata do utensílio com o polegar, "você pode estar salvando meu relacionamento".

"Ah, é?", perguntou, olhando para mim com um misto de interesse e diversão.

"Sim", disse, depois dei de ombros, como se não fosse grande coisa. "Temos brigado muito. Dinheiro e tudo o mais."

"Bem", disse, cruzando os braços. "Lamento saber disso." Ele me olhou bem nos olhos, franzindo um pouco os seus, apontando um alicate na minha direção. "Quando acaba a diversão, acaba tudo."

Essas palavras ficaram na minha cabeça pelo resto do dia. Travis e eu não tínhamos a mesma ideia de diversão. Ele gostava de participar de corridas de motorhome, enquanto eu gostava de tomar cerveja artesanal e conversar sobre política e livros. Tentávamos chegar a um acordo. Com frequência ele se sentava ao meu lado à noite para tomar cerveja e contemplar o jardim imenso que construíramos no quintal. No meio de nossas diferenças estava Mia — saltitante, feliz, abraçando nós dois. Nesses momentos, parecíamos uma família de verdade, e eu lutava para sentir o amor e a alegria que ela sentia. Mas sabia que nunca entenderia a falta de desejo de Travis de divagar, refletir ou aprender. Chegáramos ao ponto do ressentimento, culpando um ao outro por nossas diferenças.

Por causa de Mia, eu tentava me agarrar ao sonho. À fazenda. Aos cavalos. Ao balanço de pneu no quintal da frente, aos campos sem fim por onde correr. Em segredo, pedia-lhe desculpas, sussurrando, desde que a vira segurar um punhado de cenouras que ela arrancou de nossa horta no último verão, usando apenas roupa de baixo e botinhas de caubói. *Lamento tanto que isso não seja suficiente para mim.*

Quando terminei a casa de Henry, ele me ajudou a carregar meus presentes até o carro. Eu estava abraçada à sacola de lagostas, mas queria abraçar Henry por ter sido tão gentil, por me tratar menos como faxineira e mais como uma pessoa merecedora de amor e alegria, e de jantar lagosta esporadicamente. Quando lhe agradeci, Henry abriu um largo sorriso e estufou o peito. "Vá para casa", embora eu estivesse começando a perceber que a "minha casa" era algo efêmero, uma bomba-relógio, uma explosão esperando para acontecer.

Na placa de pare no fim da rua, encostei na calçada. Inclinei-me para frente, apertando a testa contra o volante. A interação com Henry me fez sentir saudades do meu pai.

Isso acontecera com frequência no último ano. Sempre que eu sentia a dor da perda — uma pressão bem no meio do peito —, achava que era melhor parar e esperar, dar um tempo à sensação até ela passar. A dor não gostava de ser ignorada. Ela precisava ser amada, assim como eu precisava ser amada. Sentada no carro, com a sacola de lagostas no banco do passageiro, inspirava e expirava, contando até cinco a cada vez. *Eu te amo*, suspirava para mim mesma. *Conte comigo*.

Reafirmação do amor-próprio era tudo o que eu tinha.

Mia tinha dormido quando a peguei na creche para levá-la à casa de Jamie. Eram quase duas horas, e o trânsito ficaria ruim se saíssemos atrasadas. Ela reclamou quando a carreguei, vesti-lhe o casaco e a amarrei na cadeirinha. Paramos em casa, e deixei o carro ligado na entrada enquanto entrei correndo para deixar as lagostas e pegar a mochila específica dos fins de semana que Mia passava fora. Coloquei algumas roupas, um cobertor, o álbum de fotos que fizéramos e o George, o Curioso. Mia adormeceu enquanto eu dirigia, dando-me a chance de ouvir um CD que gravara há muito tempo. Começou a tocar aquela música country ridícula sobre ser agricultor. Travis sempre aumentava o som no início dela quando Mia estava em sua caminhonete, porque começava com um barulho de motor acelerando que retumbava no peito, ao som do baixo. Sorri, lembrando-me de Mia pedindo a ele que tocasse de novo, rindo e chutando para cima e para baixo, com suas botas cor-de-rosa estampadas com cavalos marrons. Quando o oceano apareceu, virei para trás para mexer em sua perna e acordá-la.

Cheguei em casa depois das seis horas. Só na cozinha, coloquei sal em uma panela com água e a pus no fogão. Enquanto ela fervia e espirrava, usei meu corpo para impedir que as lagostas a vissem, lendo as instruções pela quinta ou sexta vez. Travis escolheu ficar no terraço com a churrasqueira, provavelmente grelhando os bifes. Jogar as lagostas na panela e vê-las morrer dependia de mim.

Não caberiam as duas na panela. Tive que cozinhá-las uma de cada vez. Papai costumava usar essa panela para fazer suas montanhas de chili, e por algum motivo eu a herdara após o divórcio de meus pais. Ela tinha um forro esmaltado que era um escorredor. Quando eu tinha 20 e poucos anos, morava com meu então namorado em uma cabana no Alasca. A casa não tinha água corrente, e se situava em dois hectares de gelo permanente. Quando meu pai veio nos visitar, trouxe uma receita manuscrita do chili. Ele chegou a escrever "Chili do Papai" no topo. Guardei o papel em um plástico vazio no fichário de receitas que eu colecionava. Não era uma receita sofisticada — hambúrguer, cebolas, feijões, um pouco de cominho. Tenho quase certeza de que ele a copiou de um livro de receitas da Betty Crocker. Mas, quando criança, eu adorava quando ele a fazia. Nós nos sentávamos em torno da mesa com tigelas fumegantes, esmigalhando biscoitos de água e sal e espalhando farelos no chão, o que deixava mamãe furiosa. Quando Mia e eu aparecemos na casa de papai e Charlotte pela primeira vez, cerca de um mês antes de Jamie esmurrar a porta e nos expulsar, Charlotte atormentou meu pai até ele fazer uma porção de chili para mim. Adorei essa atitude dela. Enquanto eu contemplava a panela de água fervente, as lagostas aguardando as próprias mortes, essas lembranças vieram à tona. Pensei em Charlotte, em como eu não conseguia me lembrar da última vez em que a vira ou mesmo falara com ela.

Quando pus a primeira lagosta na água escaldante, ela não gritou nem se moveu freneticamente como pensei que faria. Sua concha ficou vermelho-vivo na mesma hora e, depois, uma espuma verde se formou na superfície. Depois de pronta, removi a espuma antes de cozinhar a segunda.

A mesa estava posta — dois bifes, duas lagostas, duas cervejas. Eu me perguntava o quanto nossa mesa de jantar seria diferente da de Henry. Provavelmente, eles tinham pratos que usavam somente nessa ocasião, e guardanapos grandes de tecido dobrados no colo. Travis e eu comemos em silêncio. Eu tentava sorrir para ele, ignorar sua insatisfação por uma refeição tão complicada. Enquanto ele colocava um filme, limpei a mesa, enchi a lava-louças, limpei os pratos maiores e passei um pano na mesa e nos balcões. Sentamos perto um do outro no sofá marrom de couro que ele herdara dos pais, mas não nos tocamos. No meio do filme, fui ao terraço e acendi um cigarro, algo que agora fazia quando Mia não estava em casa. Comprara o maço umas semanas atrás, após limpar a Casa Pré-fabricada. Estava se tornando, cada vez mais, um ritual. Travis chegou para fumar meio cigarro e me dizer que precisava ir dormir.

"Quer que eu vá com você?", perguntei, batendo as cinzas do cigarro.

Ele fez uma pausa. "Tanto faz", disse, e entrou.

Pensei que talvez não ficaria tão bravo por eu não limpar os estábulos com ele naquele fim de semana, porque tive de trabalhar. Esperei até que fizéssemos amor em algum momento da noite, em vez da maneira usual que normalmente buscava meus quadris — encaixando seu corpo atrás do meu, no meio da noite, nossos rostos nunca se tocando, a escuridão e o silêncio interrompidos pelos faróis de um carro passando.

Na manhã seguinte, Henry me encontrou em frente à grande porta vermelha. "Como foi?", perguntou, sorrindo, enquanto eu lhe devolvia os talheres de lagosta.

"Foi a melhor coisa que já comi na vida", disse rindo para ele; então parei, percebendo de repente o que ele quis dizer. "Mas não salvaram meu relacionamento."

"Ah", disse ele, olhando para os utensílios de prata. "Talvez seja melhor assim. Você não parece ser do tipo que precisa de homem para salvá-la. Você é uma batalhadora."

Apesar dos elogios de Henry, eu sabia que nunca conseguiria trabalhar o suficiente. Entre escola, casa, Mia e tentar ganhar o bastante para viver, o trabalho se tornara uma atividade contínua que nunca tinha fim. Meus pagamentos me passavam a impressão de que eu não trabalhava tanto assim, afinal. Mas Henry me respeitava. Ele foi o primeiro cliente que eu sabia, com certeza, que me respeitava.

Logo após o jantar de lagostas, Travis e eu rompemos. Naquela noite, voltei para casa do trabalho e fiz o jantar, arrumei a cozinha, dei banho em Mia e a coloquei na cama. Organizei meus livros e o notebook na mesa, pus os fones de ouvido para abafar o ruído da televisão e comecei a fazer a lição. E, então, vi que o lixo da cozinha estava transbordando. Levantei-me da mesa e fiquei na frente de Travis, impedindo-o de olhar para a TV.

"Você pode tirar o lixo, por favor?", disse, com as mãos na cintura. Sem pestanejar, ele disse: "Acho que você deveria ir embora." Então ele se levantou, colocou-me de lado e se sentou novamente. Fiquei parada, atônita, olhando para ele. Uma risada de fundo irrompeu da TV, e Travis, com o rosto iluminado pela tela, sorriu. Voltei à mesa e me afundei na cadeira, com o peso daquelas palavras me pressionando contra o chão, para dentro de um buraco do qual eu não tinha certeza se um dia conseguiria sair.

PARTE DOIS

11

O Estúdio

Travis nos deu um mês para sair. Não contei a Mia — em parte porque não queria chateá-la e em parte porque não tinha um plano. Postei anúncios online procurando alguém com quem dividir casa, um acordo de permuta ou um quarto para alugar. Nada dava certo. Todo apartamento que eu olhava tinha aluguel mais alto que meu salário. Com minha renda, que girava em torno de US$800 por mês, não havia como disponibilizar o primeiro e o último mês de aluguel, bem como um depósito. Não havia meios de eu ganhar o suficiente para gasolina, despesas e aluguel, mesmo de um quarto. Apartamentos variavam em torno de US$700, pelo menos. Um que tivesse mais de um quarto era impensável para mim. Eu não tinha poupança ou crédito a que recorrer, nem mesmo uma possibilidade de solicitar um empréstimo. Nunca conseguiria restituí-lo. Além disso, eu teria que instalar luz elétrica e internet para fazer as lições. Precisaria arranjar um roteador. Precisaria arranjar um monte de coisas.

Após recorrer a alguns amigos, eles me incentivaram a configurar uma conta de doação no PayPal e incorporá-la a uma entrada de blog com um esclarecimento simples:

> Travis me deu até o fim de junho para me mudar. Infelizmente, não tenho o dinheiro do depósito. Abri uma conta no PayPal. Se puder doar nem que seja cinco dólares, ajudaria imensamente. Obrigada.

Eu odiava pedir dinheiro. Odiava admitir que fracassara de novo em fazer um relacionamento dar certo. A maioria das pessoas não sabia que Mia e eu tínhamos morado em um abrigo para pessoas sem-teto, mas a sensação ainda era que a história estava se repetindo. Então, mensagens de amigos pelo Facebook começaram a aparecer, cheias de incentivo e amor. As pessoas enviavam US$10 ou até mesmo US$100. Cada doação, não importava quão pequena fosse, fazia meus olhos lacrimejarem. Fiz uma lista de desejos pelo Walmart que compartilhei em um post no Facebook. Logo começaram a chegar caixas na casa de Travis, contendo potes, panelas, roupas para Mia e talheres. Eu me rebaixara ao máximo, mas não deixaria isso me rebaixar. Não podia voltar a ser sem-teto. Depois de meu pai ter dito à minha família que eu inventava histórias para chamar atenção, pedir ajuda foi a coisa mais difícil que jamais fizera. Isso me expunha a julgamentos. Isso me tornava responsável pelos meus atos, sobretudo por envolver Mia em um relacionamento que, aparentemente, eu deveria ter previsto que seria um fracasso. Temia o que as pessoas poderiam pensar. Mas cada amigo que estendia a mão me levava a um nível mais alto. Eu superaria isso.

Quando me mudei para o abrigo de pessoas sem-teto, liguei para Melissa, uma das minhas amigas mais antigas, e ela me ouviu enquanto eu contava meus planos de reconstruir a vida. Quase todos esses planos envolviam ajuda de alguma forma de assistência governamental: vales-refeição, cheques WIC para leite, vales-combustível, moradia social, auxílio-eletricidade e creche.

"De nada", disse Melissa, sem rodeios.

"Como assim?", perguntei, espiando, pela cortina azul desgastada do abrigo, um cervo andando no quintal. Mia tirava uma soneca no cômodo ao lado.

"O dinheiro dos meus impostos que paga por tudo isso", disse ela; depois, repetiu "então, de nada".

Eu não disse obrigada. Eu não diria obrigada. Eu não tinha certeza do que dizer.

"Ei", disse, com falsa urgência. "Mia está chorando. Preciso ir." A porta de Mia estalou quando eu a abri. Sentei-me na ponta da cama, observando seu tórax subir e descer. No início, Melissa parecia bem feliz em ajudar, mas eu sabia que não era o caso. Eu já a ouvira falar mal de beneficiários da assistência social. Ela não gostava da mãe de sua enteada, reclamava que ela abusava do sistema.

Queria ter coragem para falar em meu nome, para falar em nome de milhões de outras pessoas passando pelas mesmas provações que eu: empregados domésticos que trabalhavam por um salário baixíssimo, pais e mães solo. Em vez disso me retraí. Discretamente, bloqueei Melissa no Facebook e ignorei todos os comentários ou mídias sociais que falavam mal de pessoas que dependiam da assistência social. "A assistência social está morta", tinha vontade de dizer. Não havia assistência, não como pensavam que fosse. Não era possível ir a uma secretaria do governo e dizer a eles que precisava de dinheiro suficiente para compensar os salários escassos a que me sujeitava para conseguir bancar uma casa. Se eu tivesse fome, poderia conseguir algumas centenas de dólares por mês para comer. Poderia visitar um banco alimentar. Mas não havia dinheiro suficiente para o que eu realmente precisava para sobreviver.

Cada centavo do dinheiro doado pelos amigos começava a se avolumar, e me vi com quase US$500, e Travis se ofereceu para completar o montante. Finalmente, consegui pagar por um apartamento tipo estúdio em Mount Vernon, em uma casa antiga que fora dividida em três apartamentos. No passado, nosso estúdio fora a sala de estar frontal e o solário. Por US$550 mensais, tínhamos um banheiro com banheira, uma cozinha minúscula com geladeira duplex e uma vista da cidade inteira por uma parede toda de janelas.

O senhorio, Jay, e eu trocamos e-mails sobre o lugar, e ele disse que eu poderia ir até lá para vê-lo. Naquele dia, antes de pegar Mia, passei por lá depois do trabalho para dar uma olhada. Eu sabia que era pequeno — um apartamento tipo estúdio sugeria isso. Mas, ao me deparar com um cômodo menor que a sala onde eu assistia a filmes com Travis no último ano, quase virei as costas e recusei. Pensei no apartamento que Mia e eu tivéramos em Port Townsend, ao lado do parque de eventos descampado, com quartos separados, uma sala de jantar, além de uma lavadora e uma secadora. O lugar atual não tinha nada disso. Era um cômodo sujo sobre uma rodovia, que eu ainda teria dificuldades de bancar.

O piso era antigo, possivelmente a madeira original, com rachaduras grandes entre as tábuas. Além das portas de correr ficava o solário com vista panorâmica para a cidade. Sob as janelas havia uma bancada com tampo removível, na qual era possível guardar coisas, mas alguém deixara um monte de persianas e trilhos de cortina. Havia um carpete verde-escuro, e mentalmente tentei imaginar onde ficariam a cama e os brinquedos de Mia, e me perguntava se minha cômoda caberia. Do outro lado, armários em formato de L com fogão elétrico, geladeira e pia serviam de cozinha. Andei de uma parede até a outra. Cerca de 30 passos.

"É ótimo", disse a Jay por telefone. "Estou aqui neste exato momento. Vai funcionar para nós, acredito."

"Sua filha tem três anos?", perguntou. Esperei que ele não estivesse repensando a oferta de alugar para nós.

"Quase", disse. "Mas eu trabalho muito, e ela vai à casa do pai aos fins de semana." Fui até as janelas junto à cozinha, olhando para os carros que passavam correndo. "Provavelmente não ficaremos muito aqui." Prendi a respiração, involuntariamente. Era apenas uma meia-verdade.

"Certo, nenhum problema", disse ele. "Quer vir e pegar as chaves este fim de semana? Então, você me paga o aluguel e o depósito."

"Posso pagar o depósito parcelado?", perguntei, surpresa pela minha ousadia. Talvez estar naquele local tenha causado uma sensação de não haver nada a perder. "Posso dar 50 ou 100 dólares por mês. É só que, hã... esta mudança foi meio repentina e não tenho nada guardado neste momento."

Houve silêncio. Mordi o lábio inferior. "Claro, tudo bem. Cem dólares a mais pelo aluguel dos próximos cinco meses não teria problema."

Expirei, quase rindo. "Muito obrigada. Obrigada mesmo."

Quando me encontrei com Jay no apartamento para lhe dar um cheque pelo primeiro mês de aluguel e pegar as chaves, ele e a esposa estavam começando a pintar o teto de minha nova sala de estar e cozinha. Era um rapaz comum, de cabelos castanhos, mais ou menos da minha idade. A esposa, que se apresentou como Mandy, era muito menor que eu em todos os sentidos. Eram boas pessoas. Simpáticas. Confiáveis. Provavelmente trabalhadoras e honestas. Ao menos, essa era minha esperança.

"Parece que vocês estão com bastante trabalho", disse, observando-os encaixar uma barra comprida.

"Sim", disse Mandy, virando os olhos. "Pelo menos os avós concordaram em levar as crianças hoje."

"Exatamente o que queríamos fazer em um sábado de sol", acrescentou Jay. Eles se entreolharam. Ele suspirou. Sorri, disse adeus e agradeci pela compreensão sobre o depósito. Imaginava passar um sábado perto de meu marido, pintando as paredes e o teto de uma casa antiga que possuíamos e disponibilizamos para aluguel, enquanto meus pais cuidavam das crianças. *Exatamente como eu gostaria de passar o sábado,* pensei, enquanto voltava para a casa de Travis. Eu tinha que começar a empacotar nossas tralhas, descobrir quais eram as principais coisas que não tínhamos — como roupa de cama, tigelas, xícaras e algo em que eu pudesse dormir. Levaria alguns dias antes de o apartamento ficar pronto para eu me mudar, mas eles disseram que poderia vir durante a noite para limpá-lo, se quisesse. Esfregar a sujeira dos armários e pisos de nosso novo lar era minha versão de um ritual de limpeza espiritual.

Quando minha amiga Sarah viu meus posts pedindo ajuda, ela me enviou uma mensagem para ver se eu precisava de algo. Descaradamente listei vários itens, estava tensa por ter que me virar sem eles. Ela escreveu de volta, oferecendo a cama de solteiro da filha. Travis foi comigo para pegá-la. Seu rosto continuava sem expressão, insensível a tudo isso. Ele desapareceria no celeiro se entrasse em casa e me visse chorando, lutando para aceitar meu destino. Não conversávamos, a não ser em caso de necessidade, mas compreendi que qualquer coisa que ele pudesse fazer para nos tirar de casa seria algo do qual ele gostaria de participar. Estive na casa de Sarah algumas vezes para lanchar e tomar vinho durante os fins de semana em que Mia estava com Jamie. Agora, de pé no terraço da casa dela, não conseguia evitar ficar cabisbaixa.

"É aqui", disse Sarah, de olho em Travis. Nós a seguimos por um corredor, até o quarto da filha dela. "Vamos lhe comprar uma cama queen size. Ela está um pouco crescida para esta."

Talvez ela tivesse pensado que a cama era para Mia, e não para mim, mas não a corrigi.

Antes de eu ir, ela me deu um abraço. "Ah!", disse. "Tenho uma coisa para você." Ela desapareceu dentro da lavanderia e voltou com uma caixa, colocando-a em uma bancada na entrada. Era um jogo de pratos novinhos, de cor azul-celeste, como os ovos de tordo-americano que Mia e eu encontrávamos pela fazenda na primavera. Levei a mão à boca, em choque, enquanto assimilava os quatro pratos de jantar, travessas para salada, xícaras de café e tigelas. Novos. Para nosso novo começo. Eu me joguei nos braços dela e lhe agradeci, então respirei fundo e carreguei a caixa de pratos até a caminhonete.

Era um começo, mas eu tinha muito trabalho a fazer — não só a mudança, mas o trabalho que daria para pagar pela estadia.

Por duas semanas, eu colocava Mia para dormir na casa de Travis e depois lotava o carro com o máximo de coisas que conseguia enfiar nele. No novo estúdio, limpei as bancadas, as pias e a banheira. Até as paredes receberam uma boa limpeza antes de eu pendurar as pinturas das obras de arte que minha mãe me dera. Minhas favoritas eram duas gravuras de Barbara Lavallee do livro *Mama, Do You Love Me?* ["Mamãe, você me ama?", em tradução livre] que eu tinha desde pequena. As ilustrações emblemáticas do Alasca me lembravam de uma época mais feliz, quando minha família passava os verões pescando, enchendo o freezer da garagem de salmão e linguado. Nosso estúdio era minúsculo, pouco mais de 30 metros quadrados, com 10 janelas grandes — 8 na área do quarto e 2 no trecho com o piso de madeira —, então eu tinha que escolher muito bem quais iriam para a parede. Eu tentava evitar olhar tudo de maneira crítica, como fazia com o abrigo para sem-teto. Este era mais um pequeno começo para nós. Tinha receio de que Mia não visse da mesma forma.

Voltei à casa de Travis quase à meia-noite, após ele ter ido para a cama, e me arrastei para baixo do cobertor no sofá. Uma semana antes do terceiro aniversário de Mia, transportei os últimos móveis e organizei tudo no estúdio. Escolhi um fim de semana para a mudança, quando ela estaria na casa de Jamie. Travis e seu amigo ajudaram a mudar as coisas maiores, e a desmontar e remontar o beliche que os pais dele deram para Mia. Eles fizeram isso enquanto eu limpava a Casa da Fazenda. Deixaria Mia na creche aquela manhã, sabendo que a pegaria, entregaria ao pai e nunca a levaria de volta à casa que ela conhecera nos últimos 18 meses. Queria fazer tudo sozinha e não ter que pedir ajuda a Travis, mas naquela semana eu machucara as costas no trabalho, em uma tentativa burra de mover uma cama. Tive que tomar 800 miligramas de ibuprofeno 2 ou 3 vezes por dia para conseguir trabalhar; a dor física proporcionou uma distração da angústia que sentia por Mia.

No sábado à noite, eu já havia instalado toda a mudança. No domingo à tarde, os brinquedos estavam nas respectivas caixas, e nossas roupas estavam bem dobradas e guardadas. Quando peguei Mia e a trouxe a nosso pequeno estúdio, esperava, como qualquer pai ou mãe faria, que ela gostasse do lugar novo. Esperava que ela tivesse uma sensação de lar, de pertencimento, mas ela olhou em volta por um instante, conferiu o banheiro e então pediu para ir à casa de Travis.

"Vamos ficar aqui, querida", disse, acariciando seus cabelos. "Travis vem pra casa?", perguntou. Ela se sentou no meu colo, na cama de solteiro que Sarah me deu. "Não", disse. "Travis vai ficar na casa dele. Vai dormir lá. Vamos dormir aqui. Esta é nossa casa."
"Não, mamãe", disse ela. "Eu quero o Travis. Cadê o papai Travis?" Ela começou a choramingar, afundando-se em mim, ofegando sob o peso de seu coraçãozinho partido. Pedi desculpas e chorei junto com ela. Prometi a mim mesma ser mais cuidadosa. Eu poderia ser imprudente o quanto quisesse com meu coração, mas não com o dela.

12

Minimalista

Uma das melhores coisas sobre estar disposta a ficar de joelhos esfregando privadas é que você nunca terá problema para encontrar trabalho. Para complementar meus horários vazios da Classic Clean, comecei a procurar clientes por conta própria. Postei anúncios online e no Facebook. Comecei a trabalhar na Casa de Donna, um trabalho de limpeza quinzenal, de quatro horas, nas tardes de sexta-feira em que eu não tinha que deixar Mia com Jamie. A Casa de Donna ficava no meio das colinas do Vale Skagit, em direção à Cordilheira das Cascatas, região rural em que minha família morou durante seis gerações.

Ela estava envolvida com a Habitat para a Humanidade local, e mencionou algumas famílias às quais recentemente fora dada a oportunidade de ter sua primeira casa — a maior parte delas com o que o programa chamava de "compensação de capital", em que membros da família e amigos contribuíam com trabalho, como martelar pregos, pintura ou jardinagem, em troca do valor da entrada da casa. Como se arranjar tempo para preencher esses requisitos não fosse difícil o bastante, já que era adulta e tinha uma dependente, eu precisava de uma renda líquida mensal de US$1.600 para me beneficiar.

"Não sei se conseguirei fazer isso", disse. Ela me incentivou a procurar o programa mesmo assim. Mas, quando eu pensava nisso para valer, não tinha certeza se queria ter uma casa no Vale

Skagit. Com exceção de Anacortes e Deception Pass, que eu não podia bancar com meu salário, eu não me sentia em casa ali. E a Habitat para a Humanidade não oferecia opções de moradia em todo o país.

"Sua família toda está aqui", disse ela. "Não existe mais 'casa' do que isso."

"Bem", disse eu, tirando o pó das fotografias em sua sala de estar, "é que quero tentar ir para Missoula, em Montana. Tinha planos de me mudar para lá e fazer faculdade quando descobri que estava grávida de Mia."

Donna estava fazendo um livro de recortes enquanto conversávamos; parou de vasculhar as pilhas de papéis, fotos e adesivos na mesa de jantar e agora estava olhando para mim. "Você sabe como fazer Deus rir?", disse ela.

"O quê?", perguntei, pensando qual seria a relação disso com meu desejo de mudar para Missoula.

"Conte seus planos a ele", disse. "Se você quer fazer Deus rir, conte seus planos a ele." Então, ela soltou uma gargalhada.

"Certo", disse eu, voltando a tirar o pó do mofo do corredor.

Donna me pagava US$20 por hora para limpar sua casa e me disse para nunca aceitar menos. A Classic Clean cobrava US$25 por hora para eu trabalhar em uma casa, mas eu ainda ganhava apenas US$9. Descontando impostos e despesas, ficava com US$6 por hora. Encontrar e agendar clientes por conta própria levava muito tempo, especialmente quando as visitas não resultavam em um cliente novo. Mas o trabalho não remunerado de encontrar e agendar clientes ainda valia a pena, e ajudava a aumentar meus ganhos totais. Quer dizer, se eu conseguisse não estragar nada.

A mudança da casa de Travis acrescentou 40 minutos em nosso deslocamento diário. Todos os meus clientes da Classic Clean, com exceção de dois, estavam na região de Stanwood e Camano Island. Mas a creche de Mia ainda ficava logo na esquina da casa de Travis, e passar por ela era inevitável. Quase involuntariamente, reduzia a velocidade ao passar por lá, esticando o pescoço para flagrar Travis entrando em casa com as botas enlameadas. Além de sentir falta da comodidade de ter um parceiro, havia uma coisa da qual eu parecia não conseguir me libertar. Após algumas semanas passando por lá várias vezes por dia, perguntei a Travis se poderia parar e cuidar da horta. Eu odiava vê-la tão mal cuidada; uma comida perfeitamente boa indo para o lixo.

"Tudo bem", disse ele, após uma pausa longa.

"Eu poderia trazer Mia comigo para descontrair um pouco", disse. Ele pareceu satisfeito com isso. Travis disse que tentaria se envolver na vida de Mia o quanto pudesse. Mas verões significavam temporada de feno, e, na maioria dos dias, ele trabalhava de sol a sol. Ela gostava de andar em seu colo quando ele ceifava. Pelo menos, ela poderia curtir mais alguns momentos assim com ele.

Nossa nova vida começava às sete horas toda manhã. Eu saía da cama, expulsando a preguiça do corpo, e aquecia no fogão a água para o café. Fazia uma xícara para a manhã e colocava outra em uma jarra, para mais tarde. Mia geralmente comia mingau de aveia ou cereal. Às vezes, adicionaria água à mistura para panquecas e ela me observaria colocar panquecas fumegantes do tamanho de rosquinhas em uma vasilha, antes de acrescentar uma pincelada de manteiga e melado. Eu me virava com a barra de manteiga de amendoim de sempre no bolso da calça jeans e um sanduíche de geleia e manteiga de amendoim torrado, embrulhado em papel--toalha e papel-alumínio que reutilizaria até se desfazerem.

Entre aluguel, despesas, seguro do carro, gasolina, celular e internet, a lavanderia e artigos de higiene, meus gastos mensais giravam em torno de US\$1.000. Quando Mia ou eu precisávamos de sapatos novos, ou mesmo de pasta de dente, tinha que consultar meu orçamento afixado na parede, com uma lista de cada conta a vencer e em qual data era debitada em minha conta bancária. Isso significava só US\$20 para custear qualquer golpe inesperado, como uma conta de luz mais alta que o habitual. Se eu não recebesse um auxílio-creche do governo, não conseguiria me dar ao luxo de trabalhar. Já que minha renda estava mais alta, eu tinha uma coparticipação mensal de US\$50. Mais rendimento significava que recebia uma quantia menor de vales-refeição — cerca de US$200 por mês agora —, e ainda era todo o dinheiro que eu tinha para comer. Apesar do aumento da minha renda, eu tinha mais contas e menos complemento do governo. Portanto, na maioria dos meses tínhamos apenas uns US$50 que sobravam para atividades ou produtos para a casa. Com a quantidade de tempo e energia que eu passava fazendo esforço físico, a dor por não conseguir comprar itens básicos necessários era ainda mais penosa.

A localização central de nosso novo apartamento se revelou uma bênção. Havia uma cooperativa de alimentos em que Mia tinha seu próprio "cartão banana", que lhe garantia uma maçã, laranja ou banana gratuita sempre que fazíamos compras lá. Eu podia usar nossos vales-refeição para comprar um dos sanduíches da promoção na delicatessen deles, iogurte ou homus para Mia, leite achocolatado e a fruta que ela escolhesse. Sentávamos a uma mesa ao lado das janelas grandes que davam para a calçada. Eu tomava um café por um dólar. Ficávamos lá, sorrindo uma para a outra, apreciando a possibilidade de sair para comer.

No fim da rua havia uma loja de artigos em consignação chamada Sprouts, aberta há pouco tempo. Sadie, a proprietária jovem e loira, estava sempre lá, com a filha amarrada ao peito em um sling ou em um cercadinho.

"Você aceitaria mais um desses berços portáteis?", perguntei, enquanto ela separava as peças de roupas das sacolas que eu trouxera. Sadie parou para pensar por um segundo.

"Está em bom estado?", perguntou, balançando um pouco para manter a filha adormecida, enquanto examinava os itens.

Tive que contar a ela sobre o furo na lateral da rede. "Mas ele não está tão usado assim", disse, e então resolvi acrescentar: "Tenho um carrinho para corridas também."

"Por equipamentos, só posso dar crédito na loja", disse ela, torcendo o nariz pela decepção. "Dinheiro, não."

"Certo", murmurei.

Ela abriu a caixa registradora para me dar US$20 pelas roupas. "Tem muita coisa bonita aqui", disse, sorrindo.

"Eu sei", quase suspirei. "Estava guardando para..." Prendi a respiração, olhando para as roupinhas de recém-nascido que cuidadosamente embalara, no caso de um dia Travis e eu termos um bebê. "Não estava guardando por motivo algum."

De algum modo, Sadie entendeu o que eu quis dizer, ou talvez apenas tenha agido como se entendesse. Nós nos conhecemos depois que ela viu meus posts procurando trabalho em um grupo do Facebook para mães locais. Ela me contratou para limpar sua casa, já que a negligenciara por tempo demais após abrir um negócio, ao mesmo tempo em que cuidava de um bebê e de uma criança. Quando perguntei se precisava de ajuda na loja, no início ela disse que não; depois, perguntei se estaria disposta a trocar uma limpeza no banheiro da loja por alguns créditos em roupas. Sadie sorriu, primeiro para mim e então para Mia, que segurava seu novo pijama do Thomas, a Locomotiva, que eu encontrara na seção infantil masculina, e acenou com a cabeça. Com a troca, Mia poderia entrar e escolher um vestido ou algo que lhe chamasse a atenção, quando houvesse necessidade. Era o programa de uma tarde — almoçava na cooperativa, depois ia ao Sprouts para Mia escolher alguma coisa. Seu guarda-roupa era composto exclusivamente de roupas usadas e calças elásticas do Walmart na promoção. Mas ela ficava tão orgulhosa sempre que chegava a hora de escolher um vestido que era como se estivesse em uma loja de departamentos requintada.

Quando nos mudamos para o prédio de apartamentos temporários, mamãe me deu caixas das antiguidades que costumavam enfeitar a casa onde cresci. Agora, sem muito espaço, a maior impressão era de que ela me sobrecarregara de tralhas que não queria pagar para deixar guardadas. Boa parte das coisas maiores levei a centros de doação ou lojas de consignação, porque o espaço pequeno do estúdio, assim como no abrigo, em que tínhamos espaço somente para uma mala, não me deixava lugar para nada disso. A falta de espaço me proporcionava lugar apenas para coisas úteis. Lembrei-me de revistas que folheava, com artigos mostrando casais sorridentes que escolheram minimizar os próprios pertences ou se mudar para uma casa minúscula, ostentando o quanto eram conscientes a respeito do ambiente. Eles poderiam facilmente se mudar de novo para uma casa-padrão com dois quartos, um escritório, dois banheiros e um lavabo. Eu mudaria de opinião sobre nosso estúdio ao entregar meu cheque mensal se soubesse que poderia bancar alguma coisa com o triplo do tamanho.

Durante as semanas após a mudança da casa de Travis para o estúdio, Pam me ofereceu parte do sótão de sua loja para armazenamento, até eu descobrir o que fazer com tudo aquilo. Eu iria ao escritório da Classic Clean para reabastecer os produtos, pegar meu pagamento e fazer a mudança formal de endereço.

"Como é a casa nova?", perguntou Pam com aquele jeito alegre, e tentei lhe dar uma resposta positiva, ou pelo menos tentei imitar sua disposição.

"É boa", disse. "Só não sei o que fazer com minhas coisas. Travis não quer que eu deixe nada com ele, e não posso pagar por um armazenamento." Parei ali, tentando não descarregar meu estresse em minha chefe. Ela tinha um jeito tão sincero de perguntar como eu estava, ouvindo com tanta atenção enquanto eu falava, que começou a preencher um papel de mãe da qual minha vida desesperadamente precisava.

Decisões sobre o que manter e o que doar ou tentar vender não eram fáceis. As coisas que guardei não tinham serventia nem valor. Livros de bebê, fotos, cartas antigas e anuários de escola não tinham valor algum, mas ocupavam um espaço precioso. Então, reduzi minhas roupas, desfazendo-me do equipamento de inverno e de pesca que guardava do Alasca, vestidos e camisas que não usava mais com regularidade. O mais difícil foi decidir quais artigos para a casa ficariam e quais iriam embora. Eu não tinha apenas que decidir para quais haveria espaço, mas também os que não teria dinheiro para substituir. A panela de chili do meu pai não tinha mais serventia significativa, mas o que pesava era o valor sentimental, assim como as caçarolas que meus pais ganharam de casamento. Coisas eram apenas coisas, e eu não tinha espaço para muitas. Então, Mia e eu tínhamos, cada uma, duas toalhas de banho, duas de rosto e dois jogos de lençóis. Em meu armário, originalmente feito para guardar vassouras e esfregões, mantinha meu guarda-roupa inteiro: duas calças jeans, uma calça cáqui, uma camisa bonita com botões e um vestido "de festa" que comprei com meu próprio dinheiro. O restante eram minhas camisetas da Classic Clean e calças para trabalhar. Eu não tinha coragem para me desfazer de muitas coisas de Mia, então descobri maneiras criativas de guardar seus bichos de pelúcia, livros e brinquedos, como se fizessem parte da decoração. Havia coisas demais para examinar. Decisões sobre o que manter e o que jogar fora, a quantidade de perdas dolorosas. Armazenei algumas delas no porão do apartamento, mas não a maioria, por medo de serem destruídas pela umidade, mofo e ratos. Mas também não conseguia me desfazer de todas essas coisas. Elas eram nossa história.

Não havia a menor possibilidade de verbalizar tudo isso para Pam naquele momento, mas ela parecia compreender intuitivamente enquanto me encarava. Talvez tenha tido o mesmo dilema, como mãe solo, com espaços compartimentados. De repente, ela fez uma cara de Mamãe Noel e me disse para segui-la.

Entramos pela porta da loja menor que ficava entre o escritório e sua casa, e ela apontou para um lugarzinho escondido na parte de cima. "Tem um espaço bem grande lá, e está sem uso", disse Pam, dando de ombros. O espaço do sótão tinha uma escada bamba pela qual eu teria quase que içar minhas coisas para chegar ao topo. No andar em que estávamos havia vários tipos de coisas antigas — como as tralhas que você encontra ao final de uma venda de garagem. "Pegue tudo de que precisar." Ela fez um gesto para os vários jarros e prateleiras de plástico quando me viu olhando para eles. "Pegue de qualquer pilha. Nossa igreja está fazendo uma venda enorme de garagem e precisa das doações, mas se vir algo é só pegar."

Olhei para baixo e vi uma banqueta antiga. "Poderia usar isto como mesa de café", disse. Pam sorriu e acenou com a cabeça. "E talvez este pote para utensílios de cozinha."

"Se precisar de mais alguma coisa, mesmo que seja que eu lave seus panos de faxina, é só me avisar", ofereceu. Eu queria abraçá-la. Queria que ela me abraçasse. Precisava tanto de um abraço de mãe que podia me imaginar engasgada em lágrimas pedindo um abraço. "E sim, preciso de ajuda com o quintal, se você estiver disponível", acrescentou.

"Tenho tempo no próximo fim de semana, disso sei com certeza!", respondi, ansiosa. "Posso verificar na minha agenda se você precisar dele limpo antes disso."

"Tudo bem", disse ela. "Sem pressa." Ela abriu a porta para uma parte fechada abaixo do sótão, onde guardava seus produtos de limpeza. "Talvez você possa organizar este cômodo, também." Quando ela acendeu as luzes, vi um longo corredor cheio de aspiradores de reserva, uma enceradeira e filas de esfregões e frascos.

Já estava calculando os ganhos extras mentalmente.

Pam sorriu para mim. Seus olhos brilhavam um pouco mais. Analisando seu corpo pequeno e rechonchudo e sua alma gentil, eu me perguntava se as outras faxineiras também tinham intimidade com dela.

Nos fins de semana livres, comecei a examinar minhas coisas empilhadas no sótão da casa de Pam. Abri mão de artigos, livros e recordações para guardar caixas. A maior parte deles ou foi para o lixo ou brechós, livrando-me de coisas que, no passado, dobrara com cuidado para conservar. Certa tarde, quando sabia que ninguém estaria no imóvel, passei por lá e me desfiz das últimas roupas de bebê que deixara de lado — os trajes especiais de recém-nascido que guardei por último, os quais esperava, um dia, que outro bebê meu pudesse aproveitar. Pelo menos poderia trocá-los na loja de consignação para dar roupas adequadas à filha que eu já tinha, que parecia precisar de calças e sapatos novos quase constantemente. Mas talvez houvesse uma lição aí — apreciar as coisas que temos, a vida que levamos, usar o espaço que temos disponível. Desejei que não fosse uma jornada forçada, mas reconheci que ela era uma parte importante de mim.

13

A Casa de Wendy

Na terceira visita à casa de Wendy, uma nova cliente, sua saúde começou a decair de um modo abrupto e visível. "O câncer não me dá muito tempo", diria ela, puxando conversa, com os ombros atipicamente caídos. Nenhuma resposta parecia correta, então eu reproduzia seus acenos de cabeça, concordando com ela de um jeito solene. Mesmo assim, as camisas de Wendy ainda eram bem engomadas. Sua casa ainda estava tão limpa que com frequência eu ficava confusa por ela me pagar para trabalhar lá.

Às vezes, depois que eu terminava de limpar a cozinha, ela fazia almoço para mim, insistindo que me sentasse com ela à mesa da sala de jantar. Sobre uma toalha rendada, trocávamos histórias a respeito de nossos filhos, comendo sanduíches de atum com pão branco cortados em formato triangular, com tiras de cenoura ao lado. Ela serviu café instantâneo que degustamos rapidamente em xícaras de chá, com creme e açúcar, e uma colher de prata para misturar. Tudo isso se parecia com os chás de faz de conta que eu tomava com minha avó quando criança, e contei isso a ela. Wendy sorriu, depois fez um sinal de desdém com a mão. "É bom usar as xícaras de chá elegantes enquanto você ainda pode", disse. Suas mãos tremiam o suficiente para fazer chacoalhar as xícaras nos pires entalhados de flores cor-de-rosa.

A casa de Wendy era cheia de estantes de vidro com bibelôs, fotos dos filhos e netos, um retrato do dia de seu casamento.

Certa vez, Wendy me flagrou olhando para ele. Eu o contemplava, pensando no quanto ela e o marido eram jovens, perguntando-me como é que as pessoas de repente ficavam tão velhas, como continuavam apaixonadas durante todo aquele tempo, uma união de corpo e alma. Ela sorriu e apontou para um buquê de rosas vermelhas de vidro, que ficava na prateleira perto do retrato de casamento. "Meu marido sempre quis se certificar de que eu tivesse rosas vermelhas", disse, e tive uma sensação estranha, de inveja e tristeza.

A casa de Wendy era uma "casa de vó" tão característica que estar lá me fazia desejar ardentemente uma família ou minha própria avó. As bancadas da cozinha estavam repletas de livros de receitas e pilhas de papéis — listas de supermercado e receitas de sucos verdes. Ela bebia seu café com açúcar em saquinhos e tinha uma cesta deles perto da cafeteira, que parecia estar sempre ligada.

Comparada com as outras, a casa de Wendy era fácil. Eu limpava as bancadas, armários e o piso; tirava o pó e passava o aspirador; e limpava o lavabo no andar de baixo. Ela insistia em limpar sozinha o do andar de cima.

Havia um lugar no piso da cozinha, perto do final da bancada, em que o linóleo estava gasto e lascado. Perguntei a Wendy sobre isso durante nosso almoço, e ela disse que aquele era o lugar onde o marido se sentava para fumar cigarro. Ela fez uma careta ao lembrar. "Sempre odiei isso", disse, tomando um gole de café. Acenei com a cabeça, pensando nas botas de Travis enlameando todo o chão da cozinha. "Mas é importante não deixar essas coisas atrapalharem", disse ela, alisando o cardigã branco por cima da camisa listrada.

"Não consegui evitar", disse eu. Ela me olhou, com os cabelos brancos quase brilhando ao sol vespertino, como um halo. "Meu namorado e eu rompemos recentemente. Moramos juntos durante pouco mais de um ano. Minha filha só tem três anos e... eles eram próximos. Agora vivemos nesse estúdio minúsculo que mal dou conta de bancar." Peguei minha xícara para tomar o último gole de café e esconder minhas bochechas vermelhas. Dizer todas essas palavras daquele jeito não somente me fez arder de tristeza: tornou tudo real, como se estivesse acontecendo de verdade, não apenas um pesadelo do qual ainda não tinha acordado. Wendy ficou em silêncio por alguns instantes. "Preciso de muita ajuda por aqui", disse, levantando-se da cadeira. Ela tirou os pratos, e saltei para fazer o mesmo. "Pode deixar esses ali. Venha comigo."

Segui-a até o andar de cima, passando pela cadeira mecânica que ela usava para percorrer as escadas nos "dias ruins", como os chamava. Não parecia receber muitas visitas, e isso me fez questionar se ela colocava roupas bonitas ou arrumava o cabelo por minha causa. Eu não costumava ir ao andar de cima, exceto uma ou duas vezes para passar aspirador nas escadas. O quarto dela ficava à direita da escada, onde dormia com seu cachorro branco corpulento e roncador, que sabia tocar a campainha ao lado da porta corrediça de vidro para que o deixassem sair. Quando ela abriu a porta do quarto de hóspedes, a luz inundou o corredor onde estávamos.

Dezenas de caixas de sapatos, recipientes de plástico e cestas de borracha forravam as paredes. Havia ainda mais recipientes equilibrados em pilhas em cima da cama. Wendy suspirou.

"Tentei agrupar as coisas em pilhas de o que vai para quem", disse. "Por causa do câncer." Acenei com a cabeça e olhei tudo o que ela vinha fazendo. "A maioria das coisas para meu filho está na garagem — ferramentas e coisas do tipo. Mas minhas sobrinhas, sobrinhos e os filhos deles vão querer muito disto aqui."

Eu a observava enquanto ela apontava para as pilhas, dizendo-me o que seria dado a quem. Durante o tempo em que trabalhei como faxineira, vi vários projetos de organização — garagens divididas, em preparação para vendas de quintal ou redução. Mas esse não era o mesmo tipo de projeto. Era um projeto pós-vida — Wendy vinha separando coisas para seus parentes pegarem após sua morte.

Não tenho certeza se Wendy sabia quanto tempo de vida lhe restava, mas, se sabia, nunca me contou. O trabalho extra para o qual ela me contratou durante o mês de julho foi como Mia e eu sobrevivemos a despesas inesperadas de mudança e um conserto no carro de US$300 que, de outra forma, teria me feito surtar. Arranquei ervas daninhas, organizei pilhas e fiz uma limpeza pesada em partes da casa dela para poupar a família de fazer tudo isso. Wendy foi bem objetiva ao me pedir para fazer essas tarefas. Eu a observava, por mais estranho que parecesse, na esperança de que pudesse sentir a mesma paz no fim da minha vida, organizando pilhas calmamente em vez de lutar para me redimir com alguém ou riscar experiências de uma lista.

Passei a maior parte do fim de semana de Quatro de Julho no quintal dela, tentando encontrar ervas daninhas nos canteiros e sob os arbustos de sempre-vivas. Havia muito tempo que não fazia esse tipo de serviço, e me esqueci do quanto gostava de trabalhar ao ar livre. Passava a maior parte dos meus dias trabalhando em casas abafadas, com o aquecimento ligado ou o ar-condicionado desligado, já que elas ficavam vazias enquanto os moradores estavam fora.

Em casa, lutava contra um mofo preto incessante. A área do nosso quarto, com suas paredes cheias de janelas grandes, virava uma sauna ao pôr do sol. Se chovesse, parecia mais uma estufa. Dormir estava quase impossível para Mia, que sempre dormira com qualquer coisa — até fogos de artifício. Uma tarde, Travis passou para visitar Mia e, após se recusar a entrar por conta do calor, foi embora bruscamente na caminhonete, voltando meia hora depois com um ar-condicionado, que instalou na janela para mim. Ele o ligou na potência máxima. Mia e eu metemos a cara no ar fresco. Parecia algo caro, um luxo. Talvez eu só o usasse ao chegar em casa ou logo antes de ir dormir para esfriar um pouco o quarto, a fim de que nossa conta de luz não subisse demais. O que me preocupava era a sensação de umidade do ar. Tudo parecia agravar o mofo preto crescendo nos peitoris ao redor de nossas camas.

Do lado de fora, eu podia respirar fundo. Quando trabalhava, ouvia os barulhos da vizinhança em vez de música no iPod. Naquele fim de semana de Quatro de Julho, muitos dos vizinhos de

Wendy já estavam soltando fogos de artifício ou assando carne na churrasqueira. De vez em quando, eu sentia o cheiro de bife ou de hambúrgueres, e minha boca se enchia de água. Imaginava acrescentar folhas de alface crocantes, grossas fatias de tomate, queijo, ketchup e maionese, tudo acompanhado de uma garrafa de cerveja. Embaixo da árvore sempre-viva, imaginava crianças nos quintais por toda parte do bairro, correndo com varinhas faiscantes nas mãos. Naquele fim de semana, Mia estava com Jamie, e desejei que ela estivesse em um churrasco com o pai, cercada de crianças de sua idade. Esperava que ela assistisse aos fogos de artifício naquela noite.

Com a mão tremendo, Wendy me fez um cheque, insistindo que me pagaria o preço normal inclusive pelo intervalo de almoço. "Seu tempo é precioso", disse, entregando-me o cheque decorado com rosas cor-de-rosa ao lado de seu nome e endereço.

Após alguns meses, Wendy cancelou as limpezas. "Não posso mais pagar por elas", disse-me ao telefone, e pensei ter ouvido arrependimento em sua voz, mesmo enfraquecida.

Não sei quando ela faleceu, mas me perguntava se fora logo depois que parei de visitá-la. Pensava com frequência em nossas conversas regadas a sanduíches e café, em como os palitinhos de cenoura em seu prato permaneciam intocados, e que talvez tudo aquilo fosse apenas uma encenação para que, mesmo ela não tendo apetite para comer, não fizéssemos uma refeição sozinhas. Recordações dessas tardes com Wendy me lembravam de que não apenas meu tempo era precioso, mas que, embora estivesse lá para limpar privada ou catar papéis de bala dos cedros-do-mato, eu também tinha valor.

Fins de semana sem trabalho ou sem Mia eram um silêncio ensurdecedor. Com o subsídio do governo cobrindo apenas os custos do ano letivo, eu não conseguia pagar por cursos de verão por conta do aluguel, então não tinha lições para colocar em dia, ou um quintal para explorar, muito menos dinheiro para beber com uma amiga. Mesmo ir a Seattle ou Bellingham dirigindo era muito caro, então eu ficava em casa. Tentava ir ao parque para ler livros sobre um cobertor na grama, mas fervia de inveja das famílias e casais almoçando comida para viagem, de pais brincando com os filhos enquanto mães ficavam à sombra com bebês.

Comprar, preparar e comer comida se tornou mais uma obrigação que um prazer, já que minha dieta não era nada variada. Quando conseguia comprar batatas, cozinhava uma quantidade grande de purê aos domingos, modelava em formato de hambúrgueres e fritava na manteiga, e comia com um ovo por cima no café da manhã ou no lanche após o trabalho. Além das barras de proteína e dos sanduíches de pasta de amendoim e geleia, eu comia tigelas imensas de macarrão instantâneo. Aprendi a fazer meu próprio molho de vinagre de arroz, molho de pimenta, molho de soja, um pouco de açúcar e óleo de gergelim. O custo inicial do molho era alto, cerca de US$20, mas eu não aguentava comer os temperos dos pacotes. Essas tigelas imensas de macarrão instantâneo com molho eram minha versão de um jantar chique. Acrescentava repolho refogado, brócolis, cebolas ou qualquer outra coisa que estivesse em promoção, e por cima ovos cozidos e frios fatiados com desconto da delicatessen. Produtos frescos se tornaram um tipo de iguaria. Eu só comprava legumes por um dólar ou menos o quilo, e somente no início do mês.

Por qualquer que fosse o motivo — por Mia estar comendo mais que o habitual por estar em casa doente, quando eu tinha de lhe dar café da manhã, lanches e almoço; ou por ela estar passando por um estirão de crescimento —, a segunda compra do mês tinha que ser para alimentos básicos que mal enchiam nossas barrigas e nunca satisfaziam. Era quando comprava o pão mais barato e biscoito sem recheio, a geleia que eu sabia que tinha muito açúcar, ingredientes artificiais, xarope de milho com alto teor de frutose e não muito mais. Com esses itens — e refeições congeladas baratas ou comida pré-pronta — eu teria, de qualquer maneira, que alimentar minha filha em fase de crescimento. Por algumas semanas, não consegui comprar café. Mudei para chá preto e chorei. Embora soubesse da disponibilidade, nunca fui a um banco de alimentos ou a um sopão. Nossas escolhas eram limitadas, mas não estávamos passando fome, então nunca consegui ir. Sempre parecia haver muita gente que precisava mais disso.

Mia, ainda bem, nunca pareceu reparar, já que eu era sempre a que comia menos. Certa tarde, porém, fui buscá-la na casa do pai e ela passou os 20 minutos seguintes falando sobre uma festa de aniversário à qual tinha ido. Não por causa dos amigos ou das brincadeiras, mas por causa da comida. "Eles tinham tantas frutas vermelhas, mamãe!", não parava de falar. "Morangos e framboesas e tantas frutas vermelhas, e me deixavam comer quantas eu quisesse!" Naquela noite, depois que ela foi dormir, procurei algumas fotos da festa que amigos de Townsend poderiam ter postado e encontrei algumas. Mia não estava em nenhuma, mas consegui ver claramente as frutas vermelhas. A mesa toda estava coberta de tigelas e pratos delas. Compreendi por que Mia estava tão empolgada. Um pacote pequeno de frutas vermelhas, de cinco dólares, era um petisco incrivelmente tentador para ela, o qual geralmente comia em questão de minutos.

Alguns outros clientes ofereceram trabalho extra durante esses meses, e meu anúncio na Craigslist despertava bastante interesse:

TRABALHO 25 HORAS POR SEMANA COMO FAXINEIRA PROFISSIONAL, MAS NÃO É O SUFICIENTE PARA PAGAR AS CONTAS.

A maioria dos anúncios da concorrência parecia ser de equipes de marido e esposa que tinham caminhonetes para arrumar a bagunça e levá-la para o depósito. Algumas empresas eram bem semelhantes à de Jenny: licenciadas, certificadas, com poucas funcionárias para conciliar trabalhos maiores. Não achava que meu anúncio se destacaria ou traria nenhuma renda extra, mas recebia uma meia dúzia de ligações a cada vez que postava uma variação.

Uma baixinha de olhos brilhantes, Sharon, me contratou para limpar seu imóvel de aluguel antes que o próximo inquilino se mudasse. O apartamento estava imundo, mas não horrível, e durante a visita ela admitiu que nunca contratara uma faxineira antes. Ela queria que eu limpasse o forno e a geladeira, mas não as persianas. Tentei calcular quanto tempo isso me tomaria, mas fui fazer a visita segurando Mia no colo e foi difícil dar uma boa olhada no espaço.

"Quatro ou cinco horas?", presumi, distraída com Mia, que não parava de tentar pegar alguma coisa na bancada.

"Ah, pensei em lhe pagar 100 dólares", disse Sharon enquanto estávamos no corredor. Então, ela me estendeu um maço de dinheiro. Olhei para ela por um segundo, com cara de paisagem, sem saber o que fazer. Era muito mais do que já recebera antes por qualquer trabalho particular de limpeza. Mas, com um gesto, ela me fez pegar o dinheiro de sua mão. "Gostei do seu anúncio", disse. "Sei bem como é ter que ir à luta quando se tem alguém que depende de você." Ela olhou para Mia, que, tímida pelo contato visual, apertou a cabeça contra meu ombro.

"Obrigada", eu disse, tentando reprimir a sensação de que estava escondendo alguma coisa. "Você não vai se decepcionar."

Depois de prender Mia em sua cadeirinha, sentei-me ao volante, olhando fixamente para o painel. *Estou conseguindo*, pensei comigo. *Estou conseguindo de verdade, porra!* Virei-me e olhei para Mia, e meu coração transbordou de alegria. Tínhamos passado por tanta coisa juntas e, ainda assim, estava garantindo nossa sobrevivência. "Quer um McLanche Feliz?", perguntei. O maço de dinheiro estufava meu bolso. Meu peito se encheu de orgulho. O rosto de Mia se iluminou, e ela ergueu os braços. "Eba!", gritou do banco traseiro. Sorri, contendo algumas lágrimas, e gritei de alegria também.

14

A Casa das Plantas

Meu despertador tocou pela terceira vez apenas 30 minutos antes de nosso horário marcado com o especialista para a timpanotomia de Mia. Eles tinham me orientado a lhe dar um banho naquela manhã e a vesti-la com roupas confortáveis. Em vez disso, tentei ligar para o consultório e cancelar. Mia estava com excesso de muco espesso e verde no nariz e no peito. Ela chegara a vomitá-lo na noite anterior e uma vez naquela manhã, por todo o piso. Não havia meios de fazerem cirurgia nela doente daquele jeito, mas cumpri as formalidades, aprontei-a e cheguei a tempo no consultório.

De certa forma, Mia sabia o que estava acontecendo. Dissera a ela que o médico precisava olhar de novo seus ouvidos, mas dessa vez não pude estar na sala com ela. Desde então, fomos ao médico várias vezes para verificar seus ouvidos e vimos o especialista uma vez, para definir se ela era uma boa candidata à cirurgia. Meu nervosismo girava mais em torno da anestesia que do procedimento em si.

"Realizei essa cirurgia no meu próprio filho", dissera-me o especialista. "Darei à sua filha o mesmo atendimento."

Quando chegamos ao consultório às oito horas, eles nos conduziram até uma sala em que já haviam disponibilizado um avental, uma touca para cobrir os cabelos dela, sapatinhos e uma sacola para as roupas de Mia. Meu estômago revirava mais a cada vez que uma enfermeira vinha fazer perguntas. Mia continuava tensa e silenciosa, sem fazer contato visual enquanto a pesavam, mediam sua temperatura, verificavam seus níveis de oxigênio, auscultavam seu peito e até tiravam sua foto com uma câmera Polaroid.

"Ela está doente mesmo", disse à primeira enfermeira, que mal respondeu com um aceno. "Ela teve uma gripe forte. Uma tosse, com muco verde. Acho que é uma infecção", disse à próxima. "O especialista vai checar para ver se ela precisa remover as adenoides, ele não vai simplesmente tirá-las. Só vai checar."

Uma das enfermeiras, uma morena mais velha cujas mãos eram tão frias que Mia se encolheu quando ela tentou auscultar seu coração, perguntou se tínhamos um umidificador em casa.

Neguei com a cabeça, pensando na condensação no interior de nossas janelas, nos veios com manchas de mofo preto que removi antes de mudarmos e que voltavam após chover. "Não posso...", comecei a dizer.

"Bem, você terá que arranjar um hoje", disse ela, escrevendo algo na ficha de Mia.

"Eu..." Baixei a cabeça. "Não tenho dinheiro."

A enfermeira endireitou as costas, mordeu os lábios e cruzou os braços, olhando para Mia e não para mim. "Onde estão os avós dela? Ela tem avós? Se fosse minha neta, eu me ofereceria para comprar coisas desse tipo."

"Minha família não pode ajudar com coisas", tentei dar uma explicação rápida, provavelmente passando informações demais àquela estranha. "Ou melhor, meu pai e minha madrasta não. Minha mãe mora na Europa e diz que não pode ajudar, mas meu pai não tem dinheiro mesmo."

A enfermeira estalou a língua. Mia permanecera olhando para as próprias mãos, que dobrara e colocara entre as pernas. Ela devia estar com frio. Ou talvez precisasse urinar. Sempre que eu perguntava, ela negava com a cabeça. "Não sei como uma avó poderia morar tão longe assim da neta", disse a enfermeira, depois me olhou nos olhos de um jeito que me fez sentir como se precisasse responder, mas Mia cochichou no meu ouvido.

"Preciso fazer pipi", disse. Seu hálito estava com aquele toque de muco infectado, diferente do cheiro habitual.

A enfermeira nos apontou o fim do corredor ao sair da sala. Carreguei Mia e sentei-a na privada. Ela se curvou totalmente, com o peito contra as pernas, e vomitou uma poça grande de muco verde. Do lado de fora de nossa sala, uma enfermeira perguntava à recepcionista aonde tínhamos ido, e acenei para lhe mostrar o que acontecera. *Aqui está a prova*, tive vontade de dizer. *Minha filha está doente demais para isso.*

"Eu cuido disso", disse a enfermeira. "Volte para a sala."

Ficamos lá por apenas cinco minutos, ou o tempo suficiente para ficar de saco cheio e procurar a sacola para começar a vestir Mia com suas roupas.

Bateram à porta, e o especialista entrou. Ele não disse olá — nunca dizia — e se sentou na cadeira, na defensiva. Ficamos todos sentados lá, olhando um para o outro por alguns segundos, ele nos medindo de alto a baixo. "Provavelmente ela está doente de nervosismo", disse ele. "Se você fica nervosa, então ela também fica."

"Não ando tendo tempo para ficar nervosa", murmurei.

Ele se reclinou, cruzou os braços, depois se levantou e veio para o nosso lado. "Se não quer fazer a cirurgia, então tudo bem. Isso me poupa tempo, sem dúvida."

"Não", disse, franzindo as sobrancelhas. Eu me perguntava se ele falaria comigo daquele jeito se estivesse com um marido ou se Mia tivesse um seguro que não fosse o Medicaid. "Não foi o que disse. Ela esteve doente. Ela está doente. Reparei hoje que ela estava doente demais para fazer a cirurgia. Nem mesmo sei por que vim aqui. Estou cansada demais para pensar nisso."

"A cirurgia vai ajudá-la", disse ele. "Estou tentando ajudar."

Balancei a cabeça. Frustrada, tentei não desabar, ignorando minha urgência incontrolável de sentar e chorar, de desistir e me render, vendo como era difícil ter uma filha doente daquele jeito enquanto lutava como uma guerreira para pagar aluguel com um trabalho sem absolutamente nenhum benefício, um trabalho em que, se eu não aparecesse, talvez não estivesse lá quando eu conseguisse ir. Não que eu esperasse qualquer coisa do tipo. A ausência de benefícios simplesmente caminhava ao lado de trabalhos que pagavam quase um salário mínimo; só parecia que uma exceção deveria ser aberta aos que tinham pessoas de quem cuidar. "Confio em você", disse, olhando para Mia, meu braço em volta de seus ombros, sabendo que teria de deixá-la ir com ele.

Uma enfermeira diferente veio para levar Mia para a cirurgia. Outra entrou na sala com uma papelada para mim: instruções sobre como cuidar de Mia durante as semanas seguintes.

"Você é a filha do Dan e da Karen, não é?", perguntou. Concordei com a cabeça. "Sabia que a tinha reconhecido. Nossa, a Mia é sua cara! Ela é exatamente igual a você quando era pequena." Minha expressão confusa a levou a se apresentar devidamente. Ela era esposa do advogado que cuidara de minha ação judicial por conta de um acidente de carro que sofri aos 16 anos. "Mas conheço seus pais desde que eles começaram a frequentar a Bethany Covenant, quando você ainda usava fraldas!"

O "ainda usava fraldas" me fez pensar na história que minha mãe sempre contava sobre a época em que corriam para a igreja nas manhãs de domingo, chegando quando o sermão já tinha começado. Papai me passou para mamãe e, ao me pegar, ela sentiu meu bumbum descoberto. Eu não tinha nem 2 anos, e eles só tinham 21. Na pressa para sair, esqueceram-se de me colocar uma fralda, e não tinham nenhuma com eles. Eu me perguntava se essa enfermeira presenciou esse episódio. Eu me perguntava se ela os ajudara também.

O papo furado dela fez o tempo passar enquanto Mia estava em cirurgia. Eu lera vários artigos online sobre o que esperar de crianças pequenas que acordam da anestesia, mas ainda não estava emocionalmente preparada para isso. Foi legal ter uma distração, alguém para me fazer companhia, para me manter respirando. Perder minha filha, ela não acordar da anestesia, algo sair terrivelmente errado eram todos pensamentos que tinha de manter distantes para continuar forte, se não por mim, por ela. Nenhuma de nós precisava de mais estresse.

Mia veio para o quarto às nove horas, trazida em uma maca de rodas e com a boca cheia de gaze. Seu rosto estava ensopado de lágrimas, vermelho de raiva, e, com os olhos arregalados de terror, olhava em volta como se não conseguisse enxergar. Eles empurraram a maca até a cama fixa no quarto para que ela pudesse rastejar de uma para a outra. Eu me inclinei em direção a ela, pus a mão em suas costas e comecei a sussurrar em seu ouvido, sem saber ao certo o quanto ela podia me ouvir, perguntando-me se suas orelhas estavam doendo, o que teriam feito a ela lá dentro; o medo que talvez ela tenha sentido sem que eu estivesse lá para segurar sua mão. "Está tudo bem, docinho. Está tudo bem."

Mia flexionou o corpo inteiro, virando-se de lado, completamente rígida, então começou a se contorcer, a grunhir e a puxar as fitas adesivas que mantinham agulhas em seus braços. Uma enfermeira e eu interferimos o melhor que conseguimos. Mia se apoiou nas mãos e nos joelhos, cuspindo a gaze da boca, depois se sentou sobre os joelhos. Ela me estendeu as mãos, com os braços levantando os tubos colados neles. Olhei para a enfermeira e ela fez um aceno de cabeça, permitindo que eu passasse os braços por minha filha, levantando-a alto o suficiente para colocá-la no meu colo, a fim de poder embalá-la, ninando-a e repetindo minha promessa de que tudo ficaria bem.

"Quero um pouco de suco", grunhiu ela para mim, sucumbindo ao esforço e, possivelmente, à dor que passou para formar palavras e verbalizá-las. Ouvi seu choramingo. A enfermeira lhe deu um copinho de suco. Mia se sentou e tomou metade dele, depois se enfiou de novo em meus braços.

Em menos de uma hora, estava no estacionamento com Mia vestida, mas ainda grudada em mim, despreparada para colocá-

-la na cadeirinha e dirigir algumas quadras até chegar em casa. Rapidamente nos puseram para fora, emprestando-nos um umidificador com formato do Mickey Mouse. "Sim, as coisas por aqui são rápidas", disse a enfermeira após colocá-lo sobre o capô do meu carro. Fiquei parada daquele jeito no estacionamento por mais 15 minutos, segurando minha filha, olhando para o edifício, sentindo-me mais sozinha do que nunca. Conseguimos passar por tudo naquela manhã, Mia sobrevivera à cirurgia, mas, naquele instante, um tipo de manto caiu sobre mim. Não era um momento de empoderamento ou comemoração por termos conseguido; era a saturação em uma nova profundidade de solidão, em que agora eu deveria aprender a inspirar e expirar. Era uma existência nova. Em que eu acordaria e voltaria a dormir.

⁂

Antes de eu chegar bem cedo na segunda-feira seguinte para a limpeza mensal, a dona da Casa das Plantas removera do chão tudo o que conseguira. Ela enrolou tapetes, fez pilhas de revistas sobre as cadeiras e amontoou na cama livros, equipamentos de ginástica e sapatos. Suas instruções eram militares, as mais específicas de todos os meus clientes: fazer uma limpeza profunda nos pisos, na cozinha e no banheiro, e examinar peitoris e batentes atrás de mofo preto.

Os donos da Casa das Plantas eram pais com síndrome do ninho vazio. O quarto do filho não parecia ter mudado muito desde que ele saiu. Seus troféus ainda estavam no peitoril atrás da cama. Mas eles puseram uma mesa e um teclado grande onde a esposa dava aulas de piano. Eu me perguntava se ele era mais fácil de usar do que o piano vertical ao lado da porta de entrada. O marido era um tipo de pastor ou talvez funcionário da igreja. Em vez de quadros nas paredes, eles tinham orações escritas e emolduradas.

A esposa tinha plantas imensas em vasos com rodinhas, que eu deslizava para varrer e esfregar embaixo. Cada janela da sala de estar tinha uma meia dúzia de clorofitos empoleirados no parapeito ou pendurados em um gancho no teto. Havia cactos em vasos perto dos clorofitos, e ela enrolava cipós de filodendro nos trilhos das cortinas. Às escondidas, cortei algumas mudas de clorofito e levei para casa para colocá-las em vasos. Eu também queria me cercar de ecologia, de vida. Só não tinha dinheiro para comprar mudas em loja.

Não havia nenhuma planta no banheiro. Mas havia mofo. Fiquei na beirada da banheira para removê-lo da fenda em que a parede fazia ângulo com o teto. A mulher deixara a cortina do chuveiro enrolada e dobrada em cima do trilho. Ela tirou os tapetes e toalhas, e os colocou na máquina de lavar. Quando cheguei, o banheiro estava vazio, completamente branco. Desliguei o umidificador que ela usava para filtrar o ar, de modo que todos os meus movimentos produziam eco. Eu gostava de cantar naquele banheiro, com minha voz reverberando nas paredes.

Quando criança, eu me apresentava em corais da escola, peças de outono e musicais da primavera. Nunca cantei um solo, mas gostava de estar no palco. Meus amigos e eu iniciávamos harmonias de uma hora para outra, ao caminhar pela rua. As casas vazias me davam espaço para cantar de novo, sem medo de que alguém ouvisse. Eu cantava, bem alto, Adele, Tegan e Sara, e Widespread Panic.

Na segunda-feira após a cirurgia de Mia, fiquei de pé na banheira da Casa das Plantas e cantei a plenos pulmões, minha voz bombando, até começar a chorar e não conseguir parar.

Com a limpada final para secar as paredes do chuveiro, lágrimas transbordaram de meus olhos, e imediatamente levei a mão ao rosto para segurá-las. Pressionei o rosto com as palmas das mãos, soltando um soluço asfixiado, ajoelhei-me e me lembrei de como fomos despachadas da sala de recuperação. Tão logo Mia bebesse um pouco de suco e fosse fazer xixi, tínhamos que sair. Não podia sequer me sentar com ela na sala de espera. Mas não estava pronta para soltá-la dos meus braços; não era capaz de dirigir com a expectativa de prestar atenção à estrada. Encostei-me no carro, ainda quente pelo sol da manhã, e deixei o corpo dela cair sobre o meu, tocando seus dois chinelos cor-de-rosa, depois mexendo a mão para apertar sua canela e, então, sua coxa; então, envolvi-a com ambos os braços, enterrando meu rosto em seu pescoço. Eu amparava Mia, mas precisava de alguém para segurar minha mão, para me apoiar. Às vezes, mães também precisam de cuidados maternos.

Mia raramente me via chorar. Chorar significava admitir derrota. Pareceria que minha mente e meu corpo tinham desistido. Fazia tudo o que podia para evitar aquela sensação. O que mais temia era não conseguir parar de chorar. De ficar sem ar. De como minha mente me enganava em pensar que poderia morrer. Chorar assim, naquela banheira, causava quase a mesma sensação, como se eu tivesse me perdido naquele jeito incontrolável do qual meu corpo necessitava para relaxar. Já que as coisas rodopiavam à minha volta, sem controle, no mínimo eu poderia controlar minhas reações. Se começasse a chorar sempre que algo difícil ou horrível acontecesse, bem, choraria simplesmente o tempo todo.

Quando eu estava no limiar de sentir que poderia desistir, alguma coisa mudou. As paredes da Casa das Plantas se fecharam. Eu me senti segura. Aquela casa falara comigo. Ela me observara examinar sua lista telefônica a fim de encontrar igrejas que poderiam doar dinheiro arrecadado para me ajudar a pagar o aluguel, depois que soube que a lista de espera da Section 8 era de cinco anos. Aquela casa me conhecia, e eu a conhecia. Eu sabia que a dona sofria de sinusites frequentes, que ela estocava remédios em casa e que malhava no quarto com vídeos antigos de aeróbica dos anos 1980. A casa testemunhara meus telefonemas desesperados para assistentes sociais, perguntando se existia algum jeito de eu me inscrever para ajuda monetária. Ao limpar sua cozinha, brigava obstinadamente com Jamie. Limpava a sala de estar inteira enquanto esperava na linha, aguardando a renovação de meus vales-refeição. Por alguns minutos, ajoelhada no suporte da banheira, as paredes da Casa das Plantas me protegeram e me confortaram com seu silêncio estoico.

15

A Casa do Chef

Quando morávamos no abrigo para pessoas sem-teto, eu ficava acordada até tarde da noite, bem depois de Mia dormir. À medida que a noite se estendia à minha frente, elaborava uma visualização de vida "feliz". Haveria um quintal grande, com grama verde recém-aparada e uma árvore com um balanço pendurado em um dos galhos. Nossa casa não seria exageradamente grande, mas ampla o suficiente para Mia correr em torno dela, talvez com um cão, e construir fortes entre os pés dos móveis. Mia não teria apenas seu próprio quarto, mas também seu próprio banheiro. Talvez houvesse um quarto de hóspedes adequado, ou um escritório no qual eu poderia escrever. Um sofá de verdade e uma poltrona combinando. Uma garagem. Se tivéssemos essas coisas, pensava, seríamos felizes.

A maioria dos meus clientes tinha essas coisas — as quais almejava nas noites escuras em que ficava acordada, sozinha —, e eles não pareciam aproveitar a vida mais do que eu. A maioria trabalhava por várias horas, longe das casas pelas quais lutaram tanto para pagar, com deslocamentos ainda mais distantes que o meu. Comecei a prestar atenção aos itens que lotavam as bancadas de suas cozinhas: recibos de tapetes que eram mais caros que meu carro, a conta da lavanderia que poderia suprir metade do meu guarda-roupa. Em contrapartida, eu dividia meu salário por hora em acréscimos de 15 minutos para somar o montante do meu trabalho físico que pagava pela gasolina. Para começo de conversa, na maior parte dos dias eu passava pelo menos uma hora apenas para ganhar o dinheiro do combustível para ir trabalhar. Mas meus clientes trabalhavam várias horas para pagar por carros, barcos e sofás luxuosos, que deixavam cobertos com lençol.

Eles trabalhavam para pagar a Classic Clean, que me pagava pouco mais de um salário mínimo para deixar tudo brilhando, no lugar, aceitável. Enquanto pagavam por meu trabalho de fada mágica da limpeza, eu era tudo menos isso, vagando pela casa como um fantasma. Meu rosto estava pálido pela falta de sol, e eu tinha olheiras por conta da falta de sono. Geralmente não lavava o cabelo, puxado para trás em um rabo de cavalo ou sob um lenço ou touca. Usava calças cargo da Carhartt até os furos nos joelhos ficarem feios o suficiente a ponto de minha chefe me mandar substituí-las. Meu emprego provia bem pouco dinheiro para gastar com roupa, inclusive para trabalhar. Trabalhava mesmo doente e levava minha filha à creche quando ela deveria estar em casa. Meu emprego não oferecia nenhum auxílio-doença, férias, nenhuma previsão de aumento salarial, e ainda assim eu implorava para trabalhar mais. Salários perdidos por faltas no trabalho raramente poderiam ser repostos, e se eu faltasse muito corria o risco de ser despedida. Era fundamental meu carro estar em ordem, já que uma mangueira quebrada, um termostato com defeito ou até um pneu furado poderiam nos tirar dos trilhos, nos derrubar, nos deixar na corda bamba, nos fazer retroceder à condição de sem-teto. Vivíamos, sobrevivíamos, em atento desequilíbrio. Essa era minha vida que ninguém via, enquanto eu lustrava a de outros e a fazia parecer perfeita.

A Casa do Chef tinha duas alas: o quarto de hóspedes e o escritório de um lado; e o quarto principal com um corredor que dava para uma garagem convertida, na qual os cães, dois westminster terriers brancos, sempre deixavam poças de xixi. Eles iam ou com o Sr. Lund, ou com a esposa para o trabalho nos dias em que eu fazia limpeza. Não notara que um deles também tinha começado a fazer cocô ao lado da mesa da sala de jantar, e pisei em um sem querer. Soltei um gemido. Carpete bege. Bege-

-claro. Quase branco, porra. Não conseguiria, de jeito nenhum, remover manchas de merda.

Eu só tinha me encontrado uma vez com o dono da Casa do Chef nos seis meses em que a limpei durante três horas, duas quintas-feiras por mês. A Casa do Chef foi um dos clientes originais de Pam. Ela costumava limpá-la semanalmente em duas horas, habilidade que eu não tinha, porque a casa era imensa. Suava muito trabalhando naquela casa, ocupada demais para fazer uma pausa e enviar mensagens ou receber ligação de alguém, com receio de não terminar a tempo a limpeza. Com certeza não poderia parar para esfregar manchas marrons de merda.

Eu tinha uma segunda casa naquele dia — a Casa da Mulher do Cigarro —, outro trabalho de três horas com cerca de 20 minutos de deslocamento entre uma e outra. Uma agenda de trabalho lotada geralmente era uma espécie de fuga. Durante três, quatro ou até seis horas, eu estaria em constante movimento — de um lado até o outro da bancada, lustrando a pia, limpando os pisos, tirando o pó, limpando manchas deixadas por cães em portas corrediças de vidro, aspirando corredores, esfregando privadas, limpando janelas sem parar para olhar meu reflexo, ignorando os músculos doloridos que ardiam cada vez mais ao longo do dia, às vezes com uma dor aguda ou sensação de formigamento nas pernas. Após semanas fazendo os mesmos movimentos — do começo ao fim, na mesma hora, do mesmo jeito, a cada 15 dias — parei de ter que pensar no que fazer a seguir. Os movimentos ficaram rotineiros, automáticos. Meus músculos ficaram firmes e treinados. O movimento e as rotinas da casa eram como uma trégua extremamente necessária da constante preocupação, já que todos os outros aspectos da minha vida eram uma decisão difícil após outra ainda mais difícil. Acho que a fuga se tornara despreocupada *demais*, a ponto de eu acabar pisando na merda.

A Casa do Chef era uma que eu invejava, com sua vista, quintal, árvores que davam maçãs que apodreciam na grama antes que os jardineiros as podassem. Eu queria aquele terraço nos fundos, com os móveis de madeira polida combinando e almofadas bordô. Imaginava as tardes de ócio que eles deveriam passar aos fins de semana — o camarão na churrasqueira, o vinho rosé refrigerado servido em taças de hastes altas, degustado sob o toldo listrado que se estendia da lateral da casa. Parecia um sonho; e essas pessoas, com seus corredores repletos de pinturas de cenas parisienses, viviam isso todos os dias.

Havia pilhas de comida nos balcões da cozinha, e as latas de biscoitos caros cuidadosamente organizadas me faziam babar. No Natal, a decoração era impecável. Eu pararia para observar os enfeites da árvore de Natal. Eles tinham todas as edições da série da Hallmark chamada "Frosty Friends", que minha mãe colecionara nos anos que minha família passou no Alasca. Mamãe me deu todos eles depois do divórcio, mas pelo menos metade se perdeu com todas as mudanças. Quando vi o enfeite de 1985, nosso primeiro Natal no Alasca, segurei-o com cuidado em minhas mãos em concha, lembrando-me de minha mãe desembrulhando o caiaque vermelho com a criança esquimó e o cão, e me deixando colocá-lo na árvore. Agora faltava meio ano para o Natal, e percebi que nem mesmo tinha certeza se poderíamos colocar ou comprar uma árvore grande o suficiente para pendurar enfeites no estúdio. Geralmente Mia passava o Natal com Jamie, já que eu sempre ficava com o Dia de Ação de Graças. Queria muito que a vida dela tivesse sempre os mesmos enfeites de árvore todos os anos. Tradições tão pequenas que não percebera quando criança e que, agora, eram tudo o que queria para a minha.

Um terço do tempo que eu passava na Casa do Chef era nos pisos. Às vezes, andava meio encurvada até o carro, com uma das mãos na lombar. A dor não me era desconhecida, mas ficar curvada durante horas limpando tinha consequências. Minha coluna envergou como um ponto de interrogação; ela me mandara várias vezes para a sala de emergência. Tinha que tomar cuidado para não perturbá-la; do contrário, teria que tomar doses de 800 miligramas de ibuprofeno sem parar. Meu último erro no trabalho tinha sido me curvar ligeiramente para pegar um sofá pela ponta e empurrá-lo mais próximo à parede. Parecia mais pesado que meu carro. Os músculos das costas, preparados para erguer uma coisa leve, estalaram como um elástico solto e travaram.

Durante dias, rangia os dentes pelos espasmos, perdendo o sono por causa da dor. Eu não era muito tolerante a analgésicos. Eles me davam tontura e enjoo, como se estivesse meio bêbada.

Quando vi os balcões da Casa do Chef quase lotados de frascos grandes de comprimidos de hidrocodona prescritos, foi quase uma tentação colocar alguns no bolso. Comprimidos prescritos enchiam as bancadas dos banheiros e armários de remédios na maioria das casas que eu limpava, mas esta tinha frascos gigantes em quase todos os cômodos, que esvaziavam totalmente nas duas semanas entre minhas visitas.

Lonnie e eu nunca falamos dos segredos que as casas vazias revelavam. A maioria dos meus clientes usava soníferos, alguns para depressão e ansiedade ou dor. Talvez por terem acesso mais fácil a médicos ou planos de saúde com uma cláusula mais generosa de receitas médicas no contrato; talvez porque o acesso à assistência médica gerasse receitas-padrão como solução. Embora eu pudesse obter cobertura para Mia, ganhava dinheiro demais para usufruir da Medicaid, então não podia consultar um médico para dor crônica nas costas ou sinusites e tosses persistentes. Mia, ainda bem, sempre tivera cobertura, então nunca tive que me preocupar com isso, e o processo de inscrição era simples, já que eles usavam a mesma papelada que enviei para os vales-refeição. Seria impossível bancar seus checapes regulares e vacinas, muito menos a cirurgia que ela acabara de fazer, mas sempre me perguntava se médicos e enfermeiras, ao ver o tipo de seguro que eu usava, não nos tratavam de maneira diferente porque ela tinha Medicaid. Mesmo que eu tivesse sido consideravelmente favorecida por cuidados regulares, fisioterapia ou até por acesso a ginecologistas, nunca conseguiria pagar tudo isso para mim. Eu tinha que tomar cuidado para não me machucar, não ficar doente, e tentar lidar com a dor por conta própria. Mas vitaminas, remédios sem receita para gripe e resfriados e até Tylenol ou ibuprofeno eram uma despesa muito grande, ou baixavam tanto meu orçamento que eu racionava o que tinha. Viver doente ou com dor era parte da minha vida diária. Parte da exaustão. Mas por que meus clientes tinham esses problemas? Eu pensava que acesso a alimentos saudáveis, carteirinhas de academias, médicos e tudo o mais poderia manter uma pessoa em forma e bem de saúde. Talvez o estresse em sustentar uma casa de dois andares, um casamento ruim e manter a ilusão de grandeza sobrecarregava seus organismos de jeitos similares ao modo como a pobreza sobrecarregava o meu.

⁂

Dirigi com todas as janelas abertas a caminho da Casa da Mulher do Cigarro. Devia estar fazendo uns 30 graus lá fora, o que significava que nosso quarto estaria próximo dos 40 graus quando chegássemos em casa. O suor se acumulava nas dobras de minha pele. A maioria das janelas da casa dela eram de frente para o norte, então estaria mais fresco lá dentro, mas estariam todas fechadas, e o abafamento, aliado a uma mistura de fumaça rançosa e velas aromáticas, deixava-me enjoada. Quando entrei, fui colocar meu fichário no balcão, onde ela mantinha o telefone sem fio perto da agenda, que só continha horários de tratamentos faciais e massagens em um spa, e vi que ela deixara um bilhete. Estava escrito: *Achei que você gostaria de uma vela cheirosa para sua casa!* Peguei a latinha prateada e a abri, vendo uma cera laranja brilhante, cheirando a pêssego perfeitamente maduro. Meu aroma favorito. Sorri, inspirei novamente a vela e coloquei-a no bolso, antes de telefonar para registrar minha chegada.

A Mulher do Cigarro era um mistério para mim. Nosso único breve encontro aconteceu antes de eu invadir a cozinha dela duas horas antes do esperado. Ela saiu correndo antes que pudéssemos ter qualquer tipo de interação verbal, mas tempo suficiente para eu ver que seu cabelo e maquiagem estavam impecáveis, satisfazendo uma de minhas curiosidades. Sempre havia bolsas novas de maquiagem ou creme antirrugas, ou algum frasco minúsculo no banheiro. Cada produto novo tinha recibos de pelo menos US$50, mas nunca vi evidências de frascos vazios ou de outros sendo completamente usados. A cada duas semanas, ela recebia massagem, tratamento facial, manicure e pedicure, e com frequência eu me perguntava se alguns produtos ela foi convencida a comprar, mas que não eram aqueles nos quais ela necessariamente estava interessada em usar. Sua aparência provou o contrário. Ela parecia perfeita, mesmo em uma quinta-feira qualquer. Sua casa ficava bem ao lado de um campo de golfe, e esse parecia um passatempo ao qual ela dedicava bastante tempo. No armário do andar de baixo, acima da lavadora e secadora, havia placares emoldurados e uma foto da Mulher do Cigarro ao lado de Tiger Woods. Ela usava uma camisa branca combinando com os shorts brancos justos, e seu cabelo estava preso no topo da cabeça, separado do rosto por uma viseira. O andar de baixo da casa parecia ter parado no tempo. Quando descia com meu aspirador, panos e cesta de produtos, parecia que estava de volta ao fim dos anos 1980 ou início dos anos 1990, com móveis antiquados sobre um carpete branco felpudo. O quarto de hóspedes tinha enfeites de patos canadenses que eu poderia jurar que eram os mesmos com os quais cresci. No escritório havia uma mesa de MDF e uma esteira com cara de antiga, que ficava de frente para um combo TV/VCR, como o que eu tinha em casa.

No andar de cima, ela modernizou várias coisas — pisos de madeira de lei, bancadas novas e uma geladeira de aço inox que, até onde sei, continha principalmente água de garrafa e alface.

A mobília era elegante e moderna, e, pela quantidade de pó assentado, intocada. No guarda-roupa, eu cobiçava tanto um cardigã bronze de caxemira que sempre que passava aspirador lá fazia uma pausa, abria o zíper da frente e o vestia, colocando o capuz, usando-o de modo que as mangas cobrissem minhas mãos, e sua maciez friccionava meu rosto.

Era difícil dizer se a casa era utilizada, exceto pelo pequeno banheiro fora do quarto principal e pelo lavabo do outro lado da cozinha. Sempre fazia careta quando levantava os assentos dessas privadas para esfregar o vaso. Sob a borda, quase sempre havia respingos de vômito.

Após algumas visitas, comecei a ter uma visão do tempo que ela passava em casa. Seu marido era proprietário e gerente de uma empresa de construção a pelo menos uma hora da cidade.

Era 2010, e o ramo de construções ainda parecia estar estagnado. Provavelmente estavam ansiosos a respeito da própria segurança, perguntando se seriam os próximos. A casa deles sempre parecia estar pronta para um jantar, com velas falsas e jogos americanos, mas eu podia afirmar, pelo pó nas mesas e cadeiras, que noites com convidados e refeições requintadas raramente aconteciam. Parecia que ela passava a maior parte do tempo em casa sentada em uma banqueta do outro lado do fogão embutido no bar. O fogão tinha uma entrada de ar para o exaustor na parte de trás, próximo de onde ela sentava, e geralmente estava salpicado de cinzas de cigarro. Próximo a ela ficava uma televisão minúscula, sua agenda e um telefone sem fio, e algumas migalhas perdidas no chão.

Em uma prateleira, perto da mesa da sala de jantar, havia vários aromatizadores elétricos com cera quente de depilação. Seus aromas combinados me davam dor de cabeça. Certa vez, ela deixou um isqueiro ao lado da agenda, mas, além do cinzeiro limpo que achei embaixo da pia, não havia nenhuma outra evidência de cigarros. Então, um dia, saindo pela garagem, reparei em um freezer. Abri-o e dei de cara com maços empilhados de Virginia Slims. Olhei bem para eles, então sorri de satisfação. Mistério resolvido.

Eu conseguia imaginá-la, com o queixo descansando sobre a mão, apagando um cigarro, soltando com cuidado uma baforada cheia de fumaça no exaustor do fogão, depois se levantando, balançando um pouco os cabelos e esvaziando o cinzeiro na garagem antes de lavá-lo cuidadosamente e limpá-lo. Eu me perguntava se ela carregava os cigarros na bolsa ou se aquilo era algo que ela fazia somente em casa, naquele lugar específico da cozinha. Não se tratava de fumar. Eu fumava de vez em quando. Não dava a mínima se ela fumava. Era o sigilo que me fascinava, a quantidade de energia que ela investia para que tudo parecesse perfeito e limpo.

16
A Casa de Donna

Durante o verão, a ideia de testes toxicológicos para beneficiários da previdência social ganhou uma nova roupagem. Desde a recessão, milhões apelaram para o governo em busca de ajuda. Mais contribuintes da classe média que enfrentavam dificuldades manifestavam sua raiva contra a injustiça de outros que recebiam esmola, geravam tensão entre o pessoal que já tinha auxílio governamental, usando seus vales-refeição, e os que não eram beneficiários. Exigir testes toxicológicos perpetuou uma nova camada de julgamento em relação a nós, que recebíamos o auxílio, criando uma nova narrativa para como tirávamos vantagem e dinheiro do governo por sermos preguiçosos e, agora, provavelmente viciados. Memes da internet comparavam animais selvagens com pessoas que tinham vales-refeição. Um meme mostrava um urso sentado a uma mesa de piquenique e dizia:

> Lição irônica de hoje: O programa de vales-refeição, parte do Departamento de Agricultura, está contente por distribuir as maiores quantidades de vales-refeição de todos os tempos. Enquanto isso, o Serviço de Parques, que também é parte do Departamento de Agricultura, pede-nos O FAVOR DE NÃO ALIMENTAR OS ANIMAIS porque eles ficam dependentes e não aprendem a cuidar de si mesmos.

Outro popular tinha uma carteira de trabalho ilustrada que dizia: "Se eu tenho que fazer um teste toxicológico para trabalhar, você devia fazer um para a assistência social." Outro dizia: "Se você pode comprar drogas, álcool e cigarros, então não precisa de vales-refeição." Uma das minhas amigas de Facebook trabalhava em um mercado e começara a postar o que as pessoas compravam com vales-refeição para tirar sarro delas: "Salgadinhos? Com vales-refeição? Com refrigerante?" Ela estimulava os amigos a tirar sarro do que as pessoas pobres mal conseguiam comprar para comer.

Naquele ano, cerca de 47 milhões de famílias estavam inscritas para auxílio governamental além de mim. Cartões TEB [Transferência Eletrônica de Benefício], distribuídos pelo Departamento de Saúde e Serviços Humanos para serem utilizados como vales-refeição ou assistência monetária, eram uma visão comum em caixas registradoras. Lojas de comida semipronta agora aceitavam cartões TEB, mas eu raramente usava minha cota de vales-refeição para isso. Mount Vernon, a maior cidade de Skagit County, com 33 mil pessoas, tornou-se lar de uma população enorme de trabalhadores migrantes durante a estação de cultivo, e muitas dessas famílias decidiram ficar o ano todo. Mas, conforme a população migrante cresceu, o conservadorismo da região se revelou.

Donna parecia ter inúmeras reclamações a respeito. Eu viria a depender fortemente dos US$20 por hora e da gorjeta de US$10 que ela sempre deixava para mim, mas a ida e volta de carro até sua casa me roubariam uma hora do meu dia útil. Cerca da metade das vezes, ela estava lá quando eu chegava. Um dia ela estava indo à loja comprar ingredientes para frapês, já que adquirira um liquidificador especial. "É para a nova versão de mim!", gritou. "Mas desta vez vou à cooperativa. Não gosto mais dos supermercados grandes."

"Ah, é mesmo?", perguntei, fingindo interesse. Donna gostava dos óleos da Mary Kay, que deixavam uma camada que grudava como velcro na lateral da banheira, apanhando cada fio de cabelo, cada célula epitelial morta que saía dela. Era difícil conversar com ela sem ver flashes disso. Eu nunca sabia se ela esperava que eu parasse para conversar ou continuasse limpando e conversando com a pessoa cujos pelos pubianos e da perna formavam rebarbas que eu teria de esfregar da anilha de sua banheira de hidromassagem.

"Da última vez que fui a uma loja grande, fiquei na fila atrás de uma família mexicana", disse. "Eles usavam vales-refeição para pagar pela comida. E as crianças estavam *bem-vestidas!*" Continuei a tirar o pó de um peitoril da sala de estar, cheio de estatuetas de anjos com as mãos unidas em oração. As palavras dela eram cortantes. Mordi a ponta da língua. Pensei no quanto Mia adorava seus vestidos elegantes e sapatos de verniz, que eu comprava com crédito da loja de consignação. Talvez Donna não soubesse que eu também recebia vales-refeição.

Queria dizer a Donna que não era da conta dela o que a família comprava, comia ou vestia, e que odiava quando as caixas do supermercado diziam "com o TEB?" alto o bastante para as pessoas na fila atrás de mim ouvirem. Queria dizer a ela que pessoas sem documentos não podiam receber auxílio-alimentação ou restituição fiscal, mesmo que pagassem impostos. Elas não podiam receber nenhum auxílio governamental, de modo algum. Eles estavam disponíveis apenas para pessoas nascidas aqui ou que obtiveram documentos para estadia. Portanto, aquelas crianças, cujos pais se arriscaram muito para lhes dar uma vida boa, eram cidadãos que mereciam ajuda governamental tanto quanto minha filha. Eu sabia disso porque me sentara atrás deles em incontáveis secretarias públicas. Ouvia por acaso as conversas deles com assistentes sociais sentados atrás de vidros, sem conseguirem se comunicar por conta da barreira linguística. Mas essa mentalidade de que imigrantes vinham para roubar nossos recursos estava se alastrando, e os estigmas se assemelhavam aos de qualquer um que dependia de auxílio governamental para sobreviver. Quem usava vales-refeição não trabalhava duro o bastante ou tomou decisões erradas que o colocaram naquele lugar da classe baixa. Era como se as pessoas achassem que era de propósito e que enganávamos o sistema, furtando o dinheiro que pagavam em impostos para roubar verbas do governo. Mais do que nunca, aparentemente, contribuintes — inclusive minha cliente — pensavam que seu dinheiro subsidiava comida para pobres preguiçosos.

Donna foi ao mercado, alheia à minha reação emotiva às suas palavras. Ir às compras fazia eu me sentir duas vezes mais vulnerável depois daquilo. Vendo os posts publicados nas mídias sociais, tive certeza de que as pessoas observavam cada movimento meu. Comprar itens que fossem ou bonitos demais ou supérfluos demais me deixava preocupada. No caso de precisar comprar ovos de Páscoa ou chocolates para o Natal de Mia com o dinheiro dos vales-refeição, eu ia tarde da noite e usava o caixa de autoatendimento. Mesmo precisando de verdade, parei de usar cheques WIC para leite, queijo, ovos e manteiga de amendoim — parecia que eu nunca sabia o tamanho, marca ou cor certa dos ovos, o tipo correto de suco ou o peso específico do cereal. Cada cupom tinha exigências específicas demais sobre para que poderia ser usado, e eu prendia a respiração quando a caixa os registrava. De algum jeito, eu sempre punha tudo a perder e atrasava a fila. Talvez outras pessoas fizessem o mesmo, já que as caixas ficavam visivelmente aborrecidas sempre que viam um daqueles cupons WIC grandes na esteira rolante. Certa vez, após uma longa série de mal-entendidos com a caixa, um casal mais velho começou a bufar e balançar a cabeça atrás de mim.

Minha assistente social da secretaria da WIC chegara a me preparar para isso. Recentemente, o programa rebaixara de orgânico para não orgânico a qualidade do leite inscrito, deixando-me com um buraco no orçamento alimentar que eu não tinha condições de compensar. Sempre que possível, tentava dar a Mia apenas leite integral orgânico. Para mim, leite não orgânico e 2% não passam de uma água branca cheia de açúcar, sal, antibióticos e hormônios. Por um tempo, esses cupons eram minha última chance de lhe oferecer o único alimento orgânico que ela ingeria (além das caixas de macarrão com queijo da Annie's).

Quando ridicularizei a perda do benefício de adquirir leite integral orgânico, minha assistente social balançou a cabeça e suspirou. "É que não temos mais verba para isso", justificou. De algum modo, eu compreendia, já que o preço de quase dois litros era quase quatro dólares. "As taxas de obesidade infantil estão crescendo", acrescentou, "e este é um programa focado em proporcionar a melhor nutrição".

"Eles não sabem que leite desnatado é cheio de açúcar?", perguntei, deixando Mia sair do meu colo para poder brincar com os brinquedos no canto.

"Eles também estão adicionando dez dólares para frutas e legumes!", acrescentou em tom animado, ignorando minha rabugice. "Você pode comprar o que quiser, exceto batatas."

"Por que não batatas?" Pensei nos grandes lotes de purê de batata que fazia para complementar minha dieta.

"Pessoas tendem a fritá-las ou a colocar manteiga demais", disse, parecendo meio confusa. "Mas você pode comprar batata-doce!" Ela explicou que eu teria de comprar o valor exato de US$10 ou menos, e não conseguiria ultrapassá-lo ou o cheque não funcionaria. Não conseguiria troco algum se o preço fosse inferior a US$10. Os cupons não tinham um valor monetário real.

Aquele dia no mercado, já que era o último mês de leite orgânico, tentei comprar o máximo que pudesse.

"Seu leite não é um item da WIC", disse a caixa, mais uma vez. "Ele não será registrado desse jeito." Ela começou a se virar em direção ao rapaz que empacotava nossas compras e suspirou. Eu sabia que ela falaria para ele correr e pegar o tipo certo de leite. Acontecia comigo o tempo todo em relação aos ovos.

Meus cheques não haviam expirado, mas o mercado já atualizara seu sistema. Normalmente, eu teria me acovardado, pegado o leite não orgânico e saído correndo, sobretudo com dois velhos balançando a cabeça, aborrecidos. Dei outra olhada neles e flagrei o homem com os braços cruzados e a cabeça inclinada, examinando minhas calças com furos nos joelhos. Meus sapatos estavam ficando com buracos na parte dos dedos. Ele suspirou alto, de novo.

Pedi para falar com o gerente. A caixa levantou as sobrancelhas, enquanto encolhia os ombros e levantava as mãos à minha frente, como se eu tivesse puxado uma arma e mandado que ela me passasse todo o dinheiro.

"Claro", disse, com calma e frieza; a palavra de um representante de atendimento ao cliente contra a de um comprador rebelde. "Vou chamar o gerente para você."

Enquanto ele se aproximava, eu podia ver a funcionária irritada andando atrás dele, vermelha de raiva e gesticulando muito, até apontando para mim, a fim de explicar seu lado da história.

Imediatamente, ele pediu desculpas e cancelou o item na caixa registradora. Então, registrou meu leite orgânico integral como item da WIC, empacotou-o e me disse: "Tenha um ótimo dia."

Ao empurrar meu carrinho, com as mãos ainda tremendo, o velho acenou com a cabeça para minhas compras e disse: "De nada!" Fiquei furiosa. *De nada por quê?*, quis gritar com ele. Por ele ter esperado com impaciência, bufando e reclamando com a esposa? Não pode ter sido por isso. Era porque eu, óbvio, era pobre e estava fazendo compras no meio do dia, e por isso não devia trabalhar. Ele não sabia que eu tirara uma tarde para a reunião com a WIC e por isso perdera US$40 de minha renda. Saímos com um carnê de cupons que supriram quase o mesmo valor do pagamento perdido, mas não o cliente insatisfeito com quem eu teria de remarcar, que talvez, caso eu precisasse remarcar novamente, escolhesse uma faxineira diferente, porque meu trabalho era descartável. Mas só o que ele via era que aqueles cupons eram pagos com dinheiro público, o dinheiro com o qual pessoalmente contribuiu, pagando impostos. Na sua cabeça, ele também comprara pessoalmente o leite caro no qual insisti, mas obviamente eu era pobre e não o merecia.

Será que meus clientes iguais a Donna, que confiavam em mim como uma boa amiga, que davam livros e lápis de colorir para Mia, fariam o mesmo se me vissem no mercado? Como eles enxergavam uma faxineira com vales-refeição? Como uma trabalhadora ou um fracasso? Eu me tornara tão insegura em relação a essas coisas que tentava esconder os detalhes o máximo possível. No meio das conversas, eu me perguntaria se a visão da pessoa a meu respeito mudaria se soubesse que recebia vales-refeição. Presumiriam que eu tinha menos potencial?

Eu me pegava imaginando como seria ter dinheiro suficiente para conseguir contratar alguém para limpar minha casa. Nunca estivera nessa situação e, sinceramente, duvidava de que um dia estaria. Se estivesse, pensava, daria a ela uma boa gorjeta e provavelmente ofereceria comida e deixaria velas cheirosas também. Eu a trataria como uma convidada, não como um fantasma. Uma igual, como Wendy, Henry, Donna e a Mulher do Cigarro me tratavam.

17

Daqui a Três Anos

Até onde sei, apenas uma de minhas clientes — a dona da Casa da Fazenda — usava câmeras escondidas. Ela me disse isso com tanta naturalidade que me pegou desprevenida. Tentei ao máximo concordar com a cabeça, como se câmeras escondidas fossem totalmente normais. A Casa da Fazenda tinha dois andares de carpete azul-marinho coberto de pelo branco dos gatos e cães. As escadas também tinham carpete, e o pelo ficava preso nas quinas e vincos de cada degrau. Antes de eu começar a trabalhar lá, Lonnie explicou que analisara cada faxineira da empresa, tentando encontrar alguém apropriado para a Casa da Fazenda — eu era sua última chance de mantê-la como cliente.

Nunca ficou claro o que eu fazia de tão diferente das outras faxineiras, e, já que raramente fazia limpeza com elas, não estava apta a comparar nossas habilidades ou ética de trabalho. Eu tinha medo de ser flagrada sem estar trabalhando. Além disso, jamais conseguira superar a vez que, em uma briga com Jamie, uma das muitas do tipo, ele me dissera: "Você fica parada aí o dia todo, sem fazer nada além de cuidar do bebê, e o rejunte do banheiro está um nojo." Nunca me esqueci daquela sensação. Apesar de sentir que fazia tudo o que podia, nunca era o suficiente.

De maneira inconsciente, passei a carregar ainda mais o estigma social de contar com ajuda do governo após o encontro com o casal de velhos no supermercado. Parecia um colete com pesos que eu não conseguia tirar, parecia que estava sendo filmada o tempo todo. Pessoas com quem conversava raramente presumiam que eu precisava de vales-refeição para sobreviver e sempre diziam "essas pessoas" durante as conversas. Porém "essas pessoas" nunca eram pessoas como eu. Eram imigrantes, ou negros, ou brancos a quem frequentemente se referiam como lixo.

Quando as pessoas pensam em vales-refeição, não imaginam alguém como eu: comum e branca. Alguém como a garota que conheciam do ensino médio, quieta, mas simpática. Alguém como um vizinho. Alguém como eles. Talvez isso os deixasse nervosos demais com a própria situação. Talvez vissem em mim a fragilidade de suas próprias circunstâncias, e que bastaria um emprego perdido ou um divórcio para estarem no meu lugar.

Parecia que alguns membros da sociedade procuravam brechas para julgar e repreender pessoas pobres por aquilo que, na opinião deles, não merecíamos. Eles viam uma pessoa comprando carnes caras com um cartão TEB e usavam isso como evidência para a teoria de que todo mundo com vales-refeição fazia o mesmo. Sem dúvida, alguém estava me vigiando. Às vezes eu tinha a mesma sensação na minha casa, o lugar onde deveria me sentir segura. Se não estava trabalhando ou cuidando de Mia, tinha que estar cuidando de algo. Sentia que ficar parada significava que não estava fazendo o bastante — como a espécie de beneficiária preguiçosa que supostamente eu era. Tempo para relaxar e ler um livro parecia indulgência demais; quase como se um lazer como esse fosse reservado para outra categoria. Eu tinha que trabalhar constantemente. Tinha que provar que merecia receber benefícios do governo.

No entanto, muito raramente, eu saía com alguém. Ligava para um antigo namorado ou conhecia alguém pela internet, ou meu primo Jenn me apresentava a alguém. Durante algumas horas meio esquisitas, eu podia voltar à pessoa que fora antes da maternidade, antes da minha situação atual. Parecia um faz de conta, talvez mais para mim do que para a outra pessoa. Eu sabia que nada disso era real. Falava sobre livros e filmes de um jeito que soava estranho para mim mesma. Às vezes, essa outra vida paralela era do que precisava para me distanciar mentalmente da realidade. Mas sair com alguém se tornou menos divertido, menos empolgante, aguçando ainda mais minha solidão ou sensação de isolamento. Uma mensagem não respondida ou telefonema caindo direto na caixa postal significava rejeição, uma prova de que eu não era digna de ser amada. Odiava essa carência, e tinha certeza de que os homens podiam senti-la, que ela se insinuava como um odor penetrante. Além disso, socializar me expunha ao doloroso lembrete de que a maioria das pessoas tinha vidas normais. Elas tinham dinheiro para shows, comida, viagem e passeios sem perder uma noite de sono. Apesar do contato e da influência permanentes de Mia e de sua mão grudenta ao encontro da minha, eu suplicava por afeto, por toque, por amor. Nunca houve um momento em que não tivesse desejado ardentemente tudo isso. Queria ser forte e não precisar, mas sempre precisaria.

Caminhava por um abismo profundo de desalento. Cada manhã trazia um estresse constante, uma tensão, em relação a conseguir trabalhar e chegar em casa sem meu carro pifar. Minhas costas estavam sempre doendo. Bebia café para atenuar as pontadas de fome. Parecia impossível sair desse buraco. Minha única esperança real era a escola: uma formação seria minha carta de alforria. Tinha que ser; do contrário, seria um desperdício investir tanto tempo precioso. Como um prisioneiro, eu calculava quanto ainda faltava até completar créditos suficientes para me qualificar para uma graduação. Mais três anos. A bolsa Pell Grant cobria a matrícula, mas não as apostilas, se minhas aulas exigissem alguma. Às vezes eu dava conta de comprar uma edição usada, mais antiga, pela Amazon. Três anos de noites escuras e fins de semana gastos lendo livros, escrevendo relatórios e fazendo provas. Essa vida de trabalhar como faxineira, de constante subserviência, era temporária. Certas noites, chorava até dormir, meu único consolo era saber que não seria assim que minha história acabaria.

Então, parei de tentar ter uma vida social e, em vez disso, preenchi meus fins de semana livres com trabalho. Arrumei um novo cliente, uma limpeza de 4 horas a 40 minutos de distância, nos sábados em que Mia estava com Jamie em Port Townsend. Nessa casa, a Casa do Fim de Semana, sempre havia alguém, mas nunca de fato conversamos. Um casal jovem morava nela com seu bebê de semanas. A avó passou uma temporada para ajudá--los, e seu presente de despedida foi uma faxina bimestral.

Eles não queriam que a faxineira ficasse lá se não estivessem em casa, e por mim tudo bem, mas era difícil manter tudo limpo enquanto eles, desatentos, faziam torradas em um balcão de cozinha que eu acabara de enxugar ou andavam em um piso que acabara de esfregar. Eles conversavam com amigos que apareciam para brincar com o bebê, servindo-lhes comida como se eu não estivesse lá.

Na segunda vez que fui limpar, cheguei e encontrei a porta da frente trancada. Após bater algumas vezes, espiei pela janela da garagem, colocando as mãos em concha no vidro atipicamente limpo, e vi que estava vazia. Mesmo sendo sábado de manhã, liguei para o celular de Lonnie.

"Eles não estão aqui, Lonnie", disse, quase gritando, mostrando minha raiva e o quanto aquilo era difícil, algo que eu raramente fazia. "Eles não falaram nada sobre deixar uma chave?"

"Não", disse ela. "A mãe só me falou que eles sempre estariam aí. Deixe-me ligar para eles e ver o que está acontecendo. Talvez tenham só ido dar um passeio e estejam voltando para casa."

Porque eu não seria reembolsada, tentei não somar o quanto aquela viagem me custara de gasolina, mas sabia, sem pensar muito, que seria em torno de dez pratas, mais do que fazia por hora, sem contar os impostos e o custo de lavar meus próprios panos. Quando Lonnie me ligou de volta para dizer que eles esqueceram, mordi os lábios frustrada, tentando não chorar.

"Eles querem que eu volte amanhã, ou o quê?", perguntei. "Posso fazer isso se for de manhã."

"Não", disse Lonnie. Ouvi-a suspirar. "Eles cancelaram."

Fiquei tão quieta por um minuto que Lonnie perguntou se eu ainda estava na linha. "Sim", disse. Ela perguntou se estava bem,

SUPERAÇÃO 161

e disse que não. "Você pode perguntar a Pam se eu consigo, pelo menos, algum dinheiro para a gasolina? Já gastei uma hora do meu tempo e dinheiro vindo até aqui. Não tenho nada de sobra, sabe?" Limpei lágrimas que escaparam e escorreram até minha bochecha, e tentei não deixar minha voz sair tremida. Lonnie disse que veria o que conseguia fazer, mas eu quase já podia ouvir Pam dizendo como a recessão desacelerara os negócios, e eles tinham que ser extremamente cuidadosos com despesas extras. Comecei a me arrepender de ter perguntado.

Duas semanas depois, voltei para limpar a casa novamente. O marido se aproximou de mim enquanto eu descarregava meus produtos na entrada. "Desculpe mesmo", disse ele. Acenei com a cabeça, pegando um pano e enfiando-o no bolso. "É que não estamos acostumados a ter alguém vindo aqui para limpar a casa."

"Tudo bem", disse, pegando um borrifador.

"Aqui", disse ele, alcançando o bolso de trás e puxando dois ingressos para um jogo de beisebol do Seattle Mariners. "São para amanhã à noite." Ele tentou dá-los para mim. "Fique com eles." Os ingressos tinham ilustrações dos jogadores fazendo lançamentos ou passando para a terceira base. Ingressos caros. Ingressos para lugares bons. Fui a jogos quando criança e durante as finais de 1995, quando Ken Griffey Jr., Edgar Martinez e Randy Johnson faziam parte do time, mas desde então não tinha mais ido.

Ficamos parados no azulejo de pedra na entrada, o qual sua mãe havia pedido para polir. Pam me mostrou como fazer antes de colocar o polidor na traseira do carro. Deixara-o lá por três semanas, ocupando metade do espaço de armazenamento traseiro da minha picape Subaru. Aparentemente, ele também não queria que eu o polisse naquele dia, por causa dos homens entrando e saindo para reformar os azulejos do chuveiro. Eu sabia que, possivelmente, ele não tinha conhecimento do quanto isso era frustrante.

Olhei de novo para os ingressos. Eu não teria recursos para pagar a gasolina e o estacionamento que a ida àquele jogo exigiria. Olhei para seu rosto cansado e sorridente, e o cobertor de bebê sobre o ombro, azul, como se tivesse acabado de fazer o filho de um mês arrotar após lhe dar comida. Eu vi a exaustão familiar em seus olhos. Ele devia estar vivenciando uma experiência com um recém-nascido totalmente distinta da minha — a casa grande, carros bonitos, vários balanços, cadeiras de balanços e parentes chegando com comida e braços disponíveis —, mas seus deveres como pai eram universais. Iguais aos meus.

"Tudo bem", disse, tentando acreditar que estava, tentando não ficar mais com raiva dele. "Você pode usar os ingressos ou dá-los a alguém que possa ir. Eu não conseguirei." Quis dizer a ele que eu não poderia bancar a gasolina para ir, mas me preocupei com a possibilidade de ele me oferecer dinheiro também.

"Bem, você poderia vendê-los", disse ele, me empurrando novamente os ingressos. "Tenho certeza de que eles sairão rapidinho na Craigslist. São lugares na primeira fila."

Estremeci. "Mesmo?" Ingressos na primeira fila para um jogo dos Mariners. Era a chance de realizar um sonho meu desde que eu tinha a idade de Mia. Olhei de novo para ele. Eu me perguntava se ele era o tipo de pai que levantava no meio da noite para trocar fralda. O tipo que embalava o bebê na cozinha enquanto a mamadeira esquentava, depois adormecia no sofá com o filho dormindo em seu peito. Decidi que era.

"Certo", disse, olhando para os ingressos. Ele estendeu a mão mais uma vez para me dá-los. Quando os peguei, ele pôs a mão em meu ombro e o apertou, como se quisesse me abraçar.

Ele estava certo; era fácil vender os ingressos. Na tarde seguinte, fiz um anúncio online. Meu comprador me encontrou na Laundromat e me entregou, com alegria, 60 pratas.

"São para o aniversário do meu filho", disse. "Ele está fazendo quatro anos. É seu primeiro jogo de beisebol!"

Sorri e disse a ele que se divertisse.

18

A Casa Triste

Aos sábados e domingos, Mia e eu nos levantávamos no horário de sempre, mesmo sem ter aonde ir. Eu lhe fazia panquecas, regando-as com amoras que colhera e congelara no verão anterior. Sentava à mesa na frente dela, segurando o café próximo a meu rosto, vendo-a devorá-las mordida após mordida. Ela dava um largo sorriso para mim, com manchas de amora nos lábios. Sorria de volta, tentando esconder as lágrimas nos meus olhos, tentando gravar aquele momento em minha mente, para pensar nele quando precisasse. Nossas vidas passavam com muita rapidez na dança frequentemente caótica de trabalho, jantar e hora de dormir. Eu sabia que ela ficaria crescida para o corte de cabelo da Ramona Quimby. Logo pararia de brincar com os Pequenos Pôneis que enfileirara em semicírculo, de frente à tigela. Sempre que eu sentia sua falta, ou no trabalho ou quando ela estava na casa de Jamie, esses eram os momentos que reproduzia na cabeça. Os momentos sobre os quais escrevia.

Comecei um exercício de escrita sempre que Mia tomava banho ou estava ocupada com outras coisas: dez minutos digitando sem parar o que quer que tivesse em mente. Às vezes, escrevia de manhã e aos fins de semana, e os parágrafos eram cheios de dias lindos e planos para aproveitá-lo ou um lugar secreto que me sentia animada em compartilhar com minha filha. Outras vezes, escrevia quando Mia estava dormindo, após um dia exaustivo em que ela me contrariava o tempo todo. Eu tentava recuperar da memória uma interação gentil, colocar em primeiro plano uma conexão primordial transitória que só mãe e filho eram capazes de ter, e escrevia. Tornou-se mais um livro de bebê para Mia do que um diário. Acima de tudo eu sabia que, anos mais tarde, olharia para trás e consideraria essa época muito cheia de decisões e tarefas para uma só pessoa. Eu também precisaria pensar nesses instantes com carinho, já que, logo, logo, ela estaria crescida. Mesmo morando no lugar onde morávamos e trabalhando em um emprego horrível, sem poder comprar muita coisa, nunca recuperaria esse tempo com ela. Escrever sobre isso era meu jeito de apreciar e criar um retrato bonito de nossa vida, nossas aventuras. Achei que talvez pudesse imprimi-lo como um livro para Mia ler um dia.

Nossa praia favorita era em Washington Park, na ala oeste de Anacortes. Sentávamos nas pedras, esperando a maré baixa, e então procurávamos bichos nas pequenas piscinas que ficavam para trás.

"Olhe aquele caranguejo, mamãe!", dizia Mia. Eu me agachava, tirando a pá amarela do balde vermelho de plástico, e tentava pegá-lo para olhar mais de perto. "Não o deixe beliscar você. Ele vai beliscar você, mamãe!" Ao longe, passavam as balsas, e de vez em quando víamos um golfinho, um leão-marinho ou uma águia. Levava a bicicletinha de Mia na traseira do carro, tirando-a para ela andar no circuito pavimentado de três quilômetros, esquecendo o quanto era longo, e terminava carregando Mia e a bicicleta no último meio quilômetro, pelo menos. A caminho de casa, parávamos em uma sorveteria que existia desde que eu era criança. Eu a chamava de "Sorvete no Jantar". Mia nunca pedia outro sabor que não fosse chocolate, lambuzando a maior parte do rosto.

Em outros fins de semana, eu entrava na internet em busca de cachoeiras secretas, riachos com piscinas naturais. Enchia uma cesta de couro com um cobertor, uma muda de roupas, uma toalha e lanches para Mia, e em poucos minutos estávamos na rua. O único custo era a gasolina de ida e volta.

Esses eram nossos momentos mais felizes, talvez por conta da simplicidade. Eu a deixaria andar de bicicleta no centro, e seguia correndo atrás dela para comprar uma maçã no mercado. Caso chovesse, ficaríamos em casa, montando quebra-cabeças ou construindo um forte. Às vezes, ficávamos largadas na poltrona e eu deixava Mia assistir a quantos DVDs quisesse, como em uma festa do pijama.

Naquela época eu não sabia, mas esses fins de semana, aquela vida tranquila com Mia, eram o que eu recordava com mais nostalgia. Embora alguns passeios tenham sido fracassos absolutos, terminando em acessos de fúria e discussões aos gritos que nos deixavam exaustas e chateadas, essas horas com minha filha de três anos eram preciosas. Ela me acordava engatinhando na cama até mim, colocando os bracinhos em torno do meu pescoço, com cachos macios emoldurando as laterais do rosto, sussurrando em meu ouvido, perguntando se podíamos ser pandas naquele dia. De repente, toda a tensão da semana desaparecia. E flutuaríamos dentro de uma bolha, só eu e essa criança maravilhosa.

Essas eram as únicas vezes que conseguia acalmar minha mente, quando não me preocupava se deveria estar trabalhando em vez disso, ou se estava fazendo o bastante. Eu não me perguntava se alguém poderia nos ver como uma "família beneficiária", tirando vantagem do sistema ao nos sentarmos sobre uma manta no parque, dividindo fatias de queijo. Eu não ligava para nada disso durante esses dias com ela. Naquela tarde, em nosso mundinho, éramos o Sol e a Lua uma da outra.

No meio do verão, completei 6 meses trabalhando para a Classic Clean, e tinha uma agenda fixa de 25 horas por semana com eles. E revezava com vários clientes meus nas horas vagas, limpando suas casas ou quintais uma ou duas vezes por mês. Além dos presentinhos ocasionais da Mulher do Cigarro, outros clientes começaram a deixar coisas para mim no balcão da cozinha. Henry sempre me dava algo. Ele sabia que, depois que fosse embora, pegaria Mia e a levaria à casa do pai. Certa vez, ele me deu uma caixa de donuts; outra, uma jarra grande de uma marca cara de suco de maçã.

A saúde de Henry parecia estar decaindo. Os remédios ao lado da pia do banheiro haviam se multiplicado, e, a julgar pelo estado da privada, ele andava com o estômago bem indisposto. Ultimamente, a esposa também estava em casa algumas vezes, mas passava a maior parte do tempo ao telefone, discutindo com as companhias de seguro ou com a mãe, que, até onde eu sabia, tivera que ser transferida de um asilo para outro. Adorava ver os dois juntos. O comportamento tempestuoso de Henry era substituído por uma brandura que eu almejava em um parceiro na minha própria vida. Ele fazia chá para ela. Eles conversavam sobre o que deveriam escolher no mercado para o jantar. Henry dizia que faria "aquela coisa" da qual ela gostava, e ela lhe dava um abraço apertado antes de sair correndo pela porta. Ela nunca se esquecia de se despedir de mim, usando meu nome e tudo o mais, com tanta sinceridade que, às vezes, quase esperava que me abraçasse.

Tentava carregar esses momentos comigo nos dias em que limpava a Casa Pornográfica. Aquela casa tinha um clima de raiva impregnado, ou desilusão. Não gostava de ficar lá. Um bilhete no balcão dizia, simplesmente: "Troque os lençóis, por favor." Pelo menos ela pedia por favor.

Perto do Dia dos Pais, entrei em uma briga daquelas com Jamie pelo telefone, e na hora estava limpando a Casa Pornográfica. Depois disso, ficar naquela casa me fazia recordar dele, não importava o quanto eu tentasse romper a associação.

A briga foi a respeito do sobrenome de Mia. Queria trocá-lo para o meu. Cedo ou tarde ela começaria a ir à escola, e sempre que a levava ao médico me perguntavam se eu era a mãe dela. Não fazia sentido que, morando comigo quase o tempo todo, ela tivesse o sobrenome dele.

Jamie discordava fortemente. Ele alegava que eu quase não ficava com ela, que a maior parte dos dias ela passava "naquela creche nojenta". Eu me arrependi de ter deixado a mãe dele pegar Mia em um dia que tive de trabalhar até tarde, já que desde então Jamie usara contra mim o preconceito que ela tinha em relação às instalações. Mas, para ele, eu nunca fazia nada certo. Se ficasse em casa ou trabalhasse menos, ele me culpava por não trabalhar, falando que pagava pensão alimentícia para eu ficar sentada sem fazer nada. Se ia à escola, estava perdendo tempo. Agora, aparentemente, trabalhar demais também era ruim.

Naquele dia, ao telefone, ele disse: "E você nem me desejou feliz Dia dos Pais." Estava quase acabando a cozinha, lustrando manchas de gordura no fogão cor de tijolo.

"O quê?", disparei, e não era uma pergunta de fato. Jamie nunca me desejara feliz Dia das Mães. Nunca me dissera que eu era uma boa mãe. O mais perto que ele chegou de um elogio foi quando me disse que eu era inteligente o bastante para provocá-lo e manipulá-lo para conseguir o que queria. Mesmo no verão em que namoramos, acho que ele nunca elogiou minha aparência. Ele me chamou várias vezes de feia depois que engravidei, sobretudo depois que Mia nasceu.

"Você nunca me falou que sou um bom pai", disse ele.

"Jamie, é porque você não é", disse eu. "Você culpa todo mundo ao seu redor por tudo. Nunca assume a responsabilidade. Tudo é sempre culpa de outra pessoa. O que isso vai ensinar a Mia? O que você vai ensinar a ela?" Alcancei o lustre acima da mesa de jantar para tirar o pó.

"Vou ensinar várias coisas a Emilia!", respondeu, o que me fez pensar, de novo, se alguém em Port Townsend ainda a chamava de Emilia. Ele se recusava a chamá-la de Mia porque era um apelido que *eu* dei a ela. Tentei explicar que ela o dera a si mesma, e que ficava brava se eu a chamasse pelo nome inteiro. Por um tempo, ele tentou chamá-la usando um apelido que soava mais ou menos como Mila, mas nunca pegou. Toda vez que ele a chamava assim, eu me perguntava se, inconscientemente, ela trocava de identidade quando estava lá.

"Jamie, você sequer sabe nadar", disse. Para mim, era estranho falar assim com ele. Trabalhar em tempo integral, fazer tudo por conta própria me empoderou. Escolhi não permitir mais que ele me fizesse sentir mal comigo mesma. "E se ela levar dever de casa de matemática? Ou tiver que escrever um relatório? Como vai ajudá-la com isso?"

Não disse essas coisas para derrubá-lo. Eram preocupações reais. Jamie sempre falava sobre estudar para tirar seu diploma de ensino médio ou prometia que naquele verão aprenderia a nadar, mas nunca fez nada dessas coisas que disse que faria. Ao contrário, ele sempre tinha uma desculpa ou história incoerente sobre aquilo ser culpa da mãe, porque ele tivera de ajudar a criar o irmão mais novo. Agora, era culpa minha forçá-lo a ser pai, a ter uma vida que ele nunca quis.

"Sei que sou um bom pai", disse ele. Eu conseguia imaginar sua postura, peito estufado, provavelmente apontando para si mesmo ou se olhando no espelho. "Sei que sou porque ela precisa de mim." Ouvi-o dar uma tragada. Ah. Ele estava do lado de fora, fumando um cigarro e andando.

Era a minha vez de apontar para o ar, andando entre a sala de estar e o quarto, com o aspirador na mão. Eu o vira fazer cara feia, fingindo chorar até Mia se virar para ele e lhe dar um último abraço sempre que eu a buscava. "Você a manipulou para que ela precisasse de você."

Aquilo foi a gota d'água para Jamie. Conhecia bem sua fúria e seus gritos. "Todo mundo na cidade fala que você é uma porra de uma perdedora", disse. "Tudo o que você faz é reclamar sobre as coisas na internet, no Facebook e naquele site estúpido onde você mantém um diário. Você não tem nenhum amigo real. Ninguém nunca vai amar você e seus peitos caídos."

Depois disso, desliguei na cara dele. Sempre piorava depois que ele enveredava por aquele caminho. Ele sempre mencionava o quanto eu era gorda, feia, magra ou alta demais. Os "peitos caídos" eram novidade. "Ninguém nunca vai amar você" era sua frase preferida. Eu sabia o quanto seus lábios se curvavam, quase em um sorriso, quando ele a dizia, e conseguia perceber isso até pelo telefone. Quando morávamos no trailer, ele me chamava de "maluca idiota" ou "vadia louca", mas agora dizia isso só quando queria me magoar de verdade.

Naquele dia, terminei o chuveiro da Casa Pornográfica em tempo recorde, graças à minha raiva durante a esfregação. Enxuguei o piso com a mão e esperei secar, recoloquei os tapetes na frente da privada e da pia, depois saí para o corredor a fim de recuperar o fôlego. Na parede à direita da porta havia fotos de estúdio da família, ambos olhando para a mesma direção com os olhos radiantes.

Fui à porta de entrada do quarto. Em certos aspectos, essa era praticamente a vida que eu queria — uma casa equilibrada, com quintal grande. Não necessariamente tinha que ser em um terreno interminável com vista para o oceano, mas seria legal estar cercada de um quintal e algumas árvores altas. Olhava para o frasco de lubrificante no criado-mudo ao lado do despertador e não conseguia evitar imaginar com que frequência eles faziam sexo um com o outro.

Mas talvez essa fosse a vida que eu pensava que queria, e aquela com a qual realmente sonhava estava na casa vizinha, a Casa Triste. Depois que eu e Jamie brigamos naquele dia, limpei-a pela primeira vez em meses. Ele esteve doente. Ou no hospital. Ambas as coisas. Até onde sabia, o dono se casara com o amor de sua vida. Então, ela morreu cedo demais, e ele viveu sozinho durante os anos em que mais precisou de alguém para cuidar dele. A Casa Pornográfica e a Casa Triste pareciam berrar lições de vida opostas para ilustrar que, não importa a circunstância, todos acabamos sozinhos, de um jeito ou de outro. O marido se masturbando na Casa Pornográfica enquanto a esposa trabalhava de madrugada ou lia romances no outro quarto. E o viúvo.

Para mim, estar só começava a não doer tanto. Mia e eu nos tornáramos uma equipe. Eu adorava não ter que me preocupar se o outro adulto ao nosso lado estava se divertindo ou estressado e suspirando de tédio, sinais óbvios de que desejava ir embora. Nunca tinha que perguntar a ninguém o que queria fazer para o jantar. Podíamos tomar sorvete no jantar sem nos preocupar se a pessoa se sentiria deixada de lado em casa ou se me julgaria como mãe.

Nosso estúdio tinha seu lado negativo. Mas era nosso espaço. Eu podia reorganizar os móveis do jeito que quisesse, a qualquer hora. Poderia deixá-lo bagunçado ou obsessivamente limpo. Mia sapateava e pulava do sofá para o chão sem ninguém lhe pedindo para ficar quieta. Quando comecei a trabalhar como faxineira, pensei que passaria os dias cobiçando as coisas que não tinha ou sentindo raiva. No fim da jornada, voltava a um lugar que não somente chamava de lar como também parecia um. Era nosso pequeno ninho, do qual voaríamos um dia.

Quando terminei a Casa Pornográfica, tentei carregar todos os meus produtos até a Casa Triste em uma só viagem. Lá fora havia umidade e névoa. Era o clima que produzia mofo. O clima que impregnava minha pele de bolor.

Abri a porta de vidro corrediça com o dedo mindinho, porque minha mão segurava a cesta de produtos. A porta dava para a cozinha, e assim que entrei senti o cheiro familiar de madeira lascada e de loção pós-barba da Casa Triste. Estava prestes a colocar a cesta no chão quando me virei e dei um grito.

O rosto dele estava coberto de feridas abertas. Eu me arrependi imediatamente de ter gritado; quis chorar. Ele nunca estava em casa nos dias de faxina, nunca o encontrei antes. E agora gritara ao ver seu rosto, que dava indícios óbvios do quanto ele vinha lutando.

"Desculpe, mil desculpas", disse eu, quase soltando a cesta, a sacola de panos, o saco de lixo cheio de panos usados.

"Não, não, desculpe-me por assustá-la", disse ele. "Eu estava meio lento para levantar esta manhã. Vou sair da sua frente. Já estava de saída."

Eu me afastei da porta de vidro corrediça para ele poder passar. Nenhum de nós se ofereceu para se apresentar ou apertar as mãos. Eu o vi entrar pela porta lateral da garagem. Da janela, fiquei observando enquanto seu Oldsmobile bege saía pela porta e partia. Eu me perguntava aonde ele ia, aonde ele sentia que precisava ir durante algumas horas.

A cozinha tinha a mesma aparência de sempre, exceto por alguns pratos na pia e no balcão. O bar na outra ponta estava cheio de despesas médicas, instruções sobre medicamentos e formulários de alta hospitalar. Lonnie dissera, quando me telefonou pedindo que fosse à Casa Triste aquela semana, que a mulher da Casa Pornográfica vinha cuidando dele — talvez por ser enfermeira, ou porque ele não tinha mais ninguém.

Os cobertores no seu lado da cama estavam desarrumados do jeito que ele deixara ao acordar de manhã. O outro lado ainda estava arrumado, quase exatamente como eu deixara na última vez que fiz limpeza, com as almofadas decorativas ainda no lugar. Os lençóis estavam respingados de sangue. Puxei por completo os cobertores e com cuidado levantei os cantos dos lençóis para dobrá-los em direção ao centro, depois tirei as fronhas dos travesseiros, amontoando todas em uma só. A caminho de colocá-las na máquina de lavar, passei pelo banheiro. Havia várias gotas de sangue no chão, um corrimão novo instalado ao lado da privada e no chuveiro, e um assento na banheira.

Antes de morrer, a esposa colecionava pedras, gaiolas e ninhos, enfileirando-os nas janelas da sala de estar. Eles passaram muito tempo viajando pela América Central ou do Sul. A esposa era professora. Eu a imaginava trazendo os bonequinhos e artesanato de suas viagens para decorar a sala de aula ou mostrá-los aos alunos. Eu me perguntava se ela ensinava espanhol.

A Casa Triste parecia ter sido uma casa de veraneio, ou um modo de pessoas com síndrome do ninho vazio não lamentarem pelos cômodos vagos, inertes, já sem crianças. Eles tiveram dois filhos. Um falecera e o outro morava na região, mas parecia nunca visitar. Sempre me perguntava se ele os perdera ao mesmo tempo, se sua esposa e filho morreram em um acidente, e se o luto afastou o outro filho. Eu elaborava histórias com base em objetos que via pela casa — fotografias, notas rabiscadas no papel, um cartão emoldurado com um desenho de um homem e uma mulher nus de mãos dadas onde se lia: "Regras da casa: Economizem água. Tomem banho juntos." A Casa Triste parecia ter parado no tempo — projetos por terminar, obras de arte ainda dentro do closet à espera de serem penduradas na parede. A lista de projetos de sua esposa, agora um papel amarelado, ainda estava pregada no quadro de cortiça na cozinha. *Comprar mangueira nova. Consertar trava do portão.* Eu a imaginava arrancando ervas daninhas dos canteiros de flores na parte externa, depois entrando na cozinha a fim de pegar algo para beber, fazendo aquelas anotações antes de voltar ao trabalho. Na parte inferior havia uma fatura de paisagismo que ela assinara. Não continha data.

Apenas na metade de minha jornada de seis horas, soltei um profundo suspiro e enganchei um borrifador no bolso da calça. Borrifei ligeiramente um pano com água de vinagre e o embolei no outro bolso, para usar ao tirar o pó. Depois, peguei outro para limpar qualquer coisa que precisasse ser borrifada. Mas a Casa Triste nunca ficava suja.

Os vários remédios no banheiro pareciam aumentar a cada visita. Eu os tirava do lugar para limpar a bancada sob eles, antes de dar meia-volta e ir para a banheira. Havia a prateleira de vime. Da primeira vez, abrira as caixas com as cinzas por pura curiosidade. Desde então, não conseguia evitar revisitá-las ocasionalmente, a fim de ver se ainda estavam lá. Eu me perguntava se ele espalhara um pouco delas, mas guardara essas para si. Imaginava se lhe trazia conforto tê-las lá, atrás dele, enquanto penteava os cabelos.

No bar ao lado da cozinha, a pilha de fotos fora parcialmente coberta pela papelada do hospital. Eu procurava por pistas nas fotos, pensando que veria algo diferente. Mas eram sempre as mesmas — pessoas perto de churrasqueiras cheias de hambúrgueres e peixe, o homem da Casa Triste em pé, orgulhoso, com crianças vestidas de vermelho, branco e azul segurando no alto seus rojões. Todo mundo sorri em fotos, mas o sorriso do homem era radiante, como uma criança segurando o primeiro peixe que pescara. Ele fizera tudo certo. Todas essas quinquilharias e fotos indicavam uma pessoa que realizara, com sucesso, o sonho americano. No entanto, ali estava ele, sozinho.

Ele nunca me deixava bilhetes ou cartões no balcão. Não esperava que o fizesse nem pensava que era necessário, para ele, gastar dinheiro extra comigo com gorjeta ou bônus de feriado. Parecia estranho pensar dessa maneira, mas o homem me dera outro presente.

A Casa Triste me fez olhar para o pequeno espaço que compartilhava com Mia, o cômodo em que vivíamos, e ver que ele era um lar, cheio de amor, porque nós o supríamos. Embora não tivéssemos carros bonitos ou uma casa em um penhasco com vista para o mar, tínhamos uma à outra. Eu podia desfrutar de sua companhia, em vez de morar sozinha em um lugar cheio de lembranças dela. Minha luta contra a solidão, em busca de companhia, ainda me sugava, mas eu não estava só. Mia me poupava disso.

19
A Casa de Lori

O verão começava a esmorecer e o sol se punha lentamente, preenchendo as tardes em nosso estúdio de rosa, laranja e roxo, em vez do calor que deixava nossas camas encharcadas de suor. Mia começou a sentir sono antes das 21h de novo, deixando-me sentada sozinha à pequena mesa da cozinha. Em noites assim, ouvia os carros acelerando na rodovia e os garotos do bairro conversando no ponto de encontro da esquina abaixo, com a fumaça do baseado flutuando até minhas janelas. Sentei-me, cansada demais para ler um livro, e no lugar dele abri a agenda à minha frente, uma tentativa de memorizar os 20 clientes que eu alternaria em horários semanais, quinzenais e mensais. A maioria das casas eu levava 3 horas para limpar, e geralmente tinha 2 ou às vezes 3 casas por dia.

Por ser mãe solo com 32 anos e várias tatuagens, nunca senti que Mia e eu nos encaixávamos no nicho conservador da vizinhança. Mia usava sua fantasia de macaco ou tutus durante dias, e seu cabelo parecia um esfregão despenteado de cachos sobre a cabeça. Caminhando pelos mercados, éramos um contraste nítido com as mães donas de casa bem-arrumadas. Passava por elas no corredor de cereais e dava uma olhada em suas alianças grandes e brilhantes, contemplando seus filhos pequenos a tiracolo, obedientes, as roupas sem manchas, seus cabelos em elegantes rabos de cavalo e grampos, penteados na mesma manhã.

Uma mulher, no entanto, olhou em minha direção e deu um sorriso caloroso. Eu a reconheci como uma das amigas antigas de minha mãe, mas não lembrava seu nome. Ela perguntou como estávamos e onde morávamos. Quando lhe contei, ela perguntou se Mia frequentava a creche atrás da Madison, a escola fundamental em que eu passara alguns meses curtos na segunda série antes de minha família se mudar para o Alasca. Balancei a cabeça.

"Estou um pouco restrita em relação a lugares que ela pode frequentar", disse, esperando-a fazer cara de confusa antes que eu explicasse. "A pré-escola precisaria aceitar um auxílio estatal que recebo por ter a guarda de uma criança, e escolas particulares não o aceitam." Liguei para a montessoriana local e outras escolas privadas, oferecendo-me para permutar a mensalidade por serviços de limpeza, mas nenhuma aceitou. Mia teria se beneficiado imensamente de um ambiente mais rico em uma pré-escola de verdade, em vez de uma creche. Eu tentava compensar isso lendo para ela por pelo menos 30 minutos todas as noites.

"A creche Vovó Judy é pela YMCA, e tenho quase certeza de que aceitariam o auxílio estatal", disse a mulher.

"Vovó Judy?", perguntei, pegando Mia no colo após sua terceira tentativa de se esconder embaixo da minha saia. A mulher estendeu a mão para tocar devagar na bochecha de Mia, mas ela se afastou, olhou por cima de meu ombro e ficou parada.

"Ela administra a creche. É uma verdadeira avó para as crianças", contou-me a mulher. "Meus filhos ainda a visitam algumas vezes. O núcleo fica em um desses anexos atrás da escola, mas Judy é tão maravilhosa que é quase como se eles estivessem indo à casa da avó."

Uma semana mais tarde, Vovó Judy nos recebeu de fato com braços amorosos. Em uma de nossas primeiras reuniões, ela me levou até sua sala para que pudéssemos nos sentar e nos conhecer melhor. Talvez ela tenha me pegado em um dia complicado, ou em um momento em que me sentia muito sem esperança e sobrecarregada, mas sentada em sua sala, falando sobre nossa vida diária, comecei a chorar. Judy me deu um lenço e disse: "Você é uma mãe maravilhosa. Dá para ver. Eu reconheço uma boa mãe quando vejo uma." Olhei para ela, respirei fundo e percebi que ninguém nunca me havia dito aquilo antes. Essas palavras foram tudo o que bastara para me sentir em família com Vovó Judy.

Com Mia passando o dia em um ambiente favorável, eu não me sentia mal por estar longe dela no trabalho. Assumi a maior quantidade de casas que consegui, preenchendo com clientes próprios os horários vagos na agenda da empresa. Cobrava o dobro do que ganhava na Classic Clean. Durante um mês naquele verão, as contas foram pagas. Mia e eu éramos uma dupla inseparável, cantando "The Perpetual Self", de Sufjan Stevens, ou, como Mia a chamava, a "Música do Uh-Oh". *Everything is lost! Uh-oh!* Nós a chamávamos de música feliz da manhã, certificando-nos de ouvi-la antes de começar nossas obrigações do dia, e adorávamos. Tínhamos uma rotina. Como o outono estava começando, eu me preparei para adicionar um pacote completo de aulas online e para a falta de sono. Com a escola no meio de tudo isso, bebia uma xícara grande de café à noite para conseguir terminar as lições de casa. Aos fins de semana, estudava. Quando as aulas começaram, eu sabia que estaria exausta, mas na minha cabeça a escola era o trabalho mais importante. Era o trabalho que nos faria chegar aonde queríamos.

Pam e Lonnie calculavam o tempo para limpar uma casa com base na própria velocidade. Mas eram mulheres na meia-idade e não estavam em sua melhor forma, e eu me tornei uma ninja. Após vários meses de trabalho em tempo integral, tive que usar calça com cinto. Não conseguia manter o peso mesmo que tentasse. Se terminava uma casa antes do tempo atribuído, elas me diziam para ir mais devagar. Se de repente os clientes tivessem faturas menores que a estimativa original, por conta de meus períodos mais curtos, eles começariam a esperar a mesma quantidade. Eu tinha que manter os períodos esperados por consideração a quem quer que me substituísse algum dia.

Em relação a algumas casas, isso significava ter tempo para fazer uma pausa e folhear os livros que ficavam em criados-mudos ou bancadas da cozinha. Comecei a examinar os estoques crescentes de álcool, chocolate escondido, encomendas não abertas do correio que permaneciam intocadas por meses. Comecei a ficar curiosa por entender como as pessoas resistiam. Eu bisbilhotava porque estava entediada, e de certa forma isso se tornara meu próprio mecanismo de enfrentamento.

Comecei a adorar as casas com vida, que não ecoavam no vazio. Gostava de minhas manhãs de sexta-feira com Henry. Nunca bisbilhotei nas casas em que não era invisível, em que meu nome era "Stephanie" em vez de "serviço de limpeza", ou mesmo "FAXINEIRA", no calendário deles. E nunca xeretei as coisas dos clientes que consegui por conta própria, fora da Classic Clean. Tínhamos um respeito mútuo um pelo outro, e com o tempo alguns se tornaram amigos. Bisbilhotar era como descobrir pistas, encontrar evidências das vidas secretas de pessoas que, aparentemente, tinham tudo. Apesar de ricas e de terem casas de dois andares, vivendo o sonho americano — as pias de mármore nos banheiros, os escritórios com janelas panorâmicas com vista para o mar —, ainda faltava alguma coisa em suas vidas. Adquiri um fascínio pelas coisas escondidas em cantos escuros e pelos livros de autoajuda em busca de esperança. Talvez eles só tivessem corredores mais longos e closets maiores para esconder as coisas que os assustavam.

&

A Casa de Lori foi planejada para ela e para pessoas que sabiam cuidar de sua doença de Huntington. Ela passava a maior parte do dia em uma poltrona estofada, em frente à TV. Mal conseguia falar, mas os cuidadores pareciam capazes de compreendê-la. Seus membros pensavam por conta própria; de vez em quando, suas pernas ficavam estendidas no ar. Os cuidadores de Lori a alimentavam, limpavam e ajudavam a ir ao banheiro. Enquanto eu tirava o pó da TV e das prateleiras cheias de fotografias, Lori me observava com seus olhos escuros, alertas.

Em terças-feiras alternadas, passava seis horas na casa dela. Era grande e fora projetada pelo marido, que tinha um loft no andar de cima, onde dormia na maior parte dos fins de semana. Lori tinha uma equipe rotativa de cuidadores, mas Beth sempre parecia estar lá nos dias em que eu estava. Ela me oferecia café, e, mesmo que eu raramente aceitasse, com frequência conversávamos enquanto eu limpava.

SUPERAÇÃO 177

Na manhã antes de minha segunda ou terceira vez limpando a Casa de Lori, o leitor de DVD que Travis comprou de aniversário para Mia quebrou. Mia começou a chorar e a chutar em sua cadeirinha. Nós nos tornáramos muito dependentes daquilo durante as longas horas dentro do carro. Já ouvira Elmo cantar sobre orelhas e narizes umas centenas de vezes. Quando cheguei à Casa de Lori naquela manhã, estava uma pilha de nervos e corri para colocar todos os meus produtos dentro do banheiro principal, um cômodo maior que meu apartamento inteiro.

Tive que me esconder de Beth naquele cômodo, enquanto readquiria um pouco de compostura. Era o único lugar no andar térreo que tinha porta. A banheira tinha janelas por todo lado, e eu precisava subir nela para limpar os peitoris. *Você sequer consegue comprar outro*, repetia uma voz em minha, cada vez mais forte. Meu corpo se encolheu e me sentei, arfando, segurando os joelhos e balançando. O leitor de DVD não chegava nem a 100 pratas, mas eu não podia comprar um novo. Aquele pensamento ativou uma avalanche de todas as outras coisas que não podia prover à minha filha: uma casa decente, uma família, seu próprio quarto, armários cheios de comida. Apertei com força meus joelhos, sem me incomodar em secar as lágrimas do meu rosto, e comecei a sussurrar meu mantra para interromper o turbilhão de medo que me engolia. Para me confortar, para impedir que a espiral negativa virasse um pânico real.

Eu te amo. Conte comigo. Eu te amo. Conte comigo.

Quando eu era sem-teto, uma terapeuta me apresentou à ideia de mantras; só depois vieram frases como "ninguém morre de um ataque de pânico" ou visualizar minha filha dançando e combinar minha respiração com a velocidade do pêndulo. Nada disso funcionou. O que minha mente precisava saber era que alguém estava lá para fazer tudo melhorar. Naquele verão, com dentes cerrados, decidira que essa pessoa seria eu, não um homem ou uma família, e que sempre seria apenas eu. Tinha que parar de esperar alguém aparecer e me amar. Tinha que fazer isso por conta própria, baixando a cabeça e enfrentando tudo o que a vida me trouxesse.

Após aquela manhã do leitor de DVD quebrado, sempre que limpava a banheira de Lori o vulto de mim mesma naquela manhã me assombrava. Eu me via sentada, balançando e sussurrando, esperando a respiração se acalmar. Fiquei lá parada algumas vezes, olhando com compaixão para aquele espectro, minha antiga versão, como um eu mais velho e mais sábio, oferecendo um gesto cuidadoso de conforto. Aprendi a olhar para aquele eu mais sábio em momentos de pânico também. Aquele que, dez anos a partir de agora, teria sobrevivido a poucas e boas. Eu só tinha que manter a fé em sua existência.

Em uma terça-feira, liguei para Pam e perguntei se poderia dividir a Casa de Lori em dois dias ou talvez fazer uma limpeza de três horas só dessa vez. Mia estava doente com sinusite há vários dias e, ainda por cima, pegara conjuntivite. Eu não podia levá-la à creche, e não podia perder o pagamento de mais um trabalho. Liguei para Jamie naquela manhã e lhe pedi que cuidasse dela por alguns dias. O plano era primeiro levá-la ao pronto-socorro e depois ir até nosso ponto de encontro no cais das balsas, para somente depois dar meia-volta e ir à Casa de Lori, onde poderia trabalhar até tarde e terminar o serviço.

Mia e eu compartilhávamos muito minha cama de solteiro, o que não era ideal mesmo quando ela estava bem. Ela se debatia durante o sono, chutava, agitava os braços, esmurrava meu olho. Nos vários dias anteriores, seu nariz entupido, febre e desconforto geral a fizeram levantar durante a noite, chorando e pedindo ajuda. Há dias eu não dormia bem.

Desde que me tornara mãe solo, eu me referia às fases de nosso progresso como "um nível totalmente novo de exaustão". A maioria dos meus dias parecia à deriva, como um barco com motor quebrado em meio a uma névoa densa. Às vezes, a densidade se dissipava um pouco; eu conseguia enxergar, conseguia pensar, conseguia até contar piadas e sorrir, e dar risadas e ser eu mesma por uma tarde. Não houve muitos momentos assim desde que estávamos por conta própria. Desde que tínhamos nos tornado pessoas sem-teto. Desde que eu lutava, todos os dias, para não voltar a um abrigo. No entanto, mentalmente eu me preparava para outro nível — o acréscimo das lições de casa cobrindo a agenda que eu batalhava para preencher de trabalho. Eu nunca me perguntava como fazer as coisas. Apenas sabia o que precisava ser feito. E fazia.

Do estacionamento da farmácia, liguei para minha chefe e para Jamie a fim de mantê-los informados sobre meu trajeto. Disse à minha chefe que estaria na Casa de Lori em algumas horas — demorou um pouco mais de uma hora para encontrar Jamie e entregar Mia. Sua voz ao telefone demonstrava altos níveis de irritação, mas ignorei. Ele não gostava de dar remédio a ela, não confiava em médicos e culpava a creche por deixá-la tão doente o tempo todo. Não tive tempo de dialogar com ele naquela manhã, o que o aborreceu mais. Eu o interrompi, disse-lhe que a deixaria com os remédios e as instruções, e que era só seguir tudo o que elas diziam.

"Esses antibióticos só estão deixando-a mais doente", disse, em tom sarcástico. Ele dizia isso sempre que ela tinha de tomá-los por conta de sinusite ou infecção de ouvido. Eu também não gostava de lhe dar antibióticos, sabendo que eles mascaravam o problema real — que nosso estilo de vida, nossa moradia estavam deixando-a doente. Mas parecia não haver outra opção disponível.

"Apenas faça, Jamie", disse. Desliguei fazendo uma careta. Então virei-me e olhei para Mia na cadeirinha atrás de mim. Ela usava uma camiseta vermelha com um desenho de um cavalo com chapéu de caubói e uma calça preta justa com um buraco no joelho. No colo, tinha um novo brinquedo de banho que eu comprara por cinco pratas no Walmart — uma boneca da Pequena Sereia cuja cauda mudava de roxo para azul na água quente. Ela olhou para mim, tonta por causa do nariz entupido, com olhos vermelhos brilhantes e uma gosma se acumulando nos cantos. Dei-lhe um tapinha no joelho, afaguei um pouco sua perna e então olhei para a frente, respirei fundo e liguei o carro.

Seguimos a oeste pela Highway 20 até a costa. Eu viajava por essa estrada entre Mount Vernon e Anacortes desde que nasci. Um trecho em particular me fazia recordar de uma noite, quando eu devia ter quase a idade de Mia, olhando para as estrelas a caminho de casa depois de visitar meus bisavós. Era véspera de Natal, e forcei os olhos, procurando pela luz vermelha do nariz de Rudolph. Mia era a sétima geração de minha família a nascer na região. Esperei que essas raízes profundas também nos dessem uma base, mas não deram. Elas estavam distantes demais, enterradas demais. A história de minha família continuava evasiva para nós. Comecei a ficar cansada de perguntar a membros da família se queriam ver Mia, e ansiava por avós, tias e tios como alguns de meus clientes — com casas cheias de fotos, o número de telefone dos filhos na discagem rápida e uma cesta cheia de brinquedos em um canto, que mantinham à mão para os netos. Em vez disso, eu tinha breves momentos de convívio familiar em uma estrada, lembranças entranhadas tão profundamente em mim que eram quase partes do meu corpo.

Nos momentos em que meu desespero batia por completo e por tempo demais, pensava nessas coisas. Embora estivesse grata por Jamie poder ficar com Mia durante a semana, eu sabia que teria um preço. Ele usaria isso contra mim, tocaria no assunto quando achasse que deveria me apontar o dedo por trabalhar demais, citaria isso como uma razão para Mia morar com ele.

"Mamãe", disse Mia, da cadeirinha. "Mamãe."

"Sim, Mia", disse, com o cotovelo pressionando a janela e a parte de cima do painel da porta, a mão acariciando a testa enquanto dirigia.

"Posso baixar minha janela?", perguntou, com um pouco de chiado em sua voz doente. "Quero que o cabelo da Ariel brilhe como no filme." Baixei, sem me importar com o quanto isso parecia ridículo. Só precisava chegar ao trabalho. Precisava terminar o serviço. Precisava dormir.

Pegamos a estrada sobre o canal que separa o continente da Ilha Whidbey. Dei uma olhada à direita, quando um Ford Bronco marrom mais antigo passou por nós. Troquei olhares com o motorista e ele me deu um sorriso, depois apontou para a janela de Mia, no exato momento em que vi um brilho de cabelo vermelho passar pela janela traseira, atrás da cadeirinha de Mia.

"Minha Ariel!", gritou ela, chutando o assento à sua frente. Ela deixara a Ariel por muito tempo fora da janela e perdera o controle.

Cerrei o maxilar e olhei para trás. Mia chorava como se eu tivesse atropelado um cão recém-nascido. Na próxima curva havia um semáforo onde eu poderia fazer um retorno. *Tenho tempo*, pensei. Poderia dar a volta, parar no lado leste da estrada, saltar, pegar a boneca e depois pegar a próxima saída, passar por baixo da ponte, virar, e estaríamos a caminho. Parecia lógico enquanto dirigia a 60 quilômetros por hora em meio a uma densa névoa de exaustão e o berreiro de uma criança no banco traseiro.

"Vou voltar para pegá-la", gritei, para tentar fazê-la parar com os gritos. Minha cabeça doía por conta da falta de sono e duas xícaras grandes de café que tomara naquela manhã para compensar. Estava há muitos dias cuidando de uma criança doente e precisava desesperadamente de um descanso. Só queria que a gritaria parasse.

Após retornar, fiquei na faixa esquerda, acelerando e reduzindo de novo, convergindo para o lado esquerdo. Era um dia de setembro atipicamente quente. Ao sair do carro para o asfalto, o vento dos veículos que passavam acelerando estava quente, soprando através de minha camiseta verde favorita, que já estava puída pelos anos de uso. Esquadrinhei a grama que separava o tráfego à direita e à esquerda, com meu rabo de cavalo batendo tanto no rosto que usei uma das mãos para segurá-lo contra a cabeça. Eu devia parecer estranha procurando por uma boneca em meio a papéis de bala e garrafas de refrigerante cheias de mijo que foram descartadas no canteiro central.

Finalmente, vi o tufo de cabelo vermelho. Cheguei mais perto; era Ariel. Mas só a cabeça. "Merda", disse para mim mesma, e então olhei para o carro, em pânico, sentindo um peso repentino no estômago. Fora uma má ideia. Mia choraria o caminho todo até Port Townsend por causa de uma boneca que agora estava quebrada em vez de perdida. Talvez o pai dela pudesse consertar; de algum modo, poderia colá-la. Então, vi o contorno da cauda, dividida em duas partes, mas nenhum sinal da parte de cima do corpo com o sutiã em formato de concha. "Merda", disse, de novo. Baixei-me para pegá-la e ouvi.

O som de metal amassando e vidro explodindo ao mesmo tempo. Era um som que eu conhecia de acidentes que sofrera quando adolescente, mas nunca havia ouvido daquele jeito. Um carro. Batendo em outro carro. Meu carro. Meu carro com Mia sentada no banco traseiro.

Aquele som era o da janela explodindo perto da cabeça de minha menina, estourando como um balão de vidro.

Soltei a cabeça da Ariel, gritei e corri. *Isso não é real*, pensei, correndo. *Isso não é real*. Quando alcancei o carro, meu grito havia se transformado em um *Não. Não. Não-não-não*.

Quando abri a porta do carro atrás do lado do motorista, a cadeirinha de Mia estava à minha frente, fora do lugar. O vidro traseiro estava quebrado. Ela cravou os olhos arregalados em mim, com a boca aberta, parada, em um grito silencioso. Respirei, e ela estendeu os braços em minha direção. Movi o assento do carro. Ao lado dela, o piso do carro estava curvado, amassado para dentro e para cima, quase atingindo Mia. Ela levantou os pés, protegidos apenas por sandálias com luzinhas.

Desapertei seu cinto e imediatamente senti seus braços em torno do meu pescoço, senti suas pernas empurrando o assento com força suficiente para nos afastar do carro. Ela entrelaçou as pernas em mim, e abracei-a com força e solucei, levando-a para longe dos destroços do veículo.

Os carros em ambas as direções reduziam ao passar, motoristas punham a cabeça para fora para ver o estrago. Fiquei em pé no canteiro do meio, a cerca de três metros do carro do qual dependíamos para viver, agarrada à minha filha de três anos, sentindo como se tudo ao nosso redor tivesse começado a girar feito um ciclone.

O outro motorista, um adolescente magricela com cabelo espetado, veio caminhando em nossa direção, seu carro havia parado a uns 30 metros de distância. Ele tinha um machucado acima do olho esquerdo. Sua camisa branca de manga curta com botões se agitava ao vento, revelando uma regata listrada sob ela.

"Você está bem?", disse. Então, fixou os olhos em Mia. "Ai, meu Deus, ela estava no carro?"

"É claro que ela estava no carro, seu idiota de merda!", gritei em um novo tom, que não se parecia com nada que eu já ouvira antes. Não parecia minha própria voz. "Como conseguiu bater na porra do meu carro?" Ele não respondeu. "Como conseguiu bater na porra do meu carro?", repeti. Disse aquilo mais e mais vezes, sem estar falando com ninguém na verdade, enterrando as palavras no ombro de Mia. Como aquilo pôde acontecer conosco? Como estávamos no meio de uma estrada, sozinhas, com um carro destruído pelo qual eu ainda estava pagando, do qual precisava para trabalhar, do qual precisávamos para sobreviver? Era nosso *carro*, tão importante quanto um braço ou uma perna para nos manter em movimento.

O garoto deu um passo para trás, e pressionei minha testa contra Mia e lhe perguntei, de novo, se ela estava bem.

"Estou bem, mamãe", disse, com a voz atipicamente equilibrada e calma. "Estamos bem."

"Estamos bem?", disse eu, arfando. "Estamos bem?" "Estamos bem", disse ela, de novo. "Estamos bem." Segurei-a forte, sentindo meu corpo começar a mudar do estado de pânico para o de desalento.

Uma mão fria tocou meu ombro e me virei, pronta para encher aquele garoto de porrada, antes de ver que a mão pertencia a uma loira bem baixinha. Sua voz tímida saiu tão baixo que não pude ouvi-la ou compreender o que ela dizia, mas seu rosto demonstrava preocupação.

"Você está bem?", perguntou. Não respondi. Contemplei a mulher por um instante, tão transparente que parecia um anjo. Que tipo de pergunta era aquela? Eu estava bem? Não tinha a menor ideia. Quase perdi minha filha. Essa criança nos meus braços. Essa criança que colocara a palma da mão em minha bochecha naquela manhã e sussurrara: "Amo você." Essa criança que compartilhava minha cama e adorava panquecas. Essa criança poderia ter morrido.

"Minha filha", disse, a plenos pulmões. Foi tudo que consegui pensar em dizer, e enterrei novamente o rosto nos cabelos de Mia.

Outro carro também parou, estacionando atrás do Suburban preto dela. O motorista estava ao telefone. Eu não conseguia fazer nada além de agarrar Mia. Não conseguia parar de chorar. Meu carro. Meu carro estava morto na beira da estrada. Meu carro insubstituível. O carro que eu não podia nem pensar em perder. O carro de que dependia para ter condições de trabalhar, de manter meu emprego, de sobreviver.

A polícia chegou primeiro para organizar o trânsito e avaliar o local. Eles me perguntaram o que aconteceu, ouvindo-me pacientemente entre meus engasgos para recuperar o fôlego. Alguns policiais começaram a examinar as marcas de derrapagem que os pneus do meu carro fizeram quando foi empurrado pelo menos 30 centímetros para a esquerda. O pneu traseiro direito se projetou para a lateral, o ferro atrás dele se retorceu e amassou. Tudo dentro do carro mudou de lugar com a batida. A fita cassete no rádio ficou pendurada para fora, pronta para cair a qualquer instante. Mas eu não conseguia parar de olhar para o banco traseiro onde Mia estivera, em sua cadeirinha tão inacreditavelmente perto da janela destruída, para o chão que fora empurrado para cima em direção aos dedos dela. No impacto, sua cadeirinha se deslocara para longe da janela, e, não sei como, ela não estava ferida.

Um dos policiais puxou uma trena pequena. "O que você está fazendo?", perguntei, uma nova onda de pânico batendo no peito.

"Precisamos tentar determinar a culpa, dona", disse ele. "Afaste-se, por favor."

Culpa. Minha culpa. É claro que era minha culpa. Fui eu que encostei em uma porra de uma estrada, que saí para procurar uma porcaria de boneca e deixei minha filha no carro, correndo risco.

Dois paramédicos saltaram de uma ambulância, um correndo em direção ao outro motorista e outro na nossa. Chegou outra ambulância e, depois, o caminhão de bombeiros. O trânsito se arrastava pela estrada, e eu tentava ignorar as bocas abertas, o pessoal esticando o pescoço, a sensação de que estávamos dentro de uma porra de um aquário.

Quando sentei Mia no banco da parte traseira da ambulância, ela soltou os braços do meu pescoço pela primeira vez desde que eu lhe desafivelara o cinto. O paramédico lhe fazia perguntas, pedia para olhar seu peito descoberto. Ele lhe deu um urso de pelúcia que usava uma camisola e uma touca, com os olhos fechados e mãos juntas que pareciam estar em oração.

"Veja como ela vai passar a noite", disse ele, com os cabelos e olhos castanhos e pele cor de oliva me fazendo lembrar, por algum motivo, de meu irmão. "Se você notar qualquer ferida, ou ela demonstrar dor por qualquer motivo, leve-a imediatamente." Ele olhou novamente para Mia. "Ou você pode levá-la agora à sala de emergência se quiser que ela tire raios X." Olhei para Mia, tentando registrar o que ele disse, agora vendo que o cenário completo poderia ser pior se ela estivesse ferida, com fraturas, sangrando ou corrido para o hospital naquela ambulância. Sacudi a cabeça. A logística era confusa demais. Eu não sabia se a Medicaid cobria trajetos de ambulância e imaginava uma conta de milhares de dólares que não conseguiria pagar. E não podia deixar meu carro — que era quase uma família para nós; ele guardava na traseira os produtos de limpeza que provinham toda a nossa renda. Eu teria que pagar para substituí-los se algo acontecesse com eles, e não podia bancar isso. Eu não conseguia viver sem saber o que aconteceria em seguida.

Mia abraçou o urso, com olhar fixo no equipamento da ambulância. De novo, passavam flashes em minha mente com imagens de seus olhos me encarando assustados enquanto respirava por trás de uma máscara de oxigênio, com o cabelo cheio de sangue, o pescoço em um suporte. Ela levantou os braços para eu abraçá-la de novo. Carreguei-a até nosso carro, tirei a câmera da bolsa e tirei várias fotos enquanto esperava a polícia decidir nosso destino.

Um dos policiais se aproximou de mim: o mais baixo, careca, com a barriga pendendo sobre o cinto. Ele me fez as mesmas perguntas a que eu já respondera: por que parara, como parara, onde havia estacionado e se havia ligado imediatamente o pisca-alerta.

"Dona, continuaremos a investigação e a reportaremos a nossa companhia de seguros", disse ele. "Não se sabe se o homem que a acertou tinha seguro."

Por um momento, pareceu que meus joelhos iam ceder. Será que eu tinha cobertura para motoristas sem seguro? Deveria ter. Eu ainda pagava o financiamento do carro. Acho que isso significava que eu tinha cobertura total em vez de apenas garantia. Certo? Solicitei isso, certo? Não conseguia lembrar.

Ele puxou outro bloco de papel e destacou um recibo, entregando-o junto com minha carteira de motorista, documento do carro e cartão do seguro.

"Senhor", disse, vendo o valor de US$70 na multa, mas sem aceitá-la, tentando entender como eu merecia aquilo. Olhei em seus pequenos olhos azuis. "O que isso significará para mim em termos de prejuízos?"

Ele olhou para mim, depois para Mia, que também virou a cabeça para encará-lo. "Não sei, dona", disse, irritado, depois me estendeu o recibo, acrescentando: "Você pode contestar no tribunal." Mas eu sabia que isso significava que deveria contestar a ele, um policial. Esse homem sem coração entregou uma multa para uma mãe chorosa que quase perdera a filha, que não podia pagar para consertar o carro, muito menos a multa.

Fiquei encarando a multa por ter estacionado em local proibido e olhei para o caminhão do guincho que se aproximava.

"Dona! Tem alguém para vir buscar você?", perguntou o policial. A julgar pelo tom, ele deve ter perguntado mais de uma vez.

"Não sei", disse. Todo mundo para quem poderia pensar em ligar estava no trabalho e a quilômetros de distância. O policial sugeriu que eu pegasse uma carona com o guincho, mas, de novo, perguntei se aquilo me custaria dinheiro e, de novo, ele disse que não sabia. "Por que ninguém sabe quanto as coisas custam?", disse, chorando mais uma vez. Ele deu de ombros e se afastou. O bombeiro tirara meus produtos de limpeza da traseira do carro, junto com a cadeirinha e a mala de Mia com a Hello Kitty na frente, para os fins de semana na casa do pai.

Ficamos na beira da estrada, observando nosso carro ser içado pela rampa do guincho, o pneu traseiro escapando para as laterais e se arrastando como um membro quebrado. Aos meus pés, na grama, estavam minha bandeja de produtos de limpeza, uma sacola de panos e dois esfregões quebrados. Mia ainda estava com os braços em torno do meu pescoço. O local começava a ser liberado. Estávamos prestes a ser abandonadas.

20

"Não Sei Como Você Consegue"

"Por que fez isso?", gritava Jamie ao telefone, falando cada vez mais alto, mais descontrolado. "Por que parou na estrada? Como pôde ser tão burra, porra?" As palavras exatas que eu já estava repetindo na cabeça. Na voz dele, inclusive.

"Tá, ligarei mais tarde", disse, antes de desligar.

Mia começou a chorar. Ela queria falar com ele. Queria que viesse buscá-la. Senti o estômago revirar, com medo de que ele pudesse usar aquilo para obter a guarda, que isso pudesse ser a vantagem que precisava para ganhar a causa com a qual me ameaçava todas as vezes que eu fazia algo de que ele não gostava. Ele queria que eu tivesse de lhe pagar pensão alimentícia. Queria que eu sofresse.

O Oldsmobile azul-claro de vovô se arrastava pelo trânsito, ainda congestionado pelo acidente. Alguns policiais sinalizaram para que entrasse. Embora fosse mais baixo que o policial baixinho, o que me deu a multa, vovô estava todo sério quando saiu do carro, acenando para os primeiros que chegaram ao local, que ainda estavam lá. Mas, quando veio até nós no acostamento, seu rosto estava vermelho, corado. Por um instante, pensei que ele pudesse estar com raiva de mim. "Essas coisas vêm conosco?", perguntou, apontando para a pilha de pertences desajeitadamente amontoados ao lado da estrada. Concordei com a cabeça.

Depois de encaixar a cadeirinha de Mia no lugar certo, subimos no carro enorme e vovô disse que precisava colocar combustível. Paramos em um posto de gasolina e estacionamos perto da bomba. Vovô olhou para mim por um segundo e, depois, para Mia. Seus olhos começaram a lacrimejar.

"Não tenho dinheiro o suficiente", disse ele, ficando corado novamente.

"Vou pagar", disse eu, alcançando a maçaneta da porta.

"Talvez eu pegue um café para nós", disse ele. "Você precisa de um pouco de café, suponho. Acabei de mudar para chá verde. Quer um pouco de chá verde?"

Quis brincar sobre precisar de algumas doses de uísque, mas percebi que precisaria falar sério ao fazer o pedido. "Claro, vovô", disse, forçando um sorrisinho. "Café seria ótimo."

Vovô cuidou de vovó durante a maior parte do casamento deles, já que a esquizofrenia dela avançou e sua morte, há um ano e meio, deixara-o com muito tempo livre, do jeito mais desesperado e solitário. Eles se conheciam desde o jardim de infância. Como casal, ela era mais alta que ele, sobretudo com os centímetros a mais de seu penteado, porque ele tinha pouco mais de 1,50m. Quando eu tinha a idade de Mia e ficava com eles, vovô nunca perdia a chance de me exibir para os amigos, contando às pessoas sobre as fitas que gravara de mim cantando "Popeye, o Marinheiro" e se oferecendo para reproduzi-las.

Ele se mudou de casa depois que vovó morreu. Foi a única casa onde eu sabia que ele tinha morado, além do trailer deles, e saber que ela não estava mais lá causou uma sensação estranha. Por um tempo depois, ele alugou um quarto de uma mulher na cidade. Lembro-me de visitá-lo, de ver os bibelôs que eu cresceria admirando e com os quais brincava, e pensar em como era estranho vê-lo ali, mal conseguindo pagar por um quarto. Ele ainda trabalhava como corretor de imóveis, mas a recessão desacelerara drasticamente esse ramo de negócios, que não se recuperara. Ele começou a dormir no depósito, em seu escritório. Minha incapacidade de ajudá-lo me trouxe uma culpa profunda, sobretudo depois que ele nos acolhera durante uma briga com Travis. Queria muito poder ajudar de alguma forma.

Sempre que o via, ele tentava me dar alguma herança de família ou livro de colorir, com o nome da minha mãe rabiscado na frente. Às vezes, pegava alguns para agradá-lo e então deixava-os no meu carro para doar. Não tinha lugar para nada daquilo. Vovô ainda insistiria que eu os levasse, contando as histórias deles: "Sua tataravó vendeu a aliança dela para comprar essa máquina de costura", dizia. Eu não podia ficar com nenhuma dessas heranças ou lhes dar o espaço que mereciam. Não tinha lugar em minha vida para apreciá-las.

Travis retornou minha ligação enquanto eu colocava gasolina. Ele não queria detalhes; só queria saber onde nos buscar. Quase me esqueci de que deixei recado no seu celular. Achei que ele gostaria de saber o que aconteceu. Talvez eu quisesse que ele soubesse. Havia pressa em sua voz, e ouvi um motor de diesel ao fundo.

"O que está fazendo?", perguntei. Mia olhava para mim pela janela. Mexi o nariz para ela, tentando sorrir, e pressionei o dedo contra o vidro. Do outro lado, ela tocou no vidro com o dedo.

"Estou engatando a caminhonete dos meus pais no trailer", disse, com respiração ofegante. Imaginei se ele achava que viria pegar nosso carro arruinado.

"Não, Travis", disse. "Estamos bem. Estão cuidando de tudo." Desliguei antes que ele pudesse dizer que eu estava mentindo. Estava vulnerável demais para vê-lo. Eu sabia que, mesmo com o corpo inteiro ainda tremendo pelo choque, se Travis viesse nos resgatar, ajudando a colocar tudo em ordem novamente, corria o risco de querer ficar com ele de novo. Passara todo esse tempo tentando sobreviver por conta própria. Apesar de ter ligado para ele, não queria voltar correndo para seus braços de novo.

A caminho de casa, começou a chover. Pedi a vovô que parasse no Walmart e esperasse com Mia no carro enquanto eu ia à loja. Andei apressada, com a cabeça baixa, evitando contato visual. Imaginei que qualquer um que olhasse em minha direção me reconheceria como a garota que quase matara a filha no acostamento da Highway 20. Queria, mais que o habitual, gritar no meio do Walmart, a ponto de aquilo estar tão próximo do incontrolável que me assustou. Não conseguia parar de ouvir o barulho das janelas arrebentando. O som ficava se repetindo tão alto que fechei meus olhos e cerrei a mandíbula para conseguir me controlar.

"Cadê as porras daquelas bonecas de sereia?" Percebi que disse isso em voz alta, enquanto uma garotinha e sua mãe olhavam para mim. As bonecas estavam esgotadas; o espaço em que elas ficavam penduradas estava vazio. Mas, acima dele, havia uma versão atualizada: uma boneca maior, com mais cabelo e um botão que você pressionava para ouvi-la falar, por US$19,99. Peguei-a. Depois eu me viraria com as contas. Não tinha como eu não devolver à minha filha a porra da boneca naquela tarde.

Quando paramos em frente ao estúdio, a chuva continuava a cair enquanto vovô e eu carregávamos meus produtos de limpeza e as sacolas. Um pedaço de vidro caiu de uma delas no chão do apartamento, e acabou espetado no calcanhar de Mia, mas, não sei como, causara-lhe tão pouca dor que no início ela nem notou. Foi o único ferimento dela. Físico, quero dizer. E eu podia dar um jeito nele.

Vovô ficou parado no apartamento, no pequeno espaço aberto ao lado da porta, olhando em volta. Ele nunca nos visitara aqui. Ninguém da minha família. Eu me perguntava se ele notaria que me desfiz das coisas que me dera.

"Você não tem um micro-ondas", disse, com o olhar fixo no canto onde ficava a cozinha.

Olhei para as bancadas vazias, exceto por uma tábua de cortar e um escorredor de pratos, e pequenas demais para muito mais coisas. "Não tenho espaço para um micro-ondas", disse.

"Você poderia colocá-lo em cima da geladeira", disse ele, apontando para o local em que eu colocara uma planta. "Tenho um no escritório que não uso. Vou trazê-lo para cá."

"Por favor, vovô", disse eu, baixando-me para pegar Mia. "Não tenho espaço, só isso."

Seus olhos lacrimejaram de novo. Meu celular começou a vibrar dentro do bolso. Reconheci a longa série de dígitos dos números telefônicos internacionais de mamãe.

"Você ligou para minha mãe?", perguntei, sem conseguir esconder a irritação.

"Claro que liguei", disse ele. "Ela precisava saber que a filha e a neta sofreram um acidente."

Senti meu maxilar travar. Eu sabia que, agora que vovó se fora, mamãe nunca deixava de ligar para vovô no domingo à tarde. Sabia que ela lhe perguntaria se ele nos tinha visto, ou como estávamos, ou o que estávamos fazendo. Naquele momento, mais do que nunca, não senti que ela teria direito a nenhuma informação sobre nosso acidente. Precisei dela naquele verão, quando Mia ficou muito doente e precisou de tubos nas orelhas. Precisei dela várias vezes desde que se mudara para a Europa. Precisei dela e não lhe podia telefonar. Mal conseguíamos conversar mais, ecoavam sinais horríveis em nossas ligações enquanto William ficava perto, escutando tudo. Quase conseguia ouvi-lo respirar. Ele ria sempre que mamãe fazia uma brincadeira. Eu não conseguia lidar com isso. Não mais. Então, parei completamente de falar com ela, decidindo, de novo, que era menos doloroso não tê-la em minha vida. Era mais fácil não querer nem esperar nada dela. Estava com raiva dela por ter largado sua vida aqui. Por estar longe. Nunca entendi como conseguiu. Não quis nem tentar.

Vovô foi embora e coloquei Mia no banho com bolhas de sabão e sua boneca nova. Mamãe ligou de novo. Sentei-me na privada perto da banheira e vi meu celular acender em minha mão. Ignorei-o e fiquei vendo Mia brincar com sua nova sereia. Mia sentada na banheira, sua pele escorregadia sob as bolhas, seus cabelos grudados nas bochechas. Queria ir até ela, envolvê-la nos braços e colocar meu ouvido contra seu peito para ouvir seu coração.

Eu me perguntava se mamãe um dia tivera esses sentimentos por mim. Imaginava por que ela nunca chegava mais perto após me dar um abraço de boa-noite, a fim de me reafirmar sua presença, de que ela me amava muito, muito mesmo. Queria saber, mas não o suficiente para perguntar. Às vezes, eu me imaginava perguntando a ela, perguntando por telefone, mas sabia que não ganharia nada com isso. Ela estava lá; era o suficiente para ela. Talvez isso fosse tudo que ela sempre sentiu que precisava ser.

Naquela noite, Mia ficou acordada até tarde, não só por causa do nariz entupido e dos olhos coçando, doloridos, mas porque eu não queria colocá-la na cama. Os trinados alegres de sua voz evitavam que eu caísse no choro. Quando ela me olhava, eu sabia que precisava me manter forte. Deitamos em nossa cama de solteiro, as cabeças no mesmo travesseiro, e ficamos de frente uma para a outra. Então, seus olhos se fecharam, ela se espreguiçou e deu um suspiro, depois sua respiração ficou ritmada. Eu a observei, ouvindo.

Mia dormiu por apenas uma hora antes de uma crise de tosse acordá-la de novo. Já lhe havia dado todos os remédios que podia. Sua tosse se transformou em um tipo de grunhido, com raiva por estar acordada, e ao mesmo tempo cansada demais. Tentei silenciá-la cantando "Wagon Wheel", a música que ultimamente ela adorava, mas nada funcionava. Por fim, de um lugar quase primordial em minha memória, comecei a recitar *Boa noite, Lua*:

Boa noite, quarto, boa noite, lua.

Boa noite, vaca pulando por cima da lua.

Boa noite, luz, boa noite, balão vermelho.

Boa noite, ursos, boa noite, cadeiras.

Mia se acalmou de imediato após escutar e voltou a dormir. Afaguei com o dedo o espaço entre suas sobrancelhas, chorando o mais silenciosamente que consegui, sem acreditar que ela sobrevivera.

Na manhã seguinte, observei Mia comer seu mingau de aveia. Fique lá sentada, com um tipo de fascínio, ainda boquiaberta pelo milagre de não estar ferida, tanto que ela não parecia real. Liguei para Lonnie no dia anterior para contar o que acontecera e solicitar um dia de folga para resolver as coisas, sem saber, na hora, como faria isso. Meu corpo e mente estavam no piloto automático. Após o café da manhã, um homem com quem saíra algumas vezes, Todd, estava vindo nos buscar. Todd e eu íamos sair naquele fim de semana e, não sei como, eu me lembrara de cancelar na noite anterior, incapaz de dar qualquer outro motivo se não a verdade. Não queria admitir que estava com problemas, que nem minha família foi capaz de me ajudar. Todd insistiu que eu pegasse emprestado um carro que ele não usava mais, e hesitei ao pensar nisso. Eu não sabia de fato o que achava de Todd, ou se gostava dele de um jeito sério ou não. Alguns homens, eu descobriria, tinham um pouco de complexo de herói quando o assunto era sair comigo. Eles queriam se apressar e resgatar a donzela em perigo. Não gostava de interpretar esse papel, mas, naquela situação, eu não tinha escolha. Realmente precisávamos ter um carro.

Descrevi Todd para Mia como "meu amigo", explicando que ele nos levaria para um carro reserva, o qual dissera que poderíamos usar por um tempo.

"Depois, levarei você à casa do papai", expliquei, arrumando a louça do café da manhã. Respirei fundo e prendi o fôlego, o contrário do que deveria fazer em momentos como esse, quando meu coração baqueava e começava a disparar. Teria que fazer o mesmo trajeto do dia anterior, passar pela mesma estrada, entrar novamente em um carro com Mia. Não importa o quanto eu quisesse ficar na cama, grudada em Mia, precisava trabalhar. Tinha uma casa para limpar no dia seguinte — uma das maiores, que me tomava a maior parte do tempo às quintas-feiras. Para completar, as aulas começavam na semana seguinte, e precisava organizar meus livros e senhas para acessar os materiais. E presumi que tinha de comemorar meu aniversário de alguma forma.

Enquanto Todd nos levava pela I-5 até o carro emprestado, Mia ficou quieta no banco traseiro. Sua cadeirinha parecia boa, mas eu sabia, já que ela passara por um acidente, que deveria ser jogada fora tão logo pudesse comprar uma nova. Sempre que a olhava, ela me lembrava de como fiquei perto de perder minha filha.

De repente, Mia deixou escapar: "Ruby morreu, mamãe." Ruby era o nome que ela tinha dado à nossa Subaru, por causa de sua cor bordô e porque a chamei de Suba-Ruby uma vez, depois de orgulhosamente carregar a traseira com todos os meus produtos de limpeza pela primeira vez.

Virei-me, olhando para Mia, e coloquei a mão em sua perna. Ela parecia tão frágil e pequena. Senti lágrimas escorrendo de meus olhos novamente. Comprei Ruby usada, mas em perfeitas condições, com apenas 160 mil quilômetros no hodômetro. Mia e eu às vezes passávamos metade do dia naquele carro. Ruby tinha uns 20 anos, mas foi um dos veículos mais bonitos que eu tivera em vários anos. Nossa perda era imensa. Inimaginável. Não conseguia pensar nisso.

"Ruby morreu por minha causa, mamãe", disse Mia, olhando pela janela, falando baixo. "Porque Ariel caiu da janela."

"Ah, querida", disse, tentando virar o corpo para olhá-la do banco da frente. "Não. Foi um acidente. Não é culpa sua. É minha culpa, e olhe lá."

"Você está chorando", disse Mia, ficando com o rosto vermelho, o lábio inferior tremendo, lágrimas começando a encher suas pálpebras. "Você só quis salvar minha Ariel."

Não consegui mais olhar para ela, mas continuei com a mão em sua perna. Queria tanto cobrir meu rosto com as mãos, deixar meus olhos e boca se contorcerem e me entregar a um choro silencioso. Em vez disso, Todd e eu nos olhamos, e lhe dei um sorriso discreto. Eu tinha que estar bem. Não tinha escolha.

Todd saiu da rodovia, desceu algumas ruas e estacionou atrás de um Honda Accord de duas portas. Isso me fez lembrar dos carros que os rapazes dirigiam no ensino médio, uma versão em tamanho real dos carros de corrida de brinquedo com que meu irmão mais novo brincara. Ele checou os fluidos, ligando setas, freios e faróis com um desempenho de especialista, que achei atraente. Todd tinha, de fato, várias qualidades que eu admirava — trabalhava no ramo de construção enquanto construía a própria cabana em um terreno arborizado perto de Port Townsend —, não sabia ao certo porque não sentia nada por ele.

"Estava prestes a vendê-lo, então você pode usar durante o tempo que precisar", disse e então me deu a chave.

"Obrigada", consegui dizer, e o abracei. Esperava que ele soubesse o quanto me salvara do desespero total e, possivelmente, de ficar sem casa. Mas, no fim, como ele poderia? Não lhe contara o quanto minha situação era desesperadora. Gostaria de aparentar ser do mesmo nível dele, e não, sei lá, quem eu de fato era. Nesse aspecto, sair com alguém parecia uma piada. Quando saí do estacionamento, minhas mãos tremeram. Meu corpo parecia agitado, como se tivesse bebido dez xícaras de café. *Não deveria estar dirigindo*, pensei. *Não estou pronta*. Pensei que eu certamente nos envolveria em um acidente de novo, ainda que fosse eu a única pessoa que poderia nos levar aonde precisávamos.

Em um semáforo, sabendo que a entrada para a rodovia estava próxima, desejei que houvesse alguém a quem pudesse ligar para pedir ajuda ou mesmo com quem conversar. Mas não consegui pensar em ninguém que fosse capaz de entender o que eu estava passando, a não ser que soubesse como era ser mãe solo, uma monoparental obrigada a fazer as coisas darem certo como eu fazia.

Quando conversava com amigas sobre minha vida, permitindo-lhes, nem que fosse por um breve instante, espiar pela janela da logística, do estresse, dos malabarismos constantes, ouvia a mesma coisa várias e várias vezes: "Não sei como você consegue." Quando seus maridos saíam da cidade ou trabalhavam até tarde o tempo todo, elas diziam, balançando a cabeça, "Não sei como você consegue", e eu sempre tentava não reagir. Queria dizer a elas que essas horas sem o marido sequer chegavam perto de ser a mesma coisa que ser mãe solo, mas eu as deixava acreditar que era. Discutir com elas revelaria demais a meu respeito, e nunca deixei ninguém sentir compaixão por mim. Além disso, elas não podiam saber, a menos que sentissem na pele o peso da pobreza. O desespero de tentar continuar, por ser a única opção. Elas não podiam saber como era ser eu, na manhã depois do acidente, prestes a dirigir um carro pela mesma rodovia em que ainda havia vidro das janelas quebradas do meu carro, tocando a vida como se tudo estivesse normal, porque era a única opção que tinha.

Embora tivesse certeza de que meus clientes entenderiam, a companhia de eletricidade, não. Não queria nada além de me sentar no sofá com minha filha doente e encher seu copinho de suco enquanto assistíamos ao DVD do *George, o Curioso* três vezes seguidas. Mas tinha que voltar ao trabalho. E tinha que dirigir. Não tinha certeza de qual parecia mais impossível.

"Como" eu fazia as coisas nunca foi a questão. Tenho certeza de que qualquer pai ou mãe faria o mesmo. Ser mãe ou pai solo não é só ser a única pessoa a cuidar da criança. Não é só o fato de não ter alguém para revezar e conseguir descansar ou para a luta da hora do banho e de dormir; essas eram as menores das dificuldades que enfrentava. Eu tinha uma quantidade esmagadora de responsabilidades. Tirava o lixo. Carregava as compras depois de ir ao mercado. Cozinhava. Limpava. Trocava o papel higiênico. Fazia a cama. Tirava o pó. Verificava o óleo do carro. Levava Mia ao médico, à casa do pai dela. Eu a levava à escola de balé se conseguisse encontrar uma que oferecesse bolsas de estudo e, depois, a levava de volta para casa. Observava cada rodopio, cada salto e cada volta no escorregador. Era eu quem a empurrava no balanço, colocava-a para dormir à noite, beijava-a quando caía. Quando parava um pouco, ficava preocupada. Com o estresse me consumindo o estômago. Preocupada se o pagamento daquele mês cobriria as contas. Preocupada com o Natal, dali a quatro meses ainda. Preocupada com a tosse de Mia se transformando em uma sinusite que a afastaria da creche. Eu me preocupava com a piora no comportamento de Jamie, que brigaríamos, que ele voltaria atrás na oferta de buscá-la na creche aquela semana só para me dificultar as coisas. Eu me preocupava se teria de reagendar trabalhos ou perdê-los por completo.

Toda mãe ou pai solo à beira da pobreza faz isso. Trabalhamos, amamos, fazemos. E o estresse de tudo isso, a exaustão, nos deixa deprimidos. Vazios. Fantasmas de nossos antigos eus. Era como eu me sentia poucos dias depois do acidente, como se não estivesse totalmente conectada à terra ao andar. Sabia que, a qualquer momento, uma brisa viria e acabaria comigo.

21
A Casa do Palhaço

Eu a chamava de Casa do Palhaço. A esposa tinha um fraco pelas pinturas de paisagem de Thomas Kinkade, que preenchiam a maioria das paredes no térreo. Mas a longa escadaria que dava para o andar superior estava forrada de pinturas de palhaços. Palhaços tristes. Rostos de palhaços em primeiro plano, com olhos que me perseguiam. Ela também tinha estatuetas de palhaço, mas as pinturas eram o pior. Elas faziam eu me sentir desamparada. Eu as contemplava com um misto de horror e repulsa, e curiosidade — por que alguém desejaria tê-las na própria parede? E se acabasse a eletricidade e a luz da lanterna capturasse um daqueles rostos? Não assustaria as pessoas?

Uma vez por mês eu limpava o andar de baixo, em que dois quartos e um banheiro foram montados para dois filhos adultos. Parecia que os rapazes nunca tinham vivido nesses cômodos, mas a maior parte das lembranças de sua infância estava muito bem organizada. Eu tirava o pó das fitas cassete Bell Biv DeVoe, dos anuários, do relógio do Mickey Mouse; afofava os travesseiros; e organizava os ursos de pelúcia na vertical, um após o outro. Mas naquele dia, o primeiro dia de trabalho após o acidente, fui novamente direto para o banheiro.

Fechar-me no cômodo minúsculo com privada parecia uma resposta natural ao vazio estridente que me puxava em todas as direções. Banheiros eram um bom lugar para se esconder. Eu queria rastejar, ficar de barriga no chão, dedos entrelaçados sobre a parte de trás da cabeça, como em uma simulação de tornado, como se tudo estivesse prestes a desabar em cima de mim. Após o acidente, a Casa do Palhaço, uma casa gigante, de três andares, com vistas para a cidade em que morei com Travis, parecia ampliar o quanto minha vida estava fora de controle. O quanto estava insegura a respeito de nosso futuro. Como, financeiramente, poderíamos não sobreviver.

Fiquei de joelhos em frente à privada e respirei fundo, contando até cinco na expiração, antes de dobrar a ponta do papel higiênico em formato de triângulo — um canto escondido no outro, depois no outro, até formar uma ponta perfeita. Baixei a mão até a cesta de produtos de limpeza para pegar as luvas amarelas. Fragmentos de vidro do acidente voaram por todo o chão.

As lágrimas me cegaram. O lavabo, que momentos atrás me confortara como em um abraço, agora parecia um triturador de lixo. Alcancei o esfregão e saí correndo, com falta de ar. De minha garganta veio o som de um grito gutural, antes de eu romper em soluços. No dia anterior, Jamie me olhara fixo no cais das balsas após correr para tirar Mia de mim, como se fosse uma espécie de super-herói resgatando a filha da bruxa má que a colocara em perigo. Mia começou a chorar, estendendo-me os braços. "Não, meu amor", disse ele, "você precisa vir comigo". Depois, o olhar fixo.

Sentei-me em frente ao chuveiro, descansando a testa sobre os joelhos, passando as fibras do tapete bordô pelas pontas dos dedos. O som das janelas do carro arrebentando abalava meus ouvidos, uma angústia insuportável crescendo no peito. *Estou trabalhando,* disse a mim mesma. *Estou tendo um colapso nervoso no meio do trabalho.*

Havia pedaços de vidro nos dedos das luvas. Sacudi-os e as calcei, mas as lágrimas continuavam a me cegar, então tirei as luvas novamente e coloquei as mãos no rosto, em um esforço para escondê-lo.

Procurei o celular e pressionei o botão para ligar para a casa de Pam. "Não consigo parar de chorar", disse. "Pam, não sei o que fazer. Não consigo parar de chorar." Tentei tomar fôlego. "Stephanie? Você está bem? Onde está?" Ela tinha uma voz tão preocupada, tão maternal, que deixei escapar mais soluços.

"Estou na, er", disse, pondo a mão na boca antes que mais sons constrangedores pudessem escapar. Não consegui me lembrar do nome do proprietário. "Na casa grande com as pinturas de palhaço."

"Nos Garrisons?", perguntou ela.

"Sim", disse eu. Era isso, mesmo. "Hoje estou limpando o andar de baixo também." Minhas palavras soaram como se eu estivesse correndo. "Tem vidro nos meus produtos. Tinha vidro espalhado em Mia. Ela poderia ter morrido."

"Bem", disse ela, então fez uma pausa, como se estivesse procurando palavras. "Você não tinha como saber... dizem que as pessoas se distraem quando estão dirigindo... mas você não estacionou lá pensando que isso aconteceria, certo?"

Em vez disso, pensei no motorista — o qual presumi que estava mandando mensagens ou acendendo um cigarro, ou distraído de alguma forma —, olhando para mim, parada no canteiro central. Será que fui eu a distração que fez com que ele perdesse a direção?

Pam sabia de minha situação financeira. Sabia que eu precisava dessas horas, que não podia ficar sem trabalhar, sem ser paga por elas. Naquela manhã, ela me ouviu enquanto lhe contava sobre ter que dirigir — como minhas mãos tremiam, como tive que passar de novo pelo local do acidente, como tentei não olhar para as marcas de pneu e vidros quebrados no acostamento, mas como, mesmo assim, eu os vi. Tinha somente uma casa para limpar naquele dia. Mas não conseguia.

"Por que não tira folga hoje?", sugeriu gentilmente, após me ouvir. "E amanhã também."

"Amanhã conseguirei trabalhar", afirmei. Era só a Casa da Fazenda. Seria um desafio. "Ficarei bem." Estava tentando tranquilizar mais a mim mesma do que a ela. "Talvez, se eu tirar o dia para ligar para a companhia de seguros e traçar um plano, vou me sentir mais no controle de tudo", disse, começando a acreditar em mim.

"Tudo bem", disse ela, provavelmente sorrindo. "Depois, vou precisar que você volte ao trabalho. *Você* precisa voltar ao trabalho. Não adiantará de nada continuar a se entregar desse jeito." Ela fez uma pausa. Ouvi a TV ao fundo. "Confie na sua força", acrescentou. Mas, para mim, era difícil acreditar que ela ainda estava lá.

Ao terminar a ligação, suspirei, sem perceber o quanto precisava de um pouco de compaixão. No dia anterior, meu pai gritou comigo ao telefone porque eu postei sobre o acidente no Facebook. Ele disse que qualquer um conseguiria ver a foto do meu carro destroçado e usá-la contra mim.

"Eles teriam que ser meus amigos para vê-la", disse eu, aborrecida com a paranoia dele e magoada por ser a única coisa com a qual parecia se preocupar. "Preciso conseguir contar isso às pessoas, pai."

"Não acho que você deveria falar sobre isso de maneira alguma", esbravejou. "Percebe que a companhia de seguros pode pensar que a culpa é sua? Sequer chegou a cogitar isso?" Mas ele não entendia, ou não conseguia entender, o quanto eu precisava de apoio naquele momento, mesmo que viesse de comentários deixados por alguém sob a foto, mesmo que estivessem a milhares de quilômetros de distância.

"Sim, pai", disse, com calma. "Sim, pensei nisso." Fiz uma pausa, ouvindo-o tragar um cigarro e soltar a fumaça. Queria que ele me convidasse para ir lá; que se oferecesse para pedir uma pizza para mim. Tudo, menos um sermão. "Eu, er. Preciso ir, pai." Reparei que ele não disse que me amava antes de falar tchau. Por outro lado, eu também não disse.

Em vez de ir para casa, fui ao ferro-velho limpar meu carro. Os colares de miçanga e a margarida de vidro colorido ainda estavam pendurados no retrovisor. Recolhi minha xícara de café, feita por um amigo, na qual cabiam perfeitamente duas doses de espresso. Tirei da janela o adesivo do "Alaska Girls Kick Ass". Tirei umas 12 fotos da traseira destroçada de Ruby, agora irreconhecível. O porta-malas fora empurrado para dentro, perto da entrada de combustível, que agora estava dobrada para a frente, amassada como papel alumínio descartado.

Coloquei a mão na janela traseira, onde o vidro encontrava a borda, no canto, além do alcance do limpador de para-brisas. Meus olhos se fecharam; minha cabeça baixou. Juro que consegui sentir sua dor.

Este carro de combate mantivera minha menina segura, e agora, achatado, enfrentava a venda de suas partes. "Obrigada", disse-lhe.

No meio da tarde, sentei-me no sofá, vigiando o céu cinza que parecia carregado daquele tipo de chuva que despencava de uma vez. A terça-feira tinha sido quente e ensolarada, mas o clima voltara à umidade fria habitual que acompanhava o outono no estado de Washington. Tentava ser grata por não termos tomado chuva naquele dia. Não conseguia acreditar que havia apenas dois dias do acidente.

Estava andando de um lado para o outro em meu apartamento, com o celular contra a orelha, ouvindo uma música clássica estridente. Um policial telefonou para me comunicar que o outro motorista tinha um seguro mínimo, então liguei para a seguradora na mesma hora. "Bem, só me mande o número do modelo da cadeirinha, e lhe enviaremos um cheque para isso", disse, ao telefone, a agente da outra companhia de seguros, após vários minutos. "Posso ressarci-la pelas faltas no trabalho também. Além disso, arranjaremos um carro alugado para você e mudaremos seu carro para outro estacionamento. Acho que temos reembolso para o conserto ou para o valor do carro por cerca de..."

"Espere", disse. "Então, não é minha culpa? Vocês estão assumindo a responsabilidade?"

"Sim", disse ela. "Estamos assumindo responsabilidade total por esse acidente. Você estava no acostamento, calculou os riscos, e estava estacionada. Você não é a culpada pelo acidente."

Sua voz continha muita sinceridade. *Não é minha culpa. Não é minha culpa.* Comecei até a acreditar.

A maior parte da minha vida de mãe havia sido caminhar com cuidado nas pontas dos pés, literal e metaforicamente, hesitando em confiar por inteiro na superfície. Sempre que eu reconstruía uma base, paredes, pisos ou mesmo um teto sobre nossas cabeças, sentia a certeza de que tudo sucumbiria de novo. Meu trabalho era sobreviver à queda, sacudir a poeira e reconstruir. Então, tomei uma decisão de confiar em meu instinto; e, quando voltei a trabalhar, disse a Pam que só poderia limpar uma casa por dia. Até deixar Mia na creche, ir a uma casa e limpá-la, a ideia de ir para outra e começar tudo de novo era demais. Eu estava acabada.

De volta à Casa do Palhaço, duas semanas depois, carreguei meus produtos escadaria acima, passando os olhos pelo banheiro principal. Ele tinha lavatório duplo, um chuveiro vertical do tamanho de uma mesa de sala de jantar, uma banheira de hidromassagem em um tablado no canto. A banheira, de novo, me paralisou. Havia algo na intenção de se sentir embalado ou abraçado. Sentei-me dentro dela com um joelho para cima enquanto ligava para um advogado. Ainda precisava descobrir como sobreviver à ruína financeira que o acidente causara.

Contei ao advogado tudo sobre o incidente e o que a companhia de seguros disse que cobriria, mas a quantia que ofereceram pelo meu carro mal quitaria o empréstimo. Precisava de um carro imediatamente. Ele me deu algumas frases-chave para usar na próxima vez que falasse com a mulher que se encarregaria do meu caso. Quando liguei para ela, algumas horas depois, minha voz tremia enquanto repetia as falas ensaiadas.

"Minha filha e eu fomos extremamente afetadas por esse acidente", disse, tentando não parecer que estava lendo anotações. "Ela não está dormindo bem e se assusta com barulhos altos."

SUPERAÇÃO 203

Contei a ela sobre o escapamento do carro de nosso vizinho, como Mia pulava agora, ficando sobressaltada, às vezes a ponto de correr até mim, chorando. Mencionei meu próprio nível de estresse, como agora eu não conseguia conciliar e finalizar tarefas que antes conseguia fazer com facilidade. "O estresse emocional a que fomos submetidas, sentindo os tremores constantes desse acidente, ao lado de minha impossibilidade financeira de comprar um veículo substituto, impôs-nos grandes provações." Respirei fundo. "Precisamos de tratamento para isso. Preciso de terapia e talvez remédios. Mia precisa de ajuda também. Não tenho condição alguma de pagar por isso e muito menos pelas despesas de um carro novo." Parei para respirar fundo de novo. "Se sua companhia não estiver disposta a cobrir os custos de trauma emocional, procurarei um consultor jurídico para receber a indenização adequada." Estivera traçando as palavras em um pedaço de papel enquanto falava, mas, na última linha, meus dedos congelaram. Parei, tremendo e ouvindo.

"Verei o que posso fazer e lhe dou um retorno", disse ela. Dentro de uma hora, ela ligou de volta com uma oferta que quitaria meu empréstimo e me daria quase mil dólares para usar em um carro novo, além da restituição das perdas salariais. Tentei permanecer formal ao agradecer, mas gostaria que ela tivesse visto meu sorriso depois que desliguei o telefone. Eu não sorria daquele jeito há muitíssimo tempo.

Estava observando os anúncios classificados virtuais há dias, mas um bom carro por US$1.200 era difícil de achar. E, então, lá estava ela. Uma pequena perua Honda Civic. 1983. Azul-clara. Travis e Mia vieram dar uma olhada nela comigo. Um casal mais velho dono de uma oficina investira US$2 mil para consertá-la para o sobrinho. Eles reconstruíram o motor, substituíram os freios e colocaram pneus novos nela. O sobrinho decidiu que não queria o carro, então, tecnicamente, quem o estava vendendo era ele. Ela roncava. Tinha transmissão manual. Pertencera a um casal que conservara a papelada original que assinaram ao comprá--la, nova, da concessionária. Ofereci US$1.100. Aceitaram. Mia e eu lhe demos o nome de Pearl [Pérola], a coisa mais brilhante que nascia de uma situação adversa.

Pearl lidava decentemente bem com nosso deslocamento diário, e o alívio em tê-la fez meu nível de estresse cair a níveis drásticos. Minha agenda, por sorte, ainda estava cheia, e era uma boa distração. Se tivesse uma tarde livre, eu a preencheria com um cliente particular. Postei meus serviços de limpeza em um grupo de mães locais no Facebook em vez de na Craigslist, após começar a receber retornos demais me pedindo para fazer a limpeza nua ou com uma fantasia sexy de arrumadeira. Na primeira vez que isso aconteceu, o homem imaginou que estava me ajudando. Como se limpar não fosse degradante o suficiente.

Depois de pôr gasolina para ir trabalhar, meu salário líquido da Classic Clean dava um pouco mais da metade do que eu recebia por hora. Após a limpeza cancelada na Casa do Fim de Semana, tentei evitar deslocamentos de mais de 45 minutos e parei de aceitar clientes novos muito além de um determinado perímetro. Mas Lonnie insistiu que eu aceitasse um novo. "Valerá a pena", disse. "Eles são bem simpáticos." O novo cliente tinha uma casa grande, feita sob medida com detalhes de madeira e pedras fluviais. Eu a limpei somente algumas vezes e pensei nela como a Casa Amorosa. Para chegar lá, dirigia por uma estrada sinuosa de mão única em meio a sempre-vivas altas. No topo da colina, onde a casa ficava, eu podia ver uma fazenda aninhada no vale abaixo. O marido e a esposa ficavam em casa quando eu limpava. Fotografias da filha adulta e dos filhos dela cobriam a geladeira e as prateleiras. O quarto vago ao lado da cozinha parecia constantemente preparado para a volta deles.

O marido me cumprimentou à porta, ávido para me ajudar a levar os produtos para dentro. Um golden retriever peludo abanou a cauda e cheirou meus pés. Tirei os sapatos e sorri para a esposa, que sorriu de volta da cadeira da qual raramente eu a via sair. Lonnie, ao me contar a história da Casa Amorosa, disse que o marido cuidou da esposa em tempo integral durante uma doença prolongada. Pensei que fosse câncer ou outra coisa grave, talvez terminal. A TV estava sempre ligada, transmitindo em alto volume *Dr. Oz* ou programas sobre reforma de casas.

Mas, quando a esposa falava, o marido corria para baixá-lo. Eu tinha problemas para compreendê-la; ela falava muito baixo e com uma voz arrastada. O marido lhe servia almoço e depois a carregava até o banheiro do corredor.

Eles tinham viajado juntos durante a maior parte do casamento, optando por ter um filho mais tarde que o comum. As prateleiras da sala de estar estavam repletas de tambores, esculturas de madeira, estátuas de pedra de elefantes e livros sobre alpinismo. Sempre que o marido falava sobre a vida deles, gentilmente perguntava à esposa se ela conseguia se lembrar de uma recordação feliz. Se conseguisse, ele sorria com tanta ternura e amor que eu me condoía um pouco pela vida deles.

Na primeira vez que limpei a casa, ultrapassei as horas esperadas que a limpeza exigiria. A cozinha e os banheiros não eram limpos com afinco há muito tempo, e levou tempo extra para esfregar as superfícies. Quando terminei, vesti o casaco e depois parei para acenar à mulher na cadeira. Ela fez menção que eu me aproximasse e estendeu a mão para pegar a minha. Com a outra, ela colocou uma nota de dez dólares.

"É mais que meu pagamento líquido por hora", disse, surpresa por ter deixado essa informação escapar. "É quase duas vezes o valor."

Ela sorriu, e me virei para continuar a sair, murmurando um obrigada. Antes de chegar à porta, entregue ao momento, virei-me e disse: "Rapaz, vou comprar um McLanche Feliz para Mia hoje à noite!" Ambos sorriram, e rimos um pouco disso.

Quando recolhi minhas coisas, o marido correu e insistiu que eu saísse pela garagem, já que começara a chover um pouco mais forte. Carregamos a traseira de minha perua com a bandeja de produtos, panos de limpeza e sacola de panos, e ele me pediu que o seguisse de volta à garagem. "Não recebemos mais muitas visitas", disse, e me estendeu um petisco para dar ao cão. Tentando não ficar vermelha ao ser chamada de visita, comentei sobre a motocicleta estacionada ao lado da parede do fundo. Ele sorriu e disse que a filha veio passar uma semana durante o verão, para que ele pudesse fazer uma viagem anual de moto pela costa com os amigos.

Ficamos ambos em silêncio, ouvindo as palavras não ditas. Quis perguntar sobre a esposa, quis saber como era a vida deles, como continuavam felizes e em paz com tudo aquilo. Em vez disso, admiti que também queria uma viagem. "Mesmo um ou dois dias de folga seriam uma boa", mencionei, atipicamente. Nunca conversava com meus clientes sobre a intensidade do esforço que limpar suas casas por salários baixos exigia.

"Ah, é?", disse ele, com real interesse. "Aonde estava pensando em ir?"

"Missoula, em Montana", disse, baixando-me para afagar o cão, pensando em como Mia adoraria ter um como ele um dia. "Sou do Alasca. Parece que é o segundo melhor lugar para se morar."

"É sim", disse ele, sorrindo. "Região linda. Inacreditavelmente ampla. É verdade o que dizem sobre o céu de lá ser maior."

Sorri, deixando a visão, o sonho, percorrer todo meu corpo. "Com sorte, teremos uma chance de visitar", disse.

Ele acenou para mim, depois me disse para ir andando, para que eu pudesse buscar minha menininha. Ao sair de marcha à ré da garagem, acenei para ele. Estar naquela casa me deu a sensação de ter testemunhado o amor em sua forma mais verdadeira. Eles tinham tanta coisa que aquilo transbordava pela porta aberta da garagem.

Aquela casa era tão fora do normal que eu já suspirava ao me lembrar dela, ao voltar para a minha. A maioria dos dias úteis era cheia de uma solidão monótona. Estava constantemente sozinha — dirigindo, trabalhando, ficando acordada até tarde para finalizar tarefas da escola. A exceção eram as duas horas com Mia à noite durante o jantar, banho e histórias de ninar. Meu supervisor na Faculdade Comunitária Skagit Valley arregalou os olhos quando lhe contei que era mãe solo e que trabalhava em período integral. "O que você está tentando fazer aqui é quase impossível", disse ele, referindo-se à carga do curso em que me inscrevera, além de minhas outras responsabilidades. Após nosso encontro, fui ao estacionamento, sentei-me no carro e fiquei sem ligar o motor por muito tempo.

Mas o dever de casa não era difícil, apenas chato. Eu tinha que cumprir matérias básicas como matemática e ciências, aulas que instituições de ensino superior decidiam que você precisava completar, pagar, para receber um diploma. Alguns dos créditos dos cursos que fizera durante meus 20 e poucos anos foram transferidos, mas eu ainda precisava de educação física e comunicação, ambas as quais fazia online, sentada ao computador, sozinha, uma grande ironia.

Se não conseguisse fazer as tarefas durante a semana, deixava para colocá-las em dia nos fins de semana em que Mia estava com Jamie. Eu poderia trabalhar antes nas tarefas. Cada aula se misturava às outras. Fiz um curso de antropologia e outro sobre o clima; todas as informações desapareciam de minha mente no momento em que terminava a prova com consulta. Não fazia sentido gastar tanto tempo e dinheiro — e energia — na escola. No começo, o fim está longe demais. E eu sequer sabia como seria o fim. Só sabia que, para chegar lá, teria de finalizar tarefas sobre os nomes das diferentes nuvens. E, bem, mentir sobre minha rotina de exercícios.

Nesses longos fins de semana sem Mia ou cercada de dever de casa, sentada à mesa redonda de nossa cozinha, longos períodos olhando pelas janelas pareciam inevitáveis. Cada uma delas tinha uma camada fina de umidade que eu enxugava várias vezes por dia quando estávamos em casa, sentindo que a única diferença entre "fora" e "dentro" eram alguns graus e uma vidraça antiga.

Com o tempo nublado, entrei em uma luta persistente com o mofo preto que deixava a mim e Mia doentes. Mia parecia sempre ter muco pingando pelo nariz. Eu tossia como se trabalhasse em uma mina de carvão, às vezes até vomitar. Certa vez, durante uma crise de pânico após tentar me autodiagnosticar procurando sintomas na internet, fui dirigindo ao pronto-socorro. Meus gânglios estavam tão inchados que não conseguia mexer a cabeça, e pensei que estivesse com meningite. Duas semanas depois, recebi uma conta de US$200 pelos poucos minutos que passei conversando com um médico. Em uma onda de fúria, liguei para o departamento de cobrança do hospital, preparada para não pagar a conta de jeito nenhum, sem me preocupar com o que aquilo faria com minha reputação. Ao preencher vários formulários, finalmente os convenci a baixar minha conta por meio de um programa que ofereciam a pacientes de baixa renda. Tudo o que tinha que fazer era ligar e pedir. Sempre me surpreendeu que programas como aquele nunca fossem mencionados. Escritórios de cobrança apenas falavam para ligar para as opções de pagamento, não em reduzir sua conta em 80%.

O clima que o força a ficar em casa também o força a dar uma olhada demorada no espaço que chama de casa. Pensei nos meus clientes que moravam sozinhos. Imaginava-os andando por cômodos vazios, as marcas do aspirador ainda visíveis no carpete. Não queria acabar vivendo como eles. As vidas de meus clientes, as casas por que trabalharam tão duro para comprar, não eram mais meu sonho. Embora tivesse deixado esse sonho para trás há muito tempo, em meus momentos mais sinceros, ao tirar pó de cômodos cobertos de rosa, flores e bonecas, admitia que queria, desesperadamente, o mesmo para minha criança. Não conseguia deixar de pensar se as famílias que viviam nas casas que limpava se perdiam nos cômodos cheios de videogames, computadores e televisões.

Esse estúdio em que morávamos, apesar de todas as desvantagens, era nosso lar. Não precisava de banheiras de 2,5m e uma garagem. De qualquer modo, eu via como era difícil mantê-las limpas. A despeito de nosso entorno, acordava de manhã coberta de amor. Estava lá. Naquele pequeno cômodo. Estava presente, acompanhando as danças rotineiras e caretas de Mia, amando intensamente cada segundo. Nosso espaço era um lar porque, nele, amávamos uma à outra.

22

"Still Life With Mia" — O Blog

Como a temperatura caiu, fico deitada na cama à noite, olhando para o teto, mordendo os lábios de preocupação a cada vez que ouço o aquecedor do rodapé estalando. Mia e eu dormíamos juntas para nos aquecer, em minha cama estreita de solteiro. Pendurei cobertores e lençóis nas janelas para afastar o frio que se insinuava. Quando o gelo insistia em cobrir o chão e nossas janelas, eu fechava as portas de correr que davam para onde dormíamos e morávamos no pequeno cômodo que era nossa sala de estar e cozinha, quase do tamanho da maioria dos quartos de hóspedes ou escritórios dos quais eu tirava o pó. À noite, abria o sofá para dormirmos. Mia pulava nele com empolgação, dizendo que seria uma festa do pijama. Era um espaço maior para dormir, mas ainda assim ela dormia encolhida e encostada em minhas costas, um braço em cima do meu pescoço, sua respiração aquecendo a pele entre minhas escápulas. De manhã, quando meu alarme começava a vibrar e apitar no escuro, eu me virava de costas para me alongar. Mia abraçava meu pescoço, depois punha uma das mãos em minha bochecha.

Certa noite, após o Natal, a chuva de inverno se transformou em flocos de neve do tamanho de moedas de 25 centavos, cobrindo o chão, formando pilhas de alguns centímetros. Mia e eu ficamos acordadas até bem depois de sua hora de dormir para observar a neve, sabendo que não conseguiríamos ir a lugar algum no dia seguinte. Mia colocava seus trajes de neve e à luz de um poste fazia anjos de neve no quintal, enquanto eu media a neve no capô de Pearl — 35 centímetros. Não via uma tempestade de neve como aquela desde que morava no Alasca.

Na manhã seguinte, Pam me ligou dizendo que ficasse em casa. Ela não queria que me arriscasse a ficar presa na estrada entre as casas dos clientes. Quase tudo fechava quando nevava apenas alguns centímetros. Até a rodovia abaixo de nosso apartamento estava silenciosa, com poucos carros estacionados, abandonados pelos motoristas e espalhados pelos acostamentos.

Mia se agasalhou imediatamente, sem reclamar que sua calça de neve ainda estava úmida pela noite anterior, perguntando quando poderíamos sair. Um ex-professor meu, que morava no bairro, enviou uma mensagem no Facebook perguntando se eu precisava de um trenó. Ele disse que tinha um grande, com corda e tudo, e que o deixaria no terraço. Quando contei a Mia sobre isso, ela começou a pular, perguntando: "Agora? Podemos ir agora?" Hesitei. Cada fibra do meu corpo queria um sofá para me jogar, canecas intermináveis de chá, meias de lã e, se me permitisse sonhar de verdade, uma lareira com livros para ler e um cão enrolado a meus pés.

"É uma caminhada longa", contei a Mia, sabendo que isso não importaria. Poderia dizer que andaríamos o dia todo e a empolgação dela não diminuiria. Para alguém de três anos, era praticamente uma trilha subir quase dois quilômetros em uma neve que chegava às suas coxas. Eu tinha que carregá-la nas costas a maior parte do trajeto. A meio caminho do terraço no qual encontraríamos nosso novo trenó como um troféu, tive que parar de andar. Olhei a cidade inteira atrás de nós, envolta por neve espessa e silêncio.

Passamos a maior parte da manhã fora, eu arrastando Mia pelo bairro, na volta para casa, de trenó, sobre o qual ela se deitou de bruços, comendo um monte de neve. Continuava a ver marcas de limpa-neves nas ruas principais e comecei a me perguntar se eles chegariam à nossa. A casa em que morávamos ficava na esquina de um beco em seu ponto mais baixo. Ambas as saídas ficavam em subidas. Pearl, pequena que era, tinha rodas mais ou menos do mesmo tamanho que o carrinho em que às vezes eu colocava Mia e a puxava. Eu não tinha pneus de neve, ou mesmo correntes, e não podia comprá-los de jeito nenhum.

Depois que o sol derreteu a neve na maior parte do dia, as temperaturas caíram abaixo de zero naquela noite, sem subir nem um pouco no dia seguinte. Nossa rua era uma camada espessa de gelo. Eu via meus vizinhos do andar de cima tentando subir de carro pelo beco, sem sucesso. Outro dia de trabalho perdido. Talvez eu pudesse deixar de pagar a fatura do cartão de crédito naquele mês ou pegar dinheiro do crédito disponível, depositá-lo em minha conta bancária e fazer um pagamento com ele. O mês estava na metade, então a maioria das minhas contas já estava paga, mas meu pagamento vigente só chegaria em duas semanas, quando as contas estariam de novo para vencer. E, com aquele clima, agora viriam uns US$100 a menos.

Passávamos a maior parte daqueles dias de neve na sala de estar e cozinha. Na área do quarto, ficava tão frio que podíamos ver gelo nas janelas através das portas corrediças, e Mia punha o casaco antes de ir pegar um brinquedo. Nossa televisão só passava as emissoras locais, então ela reproduzia seus DVDs favoritos várias e várias vezes. O da Hello Kitty como bailarina de conto de fadas, com as vozes agudas, fazia minha cabeça doer. Cedo ou tarde, nós o desligávamos e íamos para as aquarelas.

Mia pintava quadros enquanto eu lhe acenava com a cabeça em sinal de aprovação ou lia histórias para ela. Não era muito frequente eu ter um tempo livre com Mia — em geral, dois fins de semana por mês, quando ela não estava na casa do pai. Sem dinheiro para gastar, tinha que ser criativa em manter entretidos seu corpo saltitante e sua mente ativa. Se chovesse, não tínhamos dinheiro para ir ao Children's Museum [Museu da Criança] ou mesmo ao parquinho do McDonald's, onde ela poderia gastar energia. Não passávamos dias ensolarados no zoológico ou em parques aquáticos.

Às vezes, bastava andar atrás de uma família biparental em uma calçada para desencadear sentimentos de vergonha por estar só. Eu me concentrava neles — usando roupas que talvez nunca conseguisse comprar, o pacote de fraldas cuidadosamente acondicionado em um carrinho de corrida caro. Aquelas mães poderiam falar coisas que eu não poderia: "Querido, pode pegar isso?" Ou: "Tome, pode segurá-la por um segundo?" A criança poderia ir dos braços de um dos pais para os do outro. Perdi a conta de quantas vezes disse a Mia que ela tinha que andar porque meus braços estavam cansados e não aguentava mais carregá-la.

Durante o primeiro dia de neve, tentei silenciar minhas vozes internas de culpa e vergonha que perguntavam se Mia teria tido uma vida melhor com outra pessoa, se minha decisão de trazê-la ao mundo fora um erro. Apoiava o queixo na mão e a observava pintar, com cuidado, outra cara sorridente. Ambas usávamos moletom e dois pares de meia. O ar cheirava a gelo.

Meu coração doía por minha filha mais que o usual naqueles meses, enquanto a via enfrentar as transições entre a casa do pai e a minha. Os domingos em que eu fazia o trajeto de três horas para buscar Mia se tornaram tardes de tensão e terror para ambas. Na maior parte do ano anterior, quando eu buscava Mia nessas tardes, ela dormia quase todo o caminho de volta, exausta com a procissão que o pai armava para exibi-la aos amigos durante o fim de semana, para mostrar como era um bom pai. Outras vezes, ela chorava por Jamie, o que me dilacerava e, ao mesmo tempo, apunhalava de raiva. Nunca me arrependia de minha decisão de ficar em Washington tanto quanto nessas tardes. Pobreza era como um lago estagnado de lama que grudava nos pés e se recusava a sair.

No último domingo antes da tempestade, Mia gritou comigo durante todo o caminho de volta, pelo trajeto inteiro de 90 minutos do terminal de balsas até nosso apartamento. Nunca soube o que aconteceu, o que ele lhe disse para deixá-la com tanta raiva. Naquela tarde, ela gritou quase com a mesma voz primitiva e animalesca de depois da cirurgia.

"Odeio você!", repetia ela, chutando. "Quero matar você! Quero que morra!" O pai dela aproveitara cada instante possível para manipulá-la a pensar que eu a mantinha afastada dele, dizendo-lhe como estava triste por ela não estar na casa dele. Se ele realmente quisesse que ela ficasse mais em sua companhia, teria tentado. Teria, pelo menos, assegurado que ela tivesse o próprio quarto. Mas disso ela não sabia. Ele só gostava de que Mia desejasse isso. Gostava de vê-la chorando por ele. Quando ela tinha apenas um ano, voltava para mim inconsolável, e eu a abraçava por horas, seu corpo rígido de raiva e agonia, uma confusão de lágrimas quentes e gritos até conseguir aplacar sua voz e energia. Foi tudo o que consegui fazer para contê-la, desejando mais segurança a ela que a qualquer outra pessoa.

Na tarde da tempestade, presas em nosso próprio globo de neve, estava contente bebendo chá e café, e vendo minha filha cantarolar para si mesma enquanto mergulhava o pincel em uma cor nova. Mia era jovem demais para verbalizar seus sentimentos de perda, confusão, tristeza, saudade ou raiva, mas saber disso não atenuava as tardes em que ela reagia com fúria. Meu instinto sempre era abraçá-la, mas ela chutava e gritava ainda mais alto. Às vezes, eu gritava de volta. Tenho certeza, pelas paredes finas do apartamento, de que meus vizinhos ficavam preocupados. Nesses momentos, não sabia o que fazer. Não tinha recursos, nenhum pai ou mãe a quem telefonar, nenhum coach parental ou terapeuta, ou mesmo um grupo de mães com que eu me relacionasse. Pedia à minha filha que fosse resiliente e aguentasse uma vida sendo atirada de um cuidador para o outro, e ela gritava sob aquele ônus. Como uma mãe dona de casa, cujo filho fazia birra por coisas comuns, compreenderia a raiva de minha filha?

Não que eu não tivesse tentado interagir com as pessoas. Naquele outono, a creche de Mia teve uma noite dos pais ou algum tipo de festa informal, e fiquei lá tempo suficiente para socializar. A maioria das crianças da idade de Mia que frequentavam a pré-escola tinha pais, no plural. Elas não largavam da Vovó Judy, absorvendo sua natureza brincalhona. Mia ficava correndo para dentro e para fora com um grupo de crianças, deixando que eu me virasse sozinha, e ouvi duas mulheres perto de mim reclamando dos próprios maridos. Não pude evitar me virar para olhá-las, e elas não puderam deixar de reparar que eu ouvira. "Sozinha é tão difícil!", disse-me uma delas, a que ficou ouvindo a amiga reclamar. Acenei com a cabeça, levantando à força as laterais da boca para se assemelhar a um sorriso.

"Então, Stephanie", disse a outra mulher. "Você é mãe solo, certo? Minha amiga acabou de passar por um divórcio horrível, e sua situação é bem complicada. Conhece algumas organizações que poderiam ajudá-la?"

"Hum, claro", disse, olhando para cima por causa do nervosismo. Havia três mulheres em volta da mesa ao nosso lado, segurando pratinhos com tiras de cenoura e pedaços de brócolis com molho. Todas elas agora olhavam para mim. O ícone da mãe solo. Murmurei alguns programas de alimentação e serviços de creche.

Uma das mães, uma senhora baixa de cabelos castanhos e curtos e rosto redondo, fungou e levantou a cabeça. "Quando Jack foi despedido no último inverno", disse, "nós três tivemos que nos mudar para a casa dos meus pais. Lembra?". Ela cutucou a mulher ao lado. "Aquele quartinho com a caminha da Jilly apertada contra a parede? Era como se fôssemos sem-teto. Éramos sem-teto!" A amiga que levara o cutucão acenou com a cabeça, fazendo uma cara triste. "Mas graças aos céus tínhamos uma reserva para emergências."

Outra mãe acenou com a cabeça. Todas se voltaram para mim, em busca de resposta. Olhei para baixo e vi o prato com batatas fritas e um cachorro-quente empapado que Mia deixara de lado há um bom tempo e eu estivera segurando para ela. Não contribuíra com nenhum alimento, então escolhi não comer nenhum. Não tinha ideia alguma do que dizer. O que falariam sobre o cômodo em que Mia e eu morávamos? Não lhe conseguia proporcionar um lar nem comida, e recebia subsídios para ajudar com o espaço minúsculo que ocupávamos. A parte mais frustrante de estar presa nesse sistema eram os castigos que eu parecia receber por melhorar de vida. Em algumas ocasiões, por minha renda ultrapassar o limite em poucos dólares, eu perderia centenas de dólares em benefícios. Por trabalhar por conta própria, tinha que declarar renda a cada mês. Ganhar US$50 extras poderia fazer minha coparticipação na creche subir a mesma quantia. Às vezes, isso significava perder por completo meu auxílio-creche. Não havia qualquer incentivo ou oportunidade para guardar dinheiro. O sistema me mantinha aprisionada, arranhando o fundo do poço, sem um plano para sair dele.

Uma das mães no grupo perguntou quem se divorciara, e elas se refugiaram no conforto de sua fofoca, então consegui me esquivar.

Talvez se sentissem, de fato, um pouco como eu. Talvez seus casamentos as fizessem se sentir mais sozinhas do que eu sabia. Talvez todas quiséssemos algo que igualmente perdemos a esperança de conseguir de novo algum dia.

Pensava nos ataques de fúria de Mia, sobre quase tê-la perdido no acidente de carro, sobre usar casacos dentro de casa por não termos dinheiro para ligar o aquecedor. Sobre fins de semana inteiros que passava sem Mia, limpando privadas e esfregando pisos.

Naquele inverno, tomei outra decisão e escrevi meu diário virtual com um propósito renovado. O blog que mantivera até aquele momento versava sobre quaisquer dificuldades que eu andava tendo, sem saber onde mais colocar isso. De vez em quando, escrevia sobre um instante de beleza, de clareza, de encantamento pela vida que Mia e eu tínhamos. Decidi focar integralmente só isso, mudando o tema de nossa vida, e o batizei de *Still Life with Mia ["Momentos de Mi(nh)a Vida"*, em tradução livre]. Queria capturar tais instantes, como esse em que eu estava agora, sentada à nossa mesa, pensativa, enquanto a via pintar, a fim de mantê-los frescos na memória.

O diário virtual se tornou uma tábua de salvação pela qual eu vinha ansiando, uma válvula de escape para palavras e fotos, um modo de acabar com o estresse e o medo em minha vida e focar o que mais amava — minha filha e escrever. Tirei uma foto do rosto de Mia, repleto de encantamento. Descobri que aqueles segundos de tempo eram os que me faziam sentir como se estivesse ao lado dela ainda mais do que já estava.

Essa não era a vida que queria para nós, mas era o que tinha para hoje. *Não vai ser sempre assim.* Eu tinha que continuar dizendo isso a mim mesma, ou culpá-la por chamar esse cômodo de casa, dizendo à minha filha que aquilo era tudo, fosse espaço ou comida, acabaria me consumindo. Queria muito que ela tivesse uma casa com quintal cercado e um pátio ou calçada cimentada para pular amarelinha. Sempre que brincava com Mia de "imagine a casa dos seus sonhos", ela dizia que queria uma caixa de areia e balanços iguais aos da escola. Visualizar onde terminaríamos, onde viveríamos e o que faríamos parecia tão importante para ela quanto era para mim.

Esse era o começo de nossa jornada. A parte inicial. Sentada à mesa, senti a hora parar por um instante, o tempo de uma pincelada de Mia. Por ora, estávamos aquecidas. Tínhamos uma à outra, tínhamos um lar e conhecíamos o tipo mais forte e mais profundo de amor. Passávamos tanto tempo entre uma e outra batalha, conseguindo passar por elas e começando tudo de novo, que eu não me esqueceria de absorver por completo os mínimos instantes de beleza e paz.

Naquela tarde Pam telefonou, e conversei com ela da mesa da cozinha, contemplando a neve. "Você consegue sair?", perguntou, com um tremor ou fio de esperança na voz.

"Tentei sair com o carro mais cedo", disse eu, levantando-me e indo até nosso quarto fechado para olhar pela janela. "Ele rolou da vaga do estacionamento até a rua e, a partir dali, os pneus giraram em falso." Sacudi a cabeça, uma ex-alasquiana em todos os sentidos do termo. "Meu vizinho teve que sair e tentar ajudar a colocá-lo de novo na vaga, mas não conseguimos." Arranhei o gelo na janela. Deixara Pearl estacionada onde estava, seu para-choque um pouco para fora da via. A onda de frio não deveria passar em um ou dois dias. Embora a maioria das estradas estivesse boa, vários de meus clientes ficavam na floresta ou nas colinas.

Se eu ficasse presa, corria o risco de não conseguir buscar Mia a tempo, e não tinha ninguém para ligar em caso de emergência.

Pensei por um minuto se Pam me despediria se não conseguisse trabalhar. Nunca faltei tanto ao trabalho antes, e aquela história, pelo menos, parecia me favorecer. Mas, por alguns segundos, não me importei. Odiava o trabalho quase tanto quanto odiava depender dele. Odiava precisar dele. Odiava ter que ser grata por ele. "Depois eu reponho", disse a Pam.

"Sei que sim, Steph", disse ela e desligamos.

Arranhei um pouco mais o gelo na janela. Mia ligara de novo a televisão. Saiu um pouco de fumaça de minha boca quando expirei. Quando estendi a mão para afastar da janela alguns bichos de pelúcia de Mia, alguns pedaços da pele falsa deles grudaram no vidro, congeladas.

Anoitecia no horizonte, lá fora. Decidi fazer panquecas para Mia no jantar, com uma pequena bola de sorvete de menta com pedaços de chocolate. Para mim, um pacote de macarrão instantâneo com dois ovos cozidos e o resto dos brócolis congelados. Mia tomou banho, e escrevi no diário virtual com o nome novo e postei fotos de nossa caminhada na neve para pegar o trenó. As bochechas de Mia estavam muito vermelhas, com os cabelos escapando do gorro o suficiente para enrolar nas laterais, enquanto ela lambia, com cuidado, a neve na ponta das luvas cor-de-rosa. Fazia tanto silêncio. O único som eram nossos pés compactando a neve.

Na beirada da banheira, Mia enfileirou sua coleção do Meu Pequeno Pônei, presentes usados de uma amiga. "Acabei o banho, mamãe", chamou ela, e eu a carreguei, ainda coberta de bolhas de sabão, a pele avermelhada pela água quente, até a toalha que estendera na tampa da privada. Ela estava ficando bem pesada. Passou muito tempo desde que era uma criancinha nos meus braços.

Naquela noite, dormimos no sofá-cama pela segunda semana seguida. Mia pulava, empolgada com outra noite do pijama comigo, outra exibição de *Procurando Nemo*.

Ela adormeceu no meio do filme. Levantei-me para desligar o aquecedor. Levaria umas três horas até eu começar a cochilar, e me peguei querendo um vinho ou mesmo um café descafeinado para me aquecer. Em vez disso, arrastei-me de volta à cama perto do corpo aquecido de Mia, sentindo sua respiração e contrações enquanto dormia. Por fim, também apaguei.

PARTE TRÊS

23

Faça Melhor

"E-mi-lia?", chamou a enfermeira. Acordei Mia, mexendo o ombro sob sua cabeça.

"Aqui", disse eu, levantando-me e baixando para pegar minha filha no colo. "Ela atende por Mia."

A mulher nem se deu conta do que eu disse nem do porquê de ter optado por carregar minha filha de três anos. Apenas nos disse para acompanhá-la. Após uma breve pausa para colocar Mia de pé em uma balança, sentamos em outra cadeira e esperamos.

"Qual é o problema?", perguntou a enfermeira, atenta à ficha que segurava em vez de olhar para mim.

"Minha filha teve uma tosse forte à noite durante a última semana", comecei, tentando lembrar há quanto tempo ela vinha sofrendo, quantas vezes eu a enviara à creche quando deveria estar em casa. "Acho que pode ter sido uma sinusite ou alergia, sabe? Os olhos dela ficam bem vermelhos às vezes, e ela se queixa de muita dor de ouvido."

A enfermeira, uma grandalhona com ar grosseiro, continuou a me ignorar um pouco, mas agora olhava com pena para Mia, sentada no meu colo. "Ah, querida, seu ouvido dói?", disse, com voz de bebê.

Mia acenou com a cabeça, esgotada demais para ficar tímida ou argumentar. Ela deixou a mulher tirar sua temperatura e prender um negócio de plástico no dedo para verificar pulsação e níveis de oxigênio. Depois, ficamos lá esperando. Inclinei a cabeça para o respaldo da parede, fechando os olhos, e tentei não pensar no trabalho que estava perdendo. Era a Casa das Plantas de novo, cuja proprietária ficara tão irritada com minha necessidade de reagendamento que Lonnie disse que ela praticamente ameaçara cancelar o serviço. Mia fez, de novo, o som gutural ao tossir. Ela era nova demais para xarope contra tosse, e, de qualquer modo, eu não podia comprá-lo. Mia acordou duas vezes de madrugada, soltando um tipo de uivo e segurando a lateral da cabeça, e tossiu durante o sono.

A pediatra que abriu a porta não era a de costume, visto que eu telefonara naquela manhã para uma consulta no mesmo dia. Essa mulher era menor, andrógina, e tinha os cabelos pretos curtos como os de Mia. "Certo." Ela olhou o prontuário, cerrando os olhos. "Mia." *Então a enfermeira me ouviu, no fim das contas,* pensei, enquanto Mia levantou a cabeça ao ouvir seu nome.

"Por que não a senta aqui?", disse, tocando o assento coberto de papel na sala de exames. Ela examinou o rosto de Mia enquanto eu falava, depois, os olhos. "Como são suas condições de vida?", perguntou. Franzi a testa com essa pergunta, afugentando o impulso de me sentir incrivelmente magoada e ofendida. Ela poderia ter dito "Como estão as coisas em casa?", ou "Existe algo que possa estar deixando-a doente?", ou "Tem algum bicho de estimação na casa?", ou qualquer pergunta que não fosse sobre como eram nossas condições de vida. Como se vivêssemos em um... então, pensei em onde vivíamos e meus ombros caíram.

"Moramos em um estúdio", disse calmamente, admitindo um tipo de segredo, parte de mim com medo de que ela pudesse ligar para o conselho tutelar se eu confessasse como eram nossas reais condições de vida. "Há muito mofo preto que continua aparecendo nos peitoris das janelas. Acho que está vindo do porão. Tem um alçapão que dá em nosso quarto, e olhando através dele é possível ver a sujeira lá embaixo." A médica parara de examinar Mia e entrelaçara as mãos à frente. Ela usava um relógio minúsculo com uma pulseira preta. "Tem muitas janelas." Olhei para o chão. "Tenho dificuldade para manter o interior aquecido e seco."

"Seu senhorio é obrigado, por lei, a fazer o possível para se livrar do mofo", disse ela, olhando o ouvido de Mia. "Este está infectado", resmungou, sacudindo a cabeça, como se fosse culpa minha.

"Ele limpou os carpetes", disse, recordando-me de repente. "E pintou antes de nos mudarmos. Não acho que tenha feito mais nada."

"Então, você precisa se mudar."

"Não posso", disse, colocando a mão na perna de Mia. "Não consigo bancar outro lugar."

"Bem", disse ela, acenando para Mia, "ela precisa que você faça mais por ela".

Não sabia o que mais dizer. Concordei com a cabeça.

Olhei para as mãos de Mia, que repousavam em seu colo, os dedos entrelaçados. Eles ainda tinham aquelas gordurinhas, ondulações em vez de articulações. Sentia meu fracasso como mãe a cada vez que abria a porta do apartamento, mas nada como a vergonha pungente que senti naquele momento.

Ao carregar Mia até o carro, senti falta de sua cabeça pesando sobre meu ombro e de seus cabelos coçando meu nariz. A pediatra nos deu uma receita para outra rodada de antibióticos e um retorno ao especialista que operara o ouvido de Mia quase um ano antes.

Quando vimos o especialista alguns dias mais tarde, ele nos colocou em uma sala com uma mesa marrom comprida, acolchoada. Depois de esperar sentada por vários minutos, o especialista entrou correndo, de novo mal nos cumprimentando, e disse: "Por que não a põe na mesa central?" Levantei-me, ainda segurando Mia, que estava sentada em meu colo, e a sentei de novo na mesa. "Não, deite-a", disse ele, virando as costas para nós e mexendo em caixas de instrumentos. "Preciso que ela fique com a cabeça sob a luz."

Mia arregalou os olhos quando eu disse: "Tudo bem, Mia, ele só vai olhar seu ouvido." Era difícil ser sincera enquanto o especialista remexia em tudo à sua volta, chamando uma enfermeira para ajudar, antes de se virar bruscamente para mim, forçando um suspiro. Ele se sentou perto da mesa em um banco giratório, introduzindo com rapidez um instrumento no ouvido de Mia. Minha filha, que não vinha conseguindo dormir sem doses de ibuprofeno e colocava cuidadosamente a mão sobre o ouvido quando saía, abriu a boca, em um grito silencioso de dor. O especialista trabalhou rápido, primeiro examinando o ouvido, depois cortando um pedaço firme de algodão do tamanho do canal auricular de Mia, colocando-o lá dentro e adicionando algumas gotas de líquido.

"Pronto", disse ele. "Você precisará colocar antibiótico líquido dentro do ouvido, como acabei de fazer."

"Ela já está tomando antibióticos", objetei.

"Quer que sua filha melhore ou não?"

Não sabia como responder. "Quando lhe dei esse líquido auricular certa vez, ela ficou tonta e caiu. Tive que segurá-la para mantê-lo lá dentro."

"Você é a mãe", disse. Ele estava ao lado da porta olhando para mim, sentada com Mia no colo. "Precisa fazer o que for necessário." Depois, abriu a porta, saiu e a fechou tão rápido que senti uma brisa. As palavras dele, como as da pediatra, queimaram dentro do meu peito: não estava dando a Mia aquilo de que ela precisava.

༺༻

Em Skagit Valley, a primavera se chama estação das tulipas. Começa com campos de narcisos amarelos, lírios roxos e ocasionalmente açafrões. No decorrer da semana, brotam tulipas de todas as cores, criando um carpete pelo chão. Moradores gostam de dizer que há mais tulipas em Skagit Valley do que na Holanda. Dezenas de milhares de turistas descem para a região, obstruindo estradas secundárias e rampas de acesso a rodovias, lotando os restaurantes e parques. Mas, embora os campos de tulipas sejam estonteantes, com seus tons de vermelho, roxo, branco e laranja, nunca liguei muito para a flor.

A estação das tulipas é como sair da cova após o longo inverno, mas também significa chuva, umidade e mofo. Em abril, os desumidificadores na Casa das Plantas ficavam constantemente ligados no máximo, e apareceu outro filtro de ar no quarto. Eu tirava dos peitoris manchas minúsculas de mofo preto semelhantes a teias de aranha, sabendo que teria de fazer o mesmo em casa.

Mia tossia de madrugada, sem descanso. Certas noites, quando entrávamos no apartamento, seus olhos ficavam muito vermelhos e cheios de remela grudada. Parecia óbvio que era a casa — a casa que eu escolhera, com o exaustor que puxava para dentro o ar do porão centenário e mofado, que estava nos deixando doentes.

Salvo estar sempre doente, meus próprios sintomas não me incomodavam tanto, desde que eu conseguisse comprar antialérgicos sem receita. Fiz testes para sensibilidade a alérgenos no ano anterior, quando minha renda ainda era baixa o suficiente para ter direito à Medicaid. O teste revelou que eu reagia a cães, gatos, algumas espécies de grama e árvores, ácaro e mofo. "Alérgenos internos", dissera o médico. Havia acabado de começar a trabalhar para Jenny, e minha bronquite não abrandava há semanas. Eles tinham me dado inaladores e sprays nasais salinos. Mudar-me do trailer de Travis — com mofo preto nas paredes e gatos selvagens morando embaixo — me fez muito bem, mas eu ainda tinha sintomas alérgicos das horas que passava limpando ácaros, pelo de gato e de cachorro, e esporos de fungos nas casas do vale.

A Casa da Mulher do Gato deixava meus olhos ardendo, o nariz escorrendo e com uma tosse que durava até conseguir trocar de roupa e tomar banho. A primeira coisa que fazia de manhã era limpar o banheiro principal. O quarto tinha carpete cor-de-rosa e continha duas caixas de areia e três postes de arranhar. Enquanto removia as caixas e aspirava o local onde ficavam, quatro gatos me encaravam de dentro de caixas transportadoras alinhadas à cama. Minha presença era inconveniente para eles, e significava que eles ficariam encaixotados durante o dia. Eles resmungavam se eu chegasse muito perto.

Nos dias em que limpava a casa, dobrava minha dose de antialérgicos sem receita. Mas, ao terminar, parecia que eu tinha cheirado pimenta-caiena. Nesses dias, abria um pouco as janelas, desesperada por um alívio. Mas nunca contei a Lonnie ou a Pam.

Naquela primavera, quando declarei meu imposto de renda, quase caí da cadeira. Com o Crédito por Remuneração Recebida e o Crédito de Imposto por Filhos, eu teria um reembolso de quase US$4 mil. "É mais do que ganho em três meses", resmunguei em voz alta, na escuridão de nosso apartamento. Não parecia possível obter essa quantia. Esperei ansiosamente que o IRS, a Receita Federal dos Estados Unidos, aprovasse meus formulários, com a sensação de ter esquecido algo. Em um notebook, fiz uma lista de coisas que poderia comprar com o dinheiro — fazer uma revisão, trocar o óleo e comprar juntas homocinéticas para o Honda; saldar a dívida do cartão de crédito; por fim, comprar esponjas de cozinha e detergente, escovas de dente, shampoo e condicionador, gel de banho, vitaminas e antialérgicos. Ou, quem sabe, fazer uma viagem.

Como muita gente, boa parte do que eu sabia sobre Missoula foi pelo livro *A River Runs through It* ["Um Rio Passa por Ali", em tradução livre], de Norman Maclean. Pessoas que visitam Missoula em busca de lugares para pesca com mosca podem confirmar o fascínio desse romance específico, ou do filme *Nada É para Sempre*, inspirado no livro. Mas, para mim, foi a maneira como John Steinbeck escreveu sobre Montana em *Viagens com o Charley* que me convenceu a sair do Alasca e tomar o rumo para Big Sky Country. Escolhi Missoula não por causa de Maclean, mas de David James Duncan, autor de *The River Why* ["A Razão do Rio", em tradução livre], que, em uma conferência em Seattle, admitiu que lá morava e às vezes ensinava na universidade local. Francamente, o que me impelia a sonhar em acordar em um dia de verão e dirigir durante nove horas a leste era uma intuição. Uma intuição que se transformara em um ruído interno constante. Que eu tivera por mais de meia década.

Em Missoula os salários são baixos e os custos de moradia, altos. Isso eu já sabia de conversas que tive com pessoas que moraram lá, mas não tinham mais condições de se manter. Não é fácil arranjar trabalho, e a remuneração em uma pequena cidade universitária, com quase 70 mil pessoas, não é boa. Pais com filhos na universidade alugam apartamentos para eles, o que aumenta os custos do aluguel em áreas valorizadas na cidade, nas quais mesmo um apartamento no térreo, com apenas um quarto, sai por pelo menos 800 pratas. Quando pensava se deveria ou não me mudar, esse dilema permanecia em primeiro plano na minha mente. Mas, quando conversava com pessoas que moravam em Missoula, elas amavam profundamente sua cidade. Quem se mudara para lá dizia que, mesmo tendo desistido de salários competitivos ou rendas altas, valia a pena, porque podiam morar em Missoula.

Queria saber por que Steinbeck escreveu com tanto amor sobre o lugar. Por que Maclean afirmava que o mundo se enchia mais rapidamente de canalhas quanto mais alguém se afastasse de Missoula, Montana. As pessoas falavam desse lugar como de um sabor sensacional de sorvete que tomaram uma vez durante as férias, o qual nunca conseguiriam encontrar de novo e não estavam certos se haviam sonhado com ele ou não.

Na noite em que a restituição do imposto de renda caiu na minha conta, saímos para comer no Red Robin. Deixei Mia tomar um milkshake de chocolate. Fomos ao mercado e enchemos o carrinho de comida que, normalmente, não podíamos comprar: abacate, tomate, frutas vermelhas congeladas para panquecas. Comprei uma garrafa de vinho. Na semana seguinte, comprei um estrado, um colchão de casal e uma almofada térmica para não ter que aquecer o quarto todo à noite. Encontrei cortinas isolantes e trilhos baratos na promoção. Comprei para Mia uma cama elástica infantil em que ela pudesse pular, em vez de no sofá e na cama. Para mim, comprei algo pelo que vinha esperando há vários anos — um anel de titânio com diamante, por US$200.

Estava cansada de esperar um homem aparecer na minha vida e me comprar um. Era mais dinheiro do que eu gastara com supérfluos há anos. Por mais difícil que tenha sido essa decisão, precisava assumir um compromisso comigo mesma. Confiar em minha força inata. Eu podia fazer isso, tudo isso, arranjando-me muito bem sozinha. O anel que deslizou pelo dedo médio da mão esquerda servia como um lembrete constante daquilo.

Com dinheiro, mesmo temporariamente, a vida quase parecia não ter preocupações. Enchia o tanque de gasolina sem subtrair o total da quantia restante em minha conta. No mercado, não passava por um processo de matemática mental — a data, quais contas eu pagara, quais contas devia, quanto dinheiro tinha, quanto pagaria ou quais cartões de crédito tinham saldos disponíveis — antes de decidir se poderia comprar papel-toalha. Dormia — sem roupas a mais para manter o calor, sem um nó no estômago, sem preocupações em excesso. Mas Mia ainda virava de um lado para outro na cama, tossia e espirrava, e acordava reclamando de dor na garganta e nos ouvidos. E, mesmo que temporariamente eu pudesse tirar um tempo livre para levá-la ao médico, não podia impedir que a sinusite e a infecção de ouvido a consumissem.

Tarde da noite, quando precisei fazer uma pausa no dever de casa, dei uma olhada pelos anúncios classificados. Contemplei com desejo as fotos de casas, de apartamentos de dois quartos, todos completamente fora da minha faixa de preço. Minha renda mal cobria o aluguel do estúdio, quase a metade do que os outros lugares custariam. Embora eu tivesse uma pequena renda extra agora, não era nosso sustento. Era um amortecedor que nos apanharia em caso de queda. Se eu havia aprendido algo era que, quando você está à beira de conseguir alguma coisa, sempre perde o equilíbrio e cai. Sacudi a cabeça e fechei a janela dos anúncios, de volta ao dever de casa. Até sonhar parecia algo que eu não me podia dar ao luxo.

Por dias, ouvi a voz da pediatra na minha cabeça. "Ela precisa que você faça mais por ela." Como poderia fazer mais? Não parecia possível tentar com mais afinco do que já estava tentando, enquanto lidava com a burocracia à minha frente, que às vezes me detinha e me prendia no lugar.

Naquela semana, enviei uma cópia do holerite manuscrito da Classic Clean para renovar nosso auxílio-creche, e uma mulher da secretaria do Departamento de Saúde e Serviços Humanos me telefonou pedindo que enviasse uma de verdade. Quando continuei tentando explicar que era a letra de minha chefe e um holerite oficial, ela ameaçou tirar minha aprovação e negar imediatamente minha assistência. Comecei a soluçar. Ela me disse que fosse no dia seguinte à secretaria local para resolvermos isso.

De manhã, as pessoas formavam uma fila na secretaria muito antes de sua abertura. Sem saber, no primeiro dia cheguei cerca de 30 minutos após destrancarem as portas. Todas as cadeiras na sala de espera estavam ocupadas. Peguei um número e me encostei em uma parede, em pé, observando as interações entre mães e filhos; entre assistentes sociais e clientes que não entendiam por que estavam lá, por que foram recusados, por que tiveram de voltar com mais papelada.

Vagou uma cadeira, mas a cedi a uma mulher mais velha, de saia longa e segurando a mão de uma criança pequena e frágil. Olhei meu relógio. Passara-se uma hora. Quando olhei de novo, outra hora se fora. Comecei a ficar nervosa que meu número não fosse chamado antes de precisar pegar Mia na creche. Ela ficaria saltitando ao meu redor aqui. Não como as crianças perto de mim, sentadas em silêncio, sussurrando para perguntar se podiam ir ao banheiro. Não se via aqui a maioria dos estereótipos de pessoas pobres. Nas linhas de seus rostos, eu podia ver a frustração, a urgência de sair para ir ao mercado e comprar comida, voltar ao trabalho. Como eu, eles estavam completamente desprovidos de esperança, olhando para o chão, esperando, com necessidade sincera daquilo que estavam pedindo. Precisávamos de ajuda. Estávamos lá em busca de ajuda para conseguir sobreviver.

Quando meu número acendeu no identificador, corri em direção à janela, temendo que chamassem o número seguinte se eu não chegasse lá rápido o suficiente. Coloquei minha pasta roxa no balcão, tirei todas as cópias dos cheques que recebera dos clientes e o holerite manuscrito. A mulher pegou alguns papéis enquanto ouvia, depois examinou o holerite.

"Sua chefe precisa imprimir um oficial para você", disse ela, olhando para mim. Pisquei. Sua expressão não mudou.

Disse a ela que passei a manhã inteira lá, que o escritório de minha chefe ficava a 40 minutos dali. Eu não podia passar outro dia aqui, esperando.

"Se você quer continuar com seu auxílio-creche, é o que precisa fazer", disse. Fui dispensada. Era quase uma da tarde.

Lonnie balançou a cabeça enquanto imprimia um holerite para mim. Esse holerite era referente a um período de pagamentos de semanas atrás. Toda minha renda como autônoma vinha de cheques manuscritos pelos clientes. Não tinha a menor ideia de como essa situação poderia fazer sentido. Mas, no dia seguinte, esperei do lado de fora até a secretaria abrir, depois esperei horas para apresentar minha renda dos três últimos meses, um cronograma escrito de minha carga horária atual e cartas de vários clientes afirmando, formalmente, que eu trabalhava na casa deles nos horários que dizia que trabalhava.

Sem vales-refeição, teríamos frequentado bancos de comida ou refeições gratuitas nas igrejas. Sem auxílio-creche, não teria conseguido trabalhar. Quem era sortudo o bastante para ficar fora do sistema, ou nos arredores dele, não via como era difícil obter esses recursos. Não via como precisávamos desesperadamente deles, apesar de toda a burocracia que nos faziam enfrentar.

Naquela sexta-feira, quando limpei a casa de Henry, ele notou que eu parecia triste. Ainda me sobrava cerca de um quarto de minha restituição. Por enquanto ela estava lá, até meu carro quebrar ou Mia ficar doente, ou um cliente cancelar, ou todas as alternativas acima. Embora eu ainda dormisse imaginando Missoula — como seria atravessar a ponte sobre o Rio Clark Fork ou me deitar em um campo olhando para aquele céu gigante —, parecia impossível cogitar viajar agora.

"Não acho que consigo bancar uma viagem a Montana", disse a Henry após ele perguntar o que havia de errado. Ele agitou a mão no ar como se minhas palavras cheirassem mal. Há um ano ele me ouvira mencionar Missoula, mas só de uma forma "ah, como gostaria de viajar para lá um dia". Devo ter ficado com uma cara tão lúgubre que ele viu o peso daquela afirmação. Tanto que se levantou da mesa, foi até a estante e começou a examinar guias de viagem e mapas. Então, ele me entregou um livro sobre o Parque Nacional Glacier e um mapa grande de Montana, dobrado.

Abriu o mapa sobre a mesa e apontou lugares aonde eu precisava ir. Ele se recusava a acreditar que uma viagem para Missoula era uma opção impossível. Mesmo que eu apreciasse o gesto, o estímulo e o apoio, meu sorriso não era sincero. Uma parte imensa de mim estava com medo. Não do trajeto — embora tivesse um medo real de que meu carro quebrasse —, mas de me apaixonar por Missoula e depois ter que voltar para Skagit Valley, para o mofo no meu apartamento acima da rodovia. Seria como dizer adeus a uma vida melhor, uma a que eu não teria direito. Ao querer aquela vida, ao querer ir além, meu trabalho na Classic Clean parava de fazer sentido. Mais de um terço de meus rendimentos iam para gasolina. Após chamar a atenção de Pam para isso, ela ofereceu um pequeno auxílio para deslocamento, mas era um quarto do que gastava só para ir de um trabalho para o outro. Além disso, o anonimato começava a me esgotar. Entre trabalhar sozinha e fazer aulas virtuais, minha vida era de solidão. Ansiava por interação humana, mesmo que fosse uma situação em que eu seria contratada por alguém para trabalhar. Precisava que meu trabalho tivesse propósito, significado, ou pelo menos a sensação de que eu ajudara alguém.

24

A Casa da Baía

Uma tarde, fui à Secretaria de Auxílio Financeiro da Faculdade Comunitária Skagit Valley e disse que queria fazer um empréstimo do máximo que pudesse em financiamentos estudantis. Não fora uma decisão fácil, e comecei a tremer enquanto esperava pela ajuda do atendente. Tomar esse empréstimo significaria recusar trabalho — trabalho disponível — e, em vez disso, ficar endividada. Mas minha exaustão chegara a um nível impraticável. Não havia outro meio de explicar essa decisão precipitada. Mia parecia constantemente doente, e eu passava só três horas por dia com ela. Minhas costas doíam durante o dia e ficavam rígidas quando dormia, e a dor me acordava às quatro horas da manhã. Um financiamento significava que eu poderia me concentrar em encontrar clientes particulares e jardinagem, em vez de trabalhar para a Classic Clean. Significava passar mais tempo com Mia.

Também significava a oportunidade de trabalhar como recepcionista voluntária no Programa de Violência Doméstica e Assédio Sexual. Pensava nisso como um estágio pago pelo meu financiamento. O voluntariado pagaria em experiência, diversidade no currículo e cartas de recomendação. Minhas aulas na faculdade comunitária estavam preparando-me para uma graduação em assistência jurídica. Os únicos empregos com os quais me permitia sonhar eram os práticos, que poderiam me proporcionar seguro-saúde e proventos de aposentadoria.

"Meritíssimo, o pai trabalha em período integral", dissera o advogado de Jamie três anos atrás, antes de revelar que, à época, eu era sem-teto e estava desempregada. Ficar de pé na frente daquele juiz, ouvindo Jamie conseguir respeito e admiração por trabalhar e morar na casa estável da qual nos expulsara, foi desmoralizante. A experiência fez com que eu cultivasse um medo profundo. Embora quisesse mudar para melhores condições de vida, seria a nona vez que Mia e eu nos mudaríamos desde que ela nascera.

Na maioria dos lugares em que moramos, ela não tinha quarto próprio. Embora houvesse rumores de que juízes diziam "Não me importo se a criança dorme em um chão de cimento! Elas terão direito de pernoite com o pai", mães que lutam pela guarda exclusiva — sobretudo as que fugiram de abuso — tinham que prover um tipo de vida simplesmente impossível de conseguir. No tribunal, o advogado de Jamie me descreveu como uma pessoa mentalmente instável, incapaz de cuidar da própria filha em tempo integral. Tive que batalhar pela capacidade de ser mãe de meu bebê lactente, o bebê que Jamie, aos gritos, disse que abortasse. Fui reduzida a pó por aquele juiz. Como se a errada fosse eu por abandonar um homem que me ameaçava. Sabia que havia um sem-número de mulheres por aí na mesma situação em que estive.

Talvez eu conseguisse entrar na faculdade de direito e me tornar advogada de direitos civis. Poderia ajudar pessoas que estivessem passando pela mesma situação violenta que passei com Jamie e defendê-las. Mas havia outra voz me incomodando, uma voz mais alta que se recusava a ser ignorada. Parte de mim me pedia para ser escritora. Mas eu acalmava essa voz insistente dizendo a mim mesma que aquilo era apenas momentâneo, enquanto Mia ainda era pequena — e depois eu seria escritora. Essa autopromessa era como um balde de água fria na única chama que me restava, a única parte que ousava sonhar.

Certa madrugada, pesquisando um lugar melhor para morar, encontrei um apartamento de dois quartos acima de uma garagem. A porta de entrada ficava de frente para as montanhas e o oceano. Estava fora da minha faixa de valores. O anúncio explicava que os proprietários moravam na casa principal com as três filhas pequenas, três cães e um gato, o qual ficava a maior parte do tempo na garagem, caçando ratos constantemente. Em vez de fechar a janela do navegador e sentir aquele ardente desejo familiar por outra vida, enviei-lhes um e-mail e perguntei se estariam dispostos a escambar aluguel por serviços de limpeza e jardinagem.

Na tarde seguinte, estacionei ao lado da extensa entrada, passando por uma propriedade ampla da qual tudo fora retirado, exceto as árvores maiores, expondo a vista da baía e as colinas além. A entrada fazia uma curva para a esquerda e era quase engolida por árvores grandes e ladeada por arbustos de amoras. A casa ficava em uma cidade vizinha, mais longe de onde a maioria de meus clientes morava. Eu sabia que morar lá significava que não conseguiria mais trabalhar para a Classic Clean. Talvez, pensava eu, enquanto manobrava até a entrada, se encontrasse um lugar melhor para morar, que também fosse mais distante, faria sentido pedir demissão.

Quando finalmente consegui ver a casa, quase fechei os olhos com a beleza do cenário diante de mim. O sol estava começando a se pôr atrás das montanhas, e o céu inteiro ficara rosa-escuro. Estacionei em frente ao curral das cabras, entre o apartamento e uma casa com janelas na parte da frente.

Uma criança pequena girava em círculos em uma bicicleta de madeira no piso de cimento em frente à garagem. Um homem alto, esbelto, usando um casaco cinza desgastado e calça jeans me viu sair do carro. Eu sabia, pelo e-mail que enviei à esposa, Alice, que o nome dele era Kurt. Apertamos as mãos, apresentei-me e expliquei que minha filha estava com o pai. Ele esfregou a mão nos cabelos castanhos bagunçados, tentando assentá-los. "Siga-me", disse, alcançando a criança e pegando-a. "Vou mostrar-lhe o lugar."

Enquanto andávamos, senti um imenso fascínio pela propriedade, que, se eu acreditasse nessas coisas, era como se o Universo estivesse empurrando-me na direção a que deveria ir, como se isso tivesse sido decidido por mim e tudo o que tinha que fazer era seguir o fluxo. Segui Kurt até a lateral da garagem e parei perto de um jardim maior que nosso estúdio inteiro. Ele fez um gesto para os arbustos de framboesa e mirtilo, e depois para um grande trecho de relva próximo.

"Parte do acordo que o locatário fez conosco era apará-lo", disse ele, cruzando os braços. "Nossos últimos locatários tinham um probleminha com isso." Vi sua filha passeando pela grama, imaginando Mia com ela.

"Além da permuta?", perguntei.

"Permuta?", repetiu ele, olhando para o céu, como se aquilo soasse familiar, mas não tivesse certeza do porquê.

Acenei com a cabeça e disse: "Enviei um e-mail a Alice, e ela disse que seria possível trocar uma parte do aluguel por trabalho no quintal e na limpeza da casa."

Sua expressão mudou algumas vezes, de confusão a uma possível lembrança de ela falando algo parecido, até acenar com a cabeça concordando com a ideia. Embora provavelmente não estivesse, ele parecia chapado, como a maioria de meus amigos em Fairbanks a qualquer hora do dia. Meu tipo de pessoa, pensei. Gostei dele imediatamente.

Ele olhou para baixo e sorriu para mim. "Espere até ver lá em cima." Com a cabeça, apontou para o apartamento em cima da garagem.

Kurt subiu as escadas à minha frente, carregando a criança no colo. Ele, Alice e a família, que aumentava, moraram no apartamento em cima da garagem enquanto construíam a casa, explicou ele. Quando contornamos a primeira curva das escadas, parei de seguir. Kurt se virou e sorriu ao ver minha cara de espanto.

Os últimos raios de sol pintaram tudo de laranja-avermelhado. Naquele momento, não conseguia me lembrar de ter visto um pôr do sol mais lindo.

"É assim toda noite?", perguntei, minha voz não passava de um sussurro. Kurt riu. "Bem, quando tem sol de verdade", disse. Ele estava fazendo uma brincadeira, porque no noroeste de Washington havia invernos inteiros, quase metade do ano, com menos de dez dias de sol. "O bom é que é quase verão."

O apartamento tinha dois quartos, separados por um banheiro com banheira. Havia um armário embaixo da pia e prateleiras para toalhas. A cozinha tinha um cooktop a gás, uma lava-louças, uma geladeira duplex e uma janela com vista para o quintal em que a família criava galinhas.

Todo o piso era de madeira. Na sala da frente e da cozinha havia duas claraboias, e uma no banheiro. Portas de vidro corrediças davam para o pátio coberto. Janelas com isolamento revestiam a parede a oeste da sala de estar.

"Tem TV a cabo", disse Kurt, e apontou com a cabeça para o fio saindo da parede. Olhei para ele e pestanejei. "Se for importante para você", continuou. "Sou meio fanático por futebol."

"Não tive TV a cabo durante a maior parte da vida adulta", disse eu. Tive vontade de rir com histeria. De me beliscar.

"É bem pequeno", disse ele, abrindo o armário no quarto, "então acrescentei um espaço grande para guardar roupas. Esses armários de parede aí em cima são totalmente abertos e bem grandes. Acho que Alice guardava roupas de cama aí, ou algo do tipo."

"Uau", disse. "É maravilhoso."

"Bem", disse ele, "Eu não chamaria disso."

"Não, de verdade", disse eu. "Meu armário de agora é um porta-vassouras. Nossa casa inteira tem metade do tamanho de todo este apartamento."

"Ah", disse ele, para quebrar o gelo. Então, pareceu se lembrar de algo e foi até a cozinha. "Pode pegar os ovos quando sairmos da cidade", comentou, apontando para o galinheiro. "Isto é, se você se mudar para cá." Sorri e perguntei aonde eles estavam indo. "Oh", disse ele, estalando os dedos, como se tivesse se esquecido de me dizer: "Todo verão vamos a Missoula passar algumas semanas com amigos. É um lugar excelente para constituir família. Já foi lá?"

Prendi a respiração. Não sabia o que responder, como dizer a ele que ansiava por aquela cidade nos últimos seis anos, que meu único arrependimento na vida foi não ter ido fazer faculdade como planejava, sem dizer a Jamie que estava grávida, e ter o bebê sozinha. Senti uma urgência repentina em contar tudo isso a Kurt, mas me contive.

"Não", disse, balançando a cabeça, tentando permanecer calma. "Mas gostaria."

Segui Kurt dentro da casa principal para conhecer Alice, que estava ocupada ao fogão preparando o jantar. As duas meninas mais velhas brincavam no chão, com uma caixa inteira de brinquedos do Littlest Pet Shop. Nunca tinha visto tantos deles de uma só vez e pensei na maneira como Mia andava por aí com um único sapo da coleção. Conseguia imaginá-la brincando no chão com as meninas, assim como me imaginava à mesa com Alice, rindo e bebendo vinho. Talvez eu não estivesse apenas procurando um novo lugar para morar, mas também novos amigos.

Alice chamou as meninas e disse que fossem se limpar para o jantar. "Quer se juntar a nós?", perguntou, olhando para mim. Ela era alguns centímetros mais baixa que eu, mal chegava ao peito de Kurt. Seus cabelos castanhos estavam puxados para trás, presos em um rabo de cavalo, deixando à mostra orelhas um pouco pontudas. Ela parecia ter sido uma dessas garotas bonitas no ensino médio — alguém que eu teria invejado.

"Claro", disse, sorrindo, tentando não chorar de alegria. "Estou feliz em conhecê-la." Embora estivesse mesmo, Alice me intimidava um pouco. Sem sequer conhecê-la, presumi que ela era como uma dessas mães da creche de Mia que limitavam o tempo em frente à TV, programavam artesanatos, restringiam lanches açucarados e serviam porções adequadas de frutas e vegetais a cada refeição. Uma mãe com privilégio, tempo e energia para ser uma boa mãe e que poderia me julgar por não fazer o mesmo.

Alice pôs meu prato na mesa em frente às duas meninas mais velhas, que comiam obedientemente primeiro as tiras de cenoura. Kurt me ofereceu uma cerveja, e aceitei. Era a mesma marca genérica da Costco que Travis costumava comprar, e o gosto me levou de volta à casa dele. Quando me perguntaram no que eu trabalhava, disse que limpava casas, mas que queria ser escritora. Kurt disse que lera um pouco meu blog, o que, por um instante, deixou-me confusa, mas aí lembrei que minha assinatura de e-mail continha um link para ele.

"Não sei como consegue dar conta sozinha", disse, olhando para mim por algum tempo. A expressão em seu olhar fez com que me contorcesse, e senti admiração em sua voz. Com o canto dos olhos, vi Alice franzir a testa e olhar para o prato.

Naquela noite, meus pés pareciam não tocar o solo. Alice e Kurt disseram que tinham uma piscina inflável e que as meninas brincavam lá fora a maior parte do dia, no verão. Alice trabalhava em um banco em período integral, mas Kurt, professor, estava em época de férias. Ele disse que Mia seria bem-vinda para acompanhá-los à praia ou brincar no quintal. Eles tinham até uma fogueira, na qual assavam marshmallows.

Quando cheguei em casa, Alice já me enviara o e-mail oficial, perguntando se eu queria me mudar. Respondi o e-mail com um empolgado "sim". Ela respondeu na hora, dizendo que eu poderia começar a levar minhas coisas a qualquer momento. No jantar, tratáramos dos termos da permuta que deixaria meu aluguel 50 dólares mais barato que o do estúdio.

Estávamos no meio de março. Eu tinha duas semanas para me mudar sem ter que pagar dois aluguéis. Minha carta de concessão de auxílio financeiro chegara alguns dias antes. Parecia que as coisas estavam se encaixando — tanto que comecei a desconfiar. Talvez fosse bom demais para nós. Talvez não merecêssemos algo tão bom.

25

A Trabalhadora Mais Esforçada

Quando contei a Pam que estava me mudando, ela entendeu o que isso significava. Ela não me despediu. Não pedi demissão. Ambas concordamos, por assim dizer, que eu não conseguiria mais trabalhar lá. Ela e Lonnie me disseram, isoladamente, que estavam tristes pela minha partida. Eu era sua principal funcionária, com quem elas podiam contar. Naquele ano, recebera a maior soma em bônus de Natal que já haviam visto. Recentemente, um dos meus clientes telefonara a Pam para lhe dizer que eu era insubstituível.

Eu sabia que era uma das trabalhadoras esforçadas, como Henry dissera, mas também sabia que poderia ser substituída. Tinha que sustentar minha filha. O impulso de viver em um ambiente melhor era forte demais, mesmo que isso significasse recusar trabalho. Ficar no estúdio significava que Mia continuaria a sofrer de doenças das quais já havia sido operada. Contrair dívidas e perder um emprego pareciam um risco enorme, mas eu também começara a entender outra coisa: seria extremamente difícil ver um futuro diferente se tudo em que eu conseguia pensar era em sobreviver ao próximo pagamento.

Por ser pobre, não estava habituada a planejar o mês, a semana ou, às vezes, a hora. Eu separava minha vida do mesmo jeito que limpava cada cômodo da casa — da esquerda para a direita, de cima para baixo. Fosse no papel ou na minha mente, os problemas com que tinha de lidar primeiro — o conserto do carro, a data da audiência, os armários vazios — ficavam acima, à esquerda. O próximo assunto urgente estava perto deles, à direita. Eu focaria um problema de cada vez, trabalhando da esquerda para a direita, de cima para baixo.

Essa visão estreita me impedia de ficar sobrecarregada, mas também de sonhar. "Fazer planos para cinco anos a partir de agora" nunca chegou a ficar no topo da lista. Nunca tive em mira poupar para aposentadoria ou para a faculdade de Mia. Tinha que manter uma fé subjacente em que, mais cedo ou mais tarde, as coisas melhorariam. A vida nem sempre seria uma batalha. Minha mãe, a primeira da família a fazer faculdade, dedicara a vida inteira a romper aquele ciclo. Um mestrado lhe permitiu sair em busca dos próprios sonhos, mesmo que isso tenha custado cortar relações comigo. Mas ela crescera em uma casa precária, e eu, no subúrbio — privilégio que talvez tenha me deixado confiante em que as coisas melhorariam. Pensava nas pessoas nas filas junto comigo, esperando por benefícios, e que não tinham um passado como esse do qual recordar. Será que elas compartilhavam um pouco dessa confiança? Quando alguém está por demais imerso em uma pobreza sistêmica, não há trajetória ascendente. Viver é lutar, e nada mais. Mas, para mim, muitas das decisões partiam do pressuposto de que, no fim, as coisas começariam a melhorar.

Não havia nenhum alarde em deixar o emprego. A maioria de meus clientes não saberia que eu saíra, que fora substituída por outra pessoa. Talvez ela aspirasse ou arrumasse as almofadas de um jeito diferente. Talvez os clientes voltassem para casa e encontrassem os frascos de shampoo organizados de uma nova maneira, mas a maioria deles nem notaria a mudança. Quando imaginei uma nova faxineira assumindo meus trabalhos, pensei de novo em como seria saber que uma estranha esteve em sua casa, limpando cada superfície, tirando os absorventes sujos do lixo do banheiro. Você não se sentiria exposto, de certa forma? Após alguns anos, meus clientes confiavam em nossa relação invisível. Agora, haveria outro ser humano invisível traçando linhas no carpete como um passe de mágica.

Pam me estimulou a abrir uma microempresa individual, já que eu contaria somente com minha renda de autônoma. Mas a sugestão comunicava estabilidade e carreira permanente. Precisaria de uma razão social, disse ela, algo que parecesse oficial. Pam começara assim. Porém, por mais que eu apreciasse o conselho dela, não queria que esse fosse meu começo. Queria que fosse um meio para atingir um fim, e esse fim era uma graduação. Um ingresso para nunca ter que esfregar a privada de ninguém além da minha.

Não contei à dona da Casa da Mulher do Gato que era meu último dia, mas dei um abraço em Beth na Casa de Lori. Sentiria falta de seu café e das conversas.

Quando saí da Casa do Chef, sorri, acenei e então levantei o dedo do meio. Tenho quase certeza de que o proprietário nunca fazia pontaria ao urinar. Saí de fininho da Casa da Mulher do Cigarro do mesmo modo que vinha espreitando as coisas dela. Sentiria falta de seu casaco de caxemira com mangas compridas o bastante para cobrir minhas mãos e tocar de leve meu rosto quando o vestia. Sentiria falta de tentar reconstituir sua vida, tentando descobrir se ela era feliz ou triste comendo alface com molho sem gordura enquanto fumava cigarro no balcão da cozinha, assistindo à pequena televisão pendurada no armário de cima. Saí da Casa Pornográfica literalmente no clímax da alegria, antes de contemplar a Casa Triste, percebendo que fazia um mês que não ia lá. Eu me perguntava por quanto tempo ele continuaria sofrendo. Quanto tempo teria de esperar até sua vida acabar.

Antes de sair da casa de Henry, passamos um bom tempo conversando. Foi difícil dizer a ele que eu não conseguiria continuar trabalhando na empresa que ele contratara para manter a casa limpa por tantos anos. Ele ergueu as mãos e encolheu um pouco os ombros, depois começou a sugerir que talvez eu pudesse ajudar com a jardinagem, antes de lembrar que já tinha uma equipe de homens lá fora, cortando a grama e aparando os arbustos. Senti necessidade de consolá-lo, sugerindo que ele poderia ser uma referência para meu currículo. Isso o fez endireitar novamente as costas, e então começou a listar todas as qualidades que ficaria feliz em comentar com qualquer um que perguntasse.

"Você é uma trabalhadora esforçada", disse, batendo levemente o pé e cerrando o punho com a afirmação. "Uma das mais esforçadas que já vi."

"Eu realmente precisava ouvir isso", disse, baixinho, e sorri para ele. Queria explicar o quanto a decisão estava sendo difícil, o quanto meu futuro era incerto. Tudo o que tinha eram alguns clientes particulares e empréstimo estudantil para nos manter até o outono. Queria dizer a ele que eu estava com medo. Era bizarro ansiar que um estranho me consolasse, mas Henry parecia quase uma figura paterna para mim.

A mulher que morava na Casa da Fazenda estava lá no meu último dia. Passara a gostar dela. Ela ligara para o escritório uma vez para dizer o quanto adorava o modo como eu limpava seu banheiro principal, e tive que admitir que também me orgulhava disso — embora fosse um saco deixar o box de vidro brilhando. Sempre trazia minha pinça à casa dela para arrancar os pelos das sobrancelhas à luz do espelho de aumento. Ao sair, ela me ajudou a carregar minha cesta de produtos, depois me pediu para dar uma olhada em uma caixa de coisas dentro de sua SUV, destinadas à doação. Peguei uma panela antiaderente da KitchenAid que seria perfeita para fazer as panquecas de Mia. Antes que eu entrasse no carro, ela deu a entender que queria me abraçar, mas estendeu a mão para apertar a minha. Embora tivéssemos uma relação de confiança, ainda existia uma cisão. Ela ainda era uma proprietária. Eu ainda era uma faxineira.

Nosso novo lar tinha uma máquina de lavar e uma secadora no andar de baixo, na garagem. Eu podia lavar os bichos de pelúcia de Mia sempre que sua tosse piorava. Havia sistema de aquecimento central, filtros de ar e pisos de madeira, e eu duvidava que o mofo pudesse sequer pensar em se aproximar de lá.

Meu senhorio do estúdio não gostou quando lhe dei aviso prévio de 15 dias em vez de 30. Ele disse que ficaria com meu depósito, descontando a quantia "x" que perdeu por não ter um inquilino pagando aluguel no mês seguinte. "Fiz várias melhorias", escrevi em um e-mail. "Este lugar está 100 vezes melhor do que quando me mudei." Anexei fotos das cortinas novas na sala de estar e das prateleiras, e dos porta-toalhas no banheiro, acrescentando que o deixaria completa e detalhadamente limpo. E, mesmo encontrando um novo locatário na época de minha mudança, ele ainda ficou com parte do meu depósito.

Comecei a fazer viagens ao novo apartamento quando conseguia, enchendo o carro com a maior quantidade possível de livros, roupas, toalhas e plantas. Certa noite, Kurt e Alice nos convidaram para jantar para que pudéssemos apresentar as meninas. Elas correram juntas no quintal; de vez em quando o cachorro preto grande, Beau, latia, enquanto os outros cães mais velhos observavam com indiferença. Com quase quatro anos, Mia logo se enturmou com as garotas mais velhas, que tinham dois e quatro anos a mais que ela. Kurt e Alice pareciam animados e um pouco aliviados com a personalidade doce e brincalhona de Mia.

Após o jantar, Alice me mostrou vários documentos para o contrato de locação, vistoria e algo que ela esboçara para o trabalho em troca do aluguel. Passaria cinco horas por semana fazendo jardinagem, arrancando ervas daninhas das áreas naturalmente ajardinadas. E duas quintas-feiras por mês, das 9h30 às 14h30, eu limparia a casa. Esperava que esse tempo fosse suficiente. A casa deles era enorme, mas ela disse que a companhia de limpeza habitual levava apenas duas ou três horas para terminá-la.

"Quantas faxineiras eles tinham?", perguntei, já sabendo que a resposta seria mais de uma.

"Não tenho certeza", disse ela, olhando para Kurt. "Provavelmente duas ou três", disse ele.

"Provavelmente vou levar seis horas ou mais no começo", disse, vendo os olhos deles arregalarem. "Vai ficar mais rápido quando eu passar a conhecer a casa. Só que trabalho direto e reto. Talvez seja um pouco mais lenta que três pessoas trabalhando juntas de uma vez."

Parece que eles entenderam ou ao menos fingiram entender. Eu sabia que Alice fizera todo o trabalho de casa sozinha antes do nascimento da filha mais nova. Desde então, entre o emprego de período integral e as meninas, ela não estava conseguindo manter a casa e o quintal, e eu não tinha certeza do que Kurt fazia para ajudar.

Eu registraria minhas horas de jardinagem e as enviaria à Alice por e-mail, como um cartão de ponto. Parecia um acordo fantástico para ambas, mas Alice ainda parecia reticente, a julgar pela pequena pilha de documentos que planejava autenticar. Ela jurava que era para proteger a nós duas se algo acontecesse, mas ainda assim parecia estranho. Antes dessa eu já havia feito muitas permutas, e a maioria das pessoas parecia mais confiante.

Kurt admitiu que leu mais coisas do meu blog, comentando como eu era boa escritora. Fiquei vermelha e agradeci. Foram anos difíceis desde que começara a escrever virtualmente. Quase não tinha vontade de falar cara a cara sobre qualquer coisa do blog, mas publicá-lo para qualquer um ler me levou a presumir que eles já sabiam de tudo, então não tinha que me explicar. Kurt o chamou de inspirador. Sorri, mas estranhei a palavra. Pessoas haviam dito isso sobre mim antes. Comecei a perguntar como mal sobreviver pode ser uma inspiração.

"Se você consegue viver sozinha com uma criança de três anos em um espaço minúsculo, com tão pouco, então também consigo", escrevera um seguidor do blog.

O blog era uma válvula de escape para a beleza da vida, mas também para minhas frustrações. A vida ainda não se cansara de me jogar um obstáculo antes mesmo de eu conseguir remover totalmente o último. Não conseguia ir em frente.

Minha experiência de vida parecia imensamente diferente da de meus colegas — não apenas das mães na creche. Muitas vezes, evitava possíveis interações ou chances em potencial de fazer amizade com pessoas de quem realmente gostava porque sentia que eu só seria um estorvo. Eu sugara os recursos que as pessoas disponibilizavam aos amigos sem conseguir dar nada em troca.

SUPERAÇÃO 247

Talvez, em troca, pudesse ficar com o filho deles por uma tarde, mas me estressava não poder oferecer lanches ou comida. Uma criança com fome que viesse passar uma tarde no fim de semana em minha casa significaria compras de dez dólares, às vezes mais. E elas sempre pareciam querer copos imensos de leite. Não podia bancar isso.

O apartamento acima da garagem me trouxe a sensação de que eu conseguira sobreviver. Senti como se tivesse concretizado alguma coisa ao encontrar melhores condições de vida, mesmo que isso significasse perder minha renda fixa. Naquela semana, consegui alguns clientes novos. Meu auxílio-creche foi aprovado para ocupar um cargo voluntário na secretaria de Violência Doméstica e Assédio Sexual. De algum modo, encontrei um lugar no sistema que me permitiu um pouco de tempo e espaço para seguir em frente.

Mas não conseguia me livrar da sensação de que tudo parecia onírico um pouco além da conta. Uma tarde, enquanto eu fazia o dever de casa, Mia e as garotas desenhavam arco-íris com giz no cimento fora da garagem, com suas risadas entrando pela janela aberta. O sol brilhava, e tudo parecia estar em seu devido lugar.

Quando Alice chamou as filhas mais velhas para almoçar, elas choramingaram, perguntando se Mia também poderia ir. As meninas subiram até minha varanda, sem fôlego, Mia entre elas, todas pedindo ao mesmo tempo. Quando sorri e disse sim, elas comemoraram. Eu as observei descendo as escadas correndo, aos risos, e cruzando o quintal até a casa principal. Então, sentei-me de novo à mesa. O fato de Mia estar fora, brincando em algum lugar seguro e não assistindo ao mesmo desenho repetidas vezes, aliviava a culpa que eu geralmente sentia por mantê-la confinada enquanto trabalhava. Os dias vivendo em um estúdio mofado, de um quarto só, pareciam distantes.

26

A Casa da Acumuladora

Quando cheguei para limpar pela primeira vez o lugar a que chamaria de Casa da Acumuladora, a esposa abriu apenas alguns centímetros da porta. Vi sua expressão mudar de apreensiva para reticente, e vice-versa.

"Oi", disse eu, sorrindo. "Vim limpar a casa. A Rachel, do Facebook, nos colocou em contato."

Ela acenou com a cabeça, olhou para baixo e abriu a porta o suficiente para revelar uma gravidez avançada e um menino pequeno agarrado à sua perna. Fiquei parada no pequeno quadrado de cimento na varanda. Dentro da casa, um pássaro cantava. Mais crianças me espiavam de uma janela grande à minha direita. Quando olhei de novo para a mulher, ela espreitou o interior, com nervosismo.

"Este é meu segredinho", disse ela, antes de abrir a porta o bastante para me deixar entrar.

Dei um passo para a frente e vacilei. O acesso da porta criou um espaço livre no chão, o único espaço livre no cômodo inteiro. Meu primeiro pensamento foi não esboçar reação. Em nossa primeira conversa, ela mencionara que precisava de ajuda para tirar o lixo e colocar a roupa suja em dia. Mas isso era muito mais do que eu previra. Roupas, pratos, papéis, mochilas, sapatos, livros. Tudo estava no chão, juntando poeira e cabelos.

A família parou de pagar as contas da casa. Ela me contou isso enquanto estávamos de pé naquele lugar vazio na sala da frente. Ouvi-a o mais atentamente que consegui, tentando não me perturbar pelo estado da casa. Ela falava rápido e com irritação. Eles tinham se mudado para uma casa alugada — marido, esposa, cinco filhos e, em breve, um recém-nascido.

"Na verdade, nem poderíamos pagar para você me ajudar", disse ela, olhando suas mãos sobre a barriga. "Mas estou enlouquecendo. A casa nova será um recomeço. Não quero me mudar com tudo isso."

Respondi com um aceno de cabeça e olhei em volta. Tudo quanto era superfície na cozinha e na sala de jantar continha pilhas de pratos sujos. Nos cantos da sala de estar, havia algo que se parecia com livros e trabalhos escolares, misturados a roupas, brinquedos e mais pratos. Em uma parede, as prateleiras de uma estante estavam caídas, e os livros estavam espalhados pelo chão, no lugar onde caíram.

Ela mencionou que eles não conseguiam pagar as contas. Mencionou vales-refeição. Senti-me horrível por cobrar qualquer coisa dela, mas não podia trabalhar de graça. Embora ela não tenha me pedido para reduzir meu preço por hora, insisti que me pagasse metade do que eu normalmente cobrava.

"E que tal cinco pratas por cada saco de lixo cheio de roupa suja?", sugeri, procurando um lugar no chão para deixar minhas coisas. "Posso levá-los para casa e lavar lá." Ela não respondeu de imediato. Sua mão livre, a que não estava afagando o topo da cabeça do filho pequeno, foi até o rosto para limpá-lo. Parou sob o nariz por um segundo, e ela concordou com a cabeça. Fechou bem os olhos, tentando não chorar. "Vou começar com a cozinha", disse eu.

Quando comecei a tirar produtos do meu balde, o garoto que estava escondido atrás da perna da mulher apareceu para ajudar. "Ele não fala", disse ela. "Ainda não falou nenhuma palavra." Sorri para ele, pegando de suas mãozinhas minhas luvas amarelas que ele segurava em minha direção.

SUPERAÇÃO 251

No primeiro dia, passei quatro horas lavando louça, com meus dedos enrugando nas luvas. Quando a água quente acabou, comecei a limpar as superfícies. Lavei a louça, coloquei para secar sobre toalhas, forrei a mesa, o cooktop e as bancadas que eu limpara. Como ela cozinhava para sete pessoas nesse cômodo minúsculo com aquele menininho agarrado a si? Não sei dizer o que eles comiam. A maior parte da comida embalada e enlatada nos armários estava vencida, algumas há mais de dez anos. Uma espiada na geladeira revelou prateleiras encharcadas pelos produtos estragados.

Havia um armário no corredor com uma máquina de lavar e secadora. Ao lado de um pequeno acesso que dava para a garagem, que fora transformada em quarto principal, havia pilhas de vários centímetros de roupas pelo chão. Comecei a ensacar algumas para levar para casa, fazendo algumas pausas para tomar fôlego. Deve ter sido os ácaros. Eles sempre me faziam tossir como se estivesse tendo um ataque de asma, e eu engasgava entre os acessos de tosse. Quando fui pegar o último monte para encher a segunda sacola, descobri o chão por baixo dele. E uma aranha grande, cocôs de rato e, juro, algo parecido com pele de cobra. Sufocando um grito, balancei a cabeça e dei o dia por encerrado.

Enquanto saía, a mulher me agradeceu. Lágrimas escorriam de seus olhos, e ela pediu desculpas pelo estado da casa. "Não precisa se desculpar", disse, com os braços carregados de produtos de limpeza e sacos de roupas. "Voltarei amanhã no mesmo horário."

Muitos de meus clientes particulares diziam que minha presença em sua casa lhes dava motivação para fazer alguns serviços de limpeza por conta própria. Esses eram os que me mandavam vir uma ou duas vezes. Meus clientes fixos — limpezas quinzenais, semanais ou mensais — conheciam o procedimento: deixar-me fazer meu trabalho em paz. Eu não pedia mais que o tempo real de uma casa para ganhar mais horas. Se sobrasse tempo em uma visita, eu ficava e limpava um pouco mais. Com os clientes particulares, minha reputação estava em jogo. Eu seria aquela que eles elogiariam para os amigos. Se precisassem de alguém com quem sair e bater papo, e ouvir seus conflitos atuais enquanto limpávamos uma bagunça enorme, eu também poderia fazer isso.

No segundo dia na Casa da Acumuladora, limpamos o quarto da filha mais nova. Embalamos 12 sacos de lixo de cozinha, arrastamos para o lado de fora e os colocamos com os outros que iam para o lixão. Debaixo de papéis diversos, objetos feitos com palitos de sorvete, montanhas de restos de comida, balões vazios, vários gravetos e pedras, e roupas rasgadas ou pequenas demais para usar, descobrimos um quarto de menininha. Encontrei alguns bonequinhos de uma casa de bonecas e coloquei-os com cuidado na sala de estar da casinha. Recolocamos livros e miniaturas do Meu Pequeno Pônei em uma estante, pintada de roxo e rosa. Colocamos roupas na cômoda, sapatos na sapateira. Pendurei no armário um vestido vermelho que combinava com um casaco. Encontrei um par de sapatos pretos de verniz.

Senti prazer em limpar aquele cômodo. Pensei nas vezes que Mia estava na casa do pai e eu enfrentava a bagunça em seu quarto. Ela odiava jogar qualquer coisa fora, e eu só a convencia a se desfazer de brinquedos levando-a comigo para doá-los a um abrigo de mulheres ou uma loja de consignação em que ela ganharia crédito. Mas todos os brinquedinhos do McLanche Feliz, desenhos e lápis de cor quebrados tiveram que ser jogados fora. Após horas de limpeza e organização, Mia voltaria para casa, entraria em seu espaço perfeitamente limpo e organizado, e sorriria como se tudo fosse novo outra vez. Esperava o mesmo para aquela menininha, não muito mais velha que a minha.

Ensaquei mais roupa suja antes de sair, após devolver as duas outras sacolas com as roupas limpas e dobradas. Naquela noite, em casa, Mia me ajudou a dobrar as camisas, meias e vestidos. Ela pôs uma saia contra a cintura e comentou como era bonita. Eu a observei girando com a peça.

"Posso ficar com ela?", perguntou, e balancei a cabeça, negando. Expliquei que eram roupas de outra família. "Por que você está lavando elas?"

"Porque estou ajudando-os, Mia", disse. "Esse é meu trabalho. Ajudar as pessoas."

Somente quando me ouvi dizendo isso acreditei que era verdade. Lembrei-me da mulher que me agradecera por limpar sua casa e pôs um rolo de dinheiro em minhas mãos, segurando-o por um instante e, depois, dizendo-me que era melhor eu ir antes que o marido chegasse em casa. Alguns de meus clientes de jardinagem me chamavam de "seu segredo mais bem guardado".

Eu ainda andava com uma agenda, rabiscando nomes de clientes em várias subdivisões, memorizando os horários o melhor que conseguia, para quando alguém me ligasse perguntando se eu estava disponível em um horário ou dia específico. Não tinha que usar uniforme ou ir a reuniões com minha chefe, ou deixar minha cesta de material de limpeza ser revistada. Não tinha que parar em um escritório, a quilômetros de distância do meu trajeto, para reabastecer frascos com produtos de limpeza. Cinco privadas por dia ainda me matavam, mas, não sei por que, me sentia melhor ao limpá-las.

Após cada sessão de quatro horas, a Casa da Acumuladora ficava mais parecida com uma casa comum. Coloquei no lugar as prateleiras da sala de estar, varri todo o alpiste e encontrei dezenas de DVDs embaixo do sofá. Embora tentasse esconder, sentia-me agradecida por ela nunca ter me pedido para limpar o banheiro. Não sei ao certo por quanto tempo as coisas permaneceram limpas. Certa tarde, arrumei a cozinha e logo em seguida me deparei com panelas e pratos com molho vermelho seco em todos eles sobre os balcões e no fogão. Esperava que tudo isso fizesse sua família feliz. Esperava que lhe trouxesse mais paz antes de o bebê nascer. Acima de tudo, estava contente por ter acabado.

⁂

O prédio da ONG contra violência doméstica na qual eu era voluntária ficava escondido em um complexo industrial indefinido ao lado da ferrovia em Mount Vernon. Eu não era apenas uma recepcionista voluntária confiante, era uma cliente. A sala dos fundos onde conheci minha advogada de violência doméstica tinha janelas altas, próximas ao teto, que deixavam o sol entrar o suficiente para manter vivas um monte de plantas. Christy, minha advogada, mudara-se de Missoula no ano anterior. Ela falava que sentia muita falta de lá, sobretudo depois que lhe contei que há vários anos me sentia atraída pela cidade.

"Bem, por que não a visita?", disse Christy.

Estava falando sobre as publicações da Universidade de Montana, que apareciam em minha caixa de entrada a cada mês como se fosse um ex-namorado insistente me querendo de volta, sobre os cartões-postais e livretos a respeito do programa de escrita criativa, com homens de barba sorridentes usando calças Carhartts e praticando pesca com mosca.

Christy acenou com a cabeça e sorriu. Ela registrou minha candidatura a uma bolsa de estudos, com que havia lhe pedido que me ajudasse, e olhou para mim.

"Você deveria fazer uma visita e ver o que acha", disse. Sua voz estava sempre calma e tranquila. "Meus filhos adoravam. Missoula é um lugar maravilhoso para constituir família."

"Por que me submeter a isso?", perguntei, quase bufando. "Quer dizer, e se eu gostar de lá de verdade? Isso só faria com que me sentisse mal." Retirei lama das calças, que estavam sujas por ter jardinado o quintal de um cliente naquela manhã.

"Por que não se mudou para lá?", desafiou Christy, recostando-se na cadeira.

"Ele não deixou", disse.

"O pai de Mia?"

"Sim, Jamie", disse eu, cruzando os braços. Em nossa primeira reunião, recitei todo o roteiro — o que repetia várias e várias vezes para os terapeutas ou qualquer um que me perguntasse sobre minha história. Começava no abrigo para sem-teto, percorria as ordens de restrição, o processo judicial e os ataques de pânico. O fato de Jamie morar a três horas de distância e Mia vê-lo em fins de semanas alternados. Hoje, acrescentei que imaginava se Mia gostaria de morar com ele.

A voz de Christy abrandou um pouco. "Não é ele quem decide se você vai se mudar ou não para Missoula."

"Mas, ainda assim, preciso pedir permissão para me mudar."

"Não é pedir permissão. Você notifica a relocação, e ele tem uma chance de contestar", disse ela, fazendo parecer simples demais. "Se contestar, ambos apresentam seu caso e um juiz dá a palavra final." Ela olhou novamente para minha ficha de inscrição. Fiquei quieta, deixando suas palavras purificarem minha mente. "É muito raro não permitirem às mães que se mudem", acrescentou ela. "Sobretudo se elas conseguem provar que terão melhores oportunidades de estudo."

Cerrei o maxilar e olhei fixamente para o chão. Só de pensar em voltar ao tribunal tive palpitações.

"Não pense nisso como um pedido de permissão", disse ela. "É uma notificação."

"Tá", disse eu, voltando a atenção para as fibras da almofada na cadeira.

"Então, pode me explicar como isso funciona?", perguntou ela, pegando a pasta com a ficha de inscrição.

Outra advogada, a de Port Townsend que me ajudara quando éramos sem-teto, apresentou-me uma bolsa de estudos para sobreviventes que ela chamava de "The Sunshine Ladies" ["As Damas do Sol", em tradução livre], mas, na época, não me inscrevi. Se não fosse pelo nome, nunca teria me lembrado dela. Embora formalmente ela se chamasse Women's Independence Scholarship Program ["Programa de Bolsas para Independência da Mulher", em tradução livre], uma pesquisa na internet por "Sunshine Ladies" me levou ao lugar certo.

Uma bolsa de estudos específica para sobreviventes da violência doméstica vinha acompanhada de uma quantidade esmagadora de papelada e uma lista extensa de qualificações. Eu não tinha me inscrito por um motivo principal, quando anteriormente a considerei — beneficiárias têm que estar pelo menos há um ano fora da relação abusiva. Mas também precisava de um patrocinador, de preferência por meio do programa contra a violência doméstica, para entregar o dinheiro para mim. O WISP enviaria o dinheiro da bolsa à organização, que então trabalharia comigo a melhor maneira de investi-lo. Acho que esse era um jeito de saber, mais ou menos, para onde ia o dinheiro da bolsa, mas o processo parecia um desafio.

"Peça 5 mil dólares", sugeriu Christy enquanto examinávamos a papelada. "O pior que pode acontecer é você conseguir menos."

"Imagino se conseguiria fazer minha escrita chegar até as pessoas", disse, mais para mim mesma do que para ela.

Ela acenou com a cabeça e deu um sorriso incentivador. "A Universidade de Montana tem um departamento maravilhoso de escrita criativa!", exclamou ela, virando-se para abrir a página inicial. "Acho que é um dos melhores do país."

"Eu sei", disse. "Esse era meu plano antes de engravidar." Tentei não parecer desapontada demais. Mas isso foi antes de ter uma filha para cuidar. Antes de precisar de uma renda fixa e plano de saúde. Antes de ter não apenas meu futuro, mas o futuro de uma criança em que pensar. "Um bacharelado em artes não é útil", disse, e Christy quase riu, mas viu que eu tinha lágrimas nos olhos.

No mais, não queria que ela me incentivasse. Assim como não queria ouvi-la me incentivando a visitar Missoula. Esses sonhos pareciam grandes demais para correr atrás. O anseio pela cidade parecia similar aos momentos em que me sentava à mesa da cozinha para ver Mia comer, tomando café em vez de me alimentar. Minha fome por Missoula era grande demais, e até sonhar com isso era grande demais.

"Imagine como Mia gostaria de ver você tentando", disse Christy, com um tom de voz carregado de incentivo.

Missoula não se dava por vencida. Ela aparecia em conversas com qualquer um com quem eu sentia um mínimo de afinidade. Isso estava acontecendo há anos, mas agora eu começava a prestar atenção. Eu me permitia sentir ela me chamar.

Infelizmente, outras coisas também tinham seu próprio jeito de não se darem por vencidas, de não melhorarem, de continuarem implacáveis quando eu ansiava por um descanso. Alice, minha nova senhoria, revelou-se minha cliente mais difícil. Durante semanas, passava dezenas de horas na casa dela, tentando limpar de um jeito que não desse margem a reclamações. Ela andara pela cozinha comigo, apontando lugares que eu deixara escapar. Eu usava os panos e produtos de limpeza dela, mas a chateava quando deixava os panos usados dentro na máquina de lavar. "Você precisa lavá-los", dissera, após me ligar no celular pedindo que fosse até lá para me apontá-los pessoalmente. "Isso está me dando mais trabalho." Queria dizer a ela o quanto seria inapropriado e estranho um cliente fazer isso em circunstâncias normais. Em vez disso, juntei os panos da máquina e os carreguei até a garagem para lavar, secar e dobrar antes de deixá-los empilhados em sua varanda. Alice também começou a me acusar de mentir a respeito do tempo que eu passara arrancando ervas daninhas. Isso nunca tinha acontecido comigo. Nunca recebi reclamações. Não desde o Trailer perto da Casa do Bandido Descalço.

Uma tarde, Alice telefonou de novo, querendo falar comigo na casa dela. Eu já sabia o que estava por vir. Ela disse que eu não estava cumprindo minha parte no contrato de permuta, que não estava conseguindo limpar bem o suficiente, que ela estava cancelando o contrato.

Concordei com a cabeça, virei as costas e me afastei dela. De volta ao apartamento, olhei em volta. Parecia impossível que o aluguel acabara de dobrar. Pela janela, olhei para a baía em um silêncio estupefato. Dentro de mim havia uma sensação de aperto no peito.

"Ei, você está bem?", perguntou-me Kurt mais tarde, enquanto estávamos na área externa, nos brinquedos do quintal. "Alice disse que parecia que você ia chorar depois que conversaram."

"É que recebi más notícias", disse, olhando para o chão.

Ele acenou com a cabeça. "É", disse, empurrando a filha pequena no balanço. "Entendo. Alice anda estressada porque está sendo dispensada."

Um barulho de estática de televisão começou a zunir em meus ouvidos. Agora entendia por que ela me despedira. Não era por incompetência minha. Ela me despedira porque não conseguia mais bancar a permuta, ou queria fazer limpeza sozinha para economizar dinheiro, e me difamou no processo. Alice chegou com as outras meninas em seguida, que correram para se juntar a Mia. Observei todas elas correndo para pegar as bicicletas, rindo e gritando. Pensei em toda a documentação legal. Se eu tentasse lutar para manter a permuta, possivelmente o resultado seria uma batalha judicial que não poderia bancar. Eu perderia o que sobrara de uma relação agradável da qual minha filha precisava para brincar com as amigas. Não tinha como eu bancar uma batalha.

"Não posso bancar meu apartamento sem a bolsa de estudos", disse a Christy em nossa reunião seguinte, após explicar o que acontecera.

"Você vai consegui-la", disse, como se já lhe tivessem contado e ela estivesse escondendo isso de mim. A ficha de inscrição aumentara para quase 50 páginas. Ainda estava esperando mais algumas cartas de recomendação. "Voltou a pensar sobre Missoula?"

Voltei. Bastante. O comportamento de Jamie estava piorando, o que sempre me fazia temer pelo bem-estar de Mia. Ela passou uma semana na casa dele, enquanto eu terminava as aulas do trimestre da primavera, e voltara alguns quilos mais magra. Eu a levara ao médico por conta de uma sinusite antes de ela ir e tive que trazê-la de volta, porque ela piorara. Dois quilos a menos em seu corpo pequeno era uma perda significativa. Ela estava fazendo xixi na calça de novo, e não consegui descobrir por quê. Ela não fazia isso há meses.

Agora Jamie estava morando em seu pequeno veleiro, e, quando Mia o visitava, ficava lá com ele. Nem Mia nem Jamie sabiam nadar. Tinha medo de Mia cair do barco ou do cais sem um colete salva-vidas, no meio da noite. Tinha medo do tipo de criança que eu pegaria de volta após passar um tempo com ele. Sempre que telefonava, ouvia várias vozes masculinas ao fundo. Quando eu perguntava, ela não sabia o nome de nenhum deles nem onde estava o pai, apenas que ele estava no barco. Buscá-la começou a parecer um tipo de operação resgate.

Contei a Christy sobre isso — sobre minha senhoria, sobre me sentir atraída por Missoula. A escola estaria agitada no outono, mas eu tinha apenas duas aulas de verão. Ainda tomei o máximo do empréstimo para cobrir meus gastos quase duplicados. Mia ficava na creche enquanto eu trabalhava e voluntariava sempre que conseguia.

Depois que Alice me despediu, passei dois dias à procura de recursos, sabendo que não teria o suficiente para pagar as contas em junho, antes que o pagamento do empréstimo do semestre de verão chegasse. Encontrei um auxílio esquisito na escola, que me ajudou a pagar parte do aluguel de junho — um "auxílio-doméstica", especificamente para mulheres com filhos, que ajudava com despesas de moradia. Até os vales-combustível de 20 dólares do departamento de distribuição de serviços públicos ajudaram.

Eu prendia a respiração a cada vez que checava a correspondência. Dia após dia, vinham contas e propagandas, mas nada da comissão das bolsas de estudo. O mês parecia se arrastar de um jeito ameaçador. Se eu não conseguisse a bolsa de estudos, teríamos que nos mudar do apartamento. Mas, se conseguisse, teríamos dinheiro mais que suficiente para ficar. Para não pensar na bolsa, levava Mia a praias e parques. Passávamos bastante tempo com Kurt e as meninas mais velhas passeando pela baía, onde elas rolariam no barro. Quando Mia estava na casa do pai, eu me escondia no apartamento, lendo ou fazendo dever de casa com as portas abertas ao sol do verão.

Um fim de semana, tirei *O Alquimista* da estante. Levei dois dias para terminar de ler aquele livro curto, já que quase todas a páginas continham uma frase que eu sublinhava, lia de novo, e tinha que olhar pela janela e refletir por um instante. Minha mãe me dera o livro depois que eu voltara do Alasca para Washington. Ela explicou que o tema era a jornada do personagem principal para encontrar seu destino, apenas para descobrir que este era seu lar desde o início. A isso, eu fizera uma careta. Claro, o noroeste de Washington parecia mágico quando o sol brilhava, e havia trechos da Highway 20 que serpenteavam por Deception Pass em que eu conhecia as árvores como a velhos amigos. Mas a sensação de lar parava por aí. Não sentia que meu lugar era lá. Não tinha certeza se um dia foi.

O tema de O *Alquimista*, esta Lenda Pessoal, me cativou. Queria ser escritora há quase 25 anos.

"Acho que estou pronta para uma visita", anunciei a Christy em nossa reunião seguinte.

Voltando para casa depois de buscá-la na creche, Mia e eu cantamos "Diamonds on the Soles of Her Shoes", de Paul Simon. Eu sorria sempre que ela dizia "empty as a pumpkin" [vazia como uma abóbora] no trecho da letra "empty as a pocket" [vazia como um bolso]. O álbum tocou com regularidade no carro por algumas semanas — enquanto íamos e voltávamos da creche, enquanto saíamos para aventuras aos fins de semana. Sorrir e cantar a mesma música era como se fosse tomar o mesmo sundae.

Virei o carro em nossa rua, e Mia começou a perguntar se podia brincar com as meninas. "Espere um segundo", disse, demorando-me na caixa de correio. Estava tentando não verificá-la demais. Era muita decepção vê-la vazia.

"Mia!", disse eu, da caixa de correio. Segurei um envelope grande da WISP, Inc. Um desses envelopes prioritários de taxa fixa para documentos. Abri-o e olhei a carta.

O envelope continha confetes brilhantes que se espalharam pelo chão de casa. Eles me aceitaram para o programa de bolsas! Mia recolheu-os com os dedos. A WISP não somente me concedeu US$2.000 para o outono, como também me deu US$1.000 para o verão. Não só não teríamos que nos mudar de novo — eu teria um extra suficiente para tirar férias entre os trimestres de verão e outono. Poderia visitar Missoula.

Uma frase de O *Alquimista* atravessou minha mente como um letreiro luminoso: *Quando você quer algo, o Universo inteiro conspira para você conseguir*. Com o dinheiro da bolsa, eu teria meios para guardar dinheiro, consertar o carro e viajar por duas trilhas de montanhas para ver uma cidade sobre a qual muitos de meus autores favoritos escreveram histórias de amor.

27

Em Casa

Em algum lugar perto de Spokane, seguindo a leste na Interstate 90, a estrada se abriu, plana, sem nada à frente, atrás ou ao meu lado. A grama, marrom e queimada pelo sol, tremia com o vento, lutando para continuar viva. Agricultores faziam irrigadores grandes de metal girarem pelas terras, tentando mantê-las verdes para o gado. Na rodovia dividida em duas faixas, uma garota em uma Subaru verde me ultrapassou pela esquerda. Consegui ver que ela tinha caixas, cestos de roupa suja e sacos de lixo empacotados no banco traseiro e no porta-malas do carro. Em contrapartida, eu tinha duas mochilas militares antigas cheias de regatas novas, além de alguns shorts meus.

Ambas tínhamos a vida inteira pela frente, a garota da Subaru e eu. Talvez ela estivesse se mudando para Missoula para fazer faculdade, como eu teria feito se não tivesse rasgado as inscrições há tanto tempo, mas nossas semelhanças provavelmente terminavam por aí. Eu a imaginava como a mim mesma, quase cinco anos atrás, cantando ao som do que quer que tocasse em seu aparelho. Pensei que ela devia ter sido eu.

Afastei esses pensamentos e pisei no acelerador, perseguindo-a, perseguindo meu próprio fantasma. Ir a Missoula não era apenas ir em busca de meus sonhos; era encontrar um lugar para chamarmos de lar.

Quando cheguei, sozinha na escuridão, a pista no centro de Missoula ainda parecia latejar com os resquícios do dia quente de verão. Quando saí do carro para ficar na calçada, olhando a rua para cima e para baixo, duas meninas de 20 e poucos anos passaram por mim, acenaram e sorriram. Uma cantava. A outra tocava ukulele. Ambas usavam saias esvoaçantes e sandálias. Elas me lembravam das garotas que eu conhecera em festas em Fairbanks. Tipos hippies que não conheciam nada de maquiagem, sabiam como fazer fogo e não tinham medo de sujar as mãos no jardim. Senti falta desse pessoal. Meu pessoal.

Na primeira manhã fiz um passeio, e o sol matinal já queimava minha pele. A grama parecia estar seca e me convidando para sentar, tão diferente da umidade de Washington. Perto do campus, li um livro sob a sombra de um imenso carvalho. Deitada de costas, contemplei o sol através das folhas que balançavam. Passei a maior parte do dia assim, olhando as colinas e montanhas ao redor, observando o rio correr sob uma passarela. Naquela noite, descobri um parque bem no centro da cidade. Vendedores de comida se enfileiravam nas margens de uma praça coberta. Pessoas andavam pela grama ou nos bancos do jardim. Uma banda tocava em um palco. Não conseguia lembrar a última vez que me sentira tão feliz, a última vez que relaxei e deixei a música tomar conta do meu peito. Caminhava pelo parque com um sorriso tolo, então reparei que, curiosamente, todo mundo também estava sorrindo.

Após anos vivendo sem amizades, após a relação tóxica com minha família, a perda dos amigos, moradias instáveis e mofo preto, e minha invisibilidade como criada, estava ávida por gentileza. Estava carente da atenção das pessoas, de que começassem a conversar comigo, que me aceitassem. Estava carente de um jeito que nunca estivera a minha vida toda. Missoula despertara isso. De repente, eu queria uma comunidade. Queria amigos. E parecia normal querer isso, porque, ao andar por aí, a julgar pelas aparências, eu estava cercada pela possibilidade de coisas do tipo. A maioria dos moradores sorria para mim sob chapéus que exibiam o contorno do estado de Montana ou seu código de área 406. Um dia, tomando o café da manhã em uma pequena lanchonete, todas as mesas ocupadas, contei 16 pares de sandálias tipo papete, incluindo as minhas. Vi mulheres com pelos no corpo, e a maioria das pessoas tinha tatuagens. Homens carregavam bebês em mochilas de pano e slings. Encontrei velhos amigos de Fairbanks. Nunca fora aceita de forma tão imediata por um lugar. E tinha sido apenas um dia.

Sem saber, escolhi um dos melhores fins de semana do verão para visitar. Enquanto eu explorava, o River City Roots Festival transformava a cidade. A Rua Principal fechou. Fabricantes vendiam camisas tie-dye, cerâmicas, obras de arte e ursos de madeira com entalhes feitos por motosserra. Um pequeno mar de pessoas em cadeiras de camping se instalou perto do palco para ouvir música durante a maior parte do dia. Food trucks se enfileiravam nas ruas laterais e havia um quiosque de cerveja no meio de tudo isso. Missoula adora uma boa festa.

E foi assim. Passei cada dia da minha viagem explorando a cidade. Escalei montanhas. Percorri trilhas, ouvindo o som gutural de cervos nas moitas. Andei por riachos e sangrei os dedos dos pés em pedras afiadas. Por alguns minutos, ao lado de uma montanha em um vale profundo que ficava além da cidade, suada e desidratada, não consegui encontrar a trilha que estava seguindo. Estava com fome, com sede e, ainda assim, cheia de empolgação por estar perdida nos confins de Montana, mesmo que momentaneamente.

Eu me apaixonei por Montana. Como Steinbeck. Como Duncan.

"Estou me mudando para Missoula", disse, em uma mensagem para Jamie. "Eu preciso. Este lugar é maravilhoso." Esperei a resposta dele, meu coração aos pulos, mas ele não respondeu. Eu me perguntava o que ele faria para manipular Mia a não querer ir. Imaginava se ele ameaçaria me levar ao tribunal ou se, talvez, tentaria tomá-la de mim. Essas eram as inquietações que me impediam de sequer experimentar uma viagem como esta. Mas eu não estava mais lhe pedindo; estava contando. Por mais piegas que parecesse, pensava que, de algum modo, meu amor por Missoula e meu desejo de uma vida melhor para Mia me manteriam viva. Isso me ajudaria a chegar lá.

Jamie deixou Mia me ligar no dia seguinte. A manhã estava na metade, e o telefone tocou enquanto eu estava sentada sobre a relva de uma colina ao lado do rio Clark Fork. Atrás de mim, um carrossel girava lentamente em círculos, próximo a brinquedos de madeira cheios de crianças. Estava lendo um livro, anotando pensamentos em um diário.

"Oi, mamãe", disse Mia. Pude ouvir a voz de Jamie ao fundo; depois, a de sua avó. Eles estavam pressionando-a para falar. Finalmente, ela soltou: "Não quero me mudar para Montana."

"Ah, querida", disse eu, tentando moldar minhas palavras como um abraço. Imaginei a cena, Mia na sala de estar da casa da avó, e Jamie segurando o telefone ao lado do ouvido dela, seu rosto, as sobrancelhas levantadas, esperando que ela repetisse a frase que ensaiaram. "Mia, lamento que esteja passando por isso", disse, e então Jamie tomou o telefone dela.

Sua voz variava entre um rosnado e um suspiro. "Vou dizer a ela que você está afastando-a de mim para que nunca mais me veja de novo", disse ele. "Espero que perceba isso. Que você é tão egoísta que não se importa se ela nunca mais me vir. Ela vai perceber. Ela vai odiar você por isso."

Tentei imaginar os olhos grandes, escuros de Mia vendo-o falar. Eu sabia como ele ficava quando nervoso, como gotas brancas de cuspe se juntavam nos lábios dele em frente aos dentes tortos.

"Quero falar com Mia de novo", disse, interrompendo-o. Quando Mia voltou ao telefone, sua voz parecia contente. "Você comprou botas cor-de-rosa de caubói para mim?", perguntou, sua versão alegre de novo.

Sorri. "Sim", disse. "Exatamente como prometi." Contei a ela sobre a loja com um corredor inteiro de botas cor-de-rosa e que eu lhe encontrara um par, além de um cavalo de pelúcia. "E uma lancheira de metal com um caubói nela!"

Quando nos falamos de novo um ou dois dias depois, ela parecia atordoada. Não tinha certeza de onde o pai estava, embora eu tenha ligado para o celular dele. Pude ouvir vozes de homens mais velhos rindo ao fundo, mas Mia disse que não sabia quem eram. Arrependi-me de não tê-la trazido comigo, mas, se o tivesse feito, não tenho certeza se voltaríamos. Pude me imaginar encontrando um canto para dormirmos e preenchendo a papelada da relocação no tribunal local. Pude nos imaginar passando o fim do verão cochilando na grama, explorando as montanhas e os rios.

Mas eu tinha mais alguns dias de minhas primeiras férias em cinco anos, e tentei aproveitar ao máximo. Naquele sábado, fiz um passeio pelo mercado de agricultores locais. Havia bastantes crianças da idade de Mia, muitas usando tutus desarrumados e com os cabelos embaraçados. Poderia ter andado com ela, de regata, com as tatuagens à mostra, ela usando seus sapatos de plástico de salto alto e vestido de fada. Teríamos nos misturado com todo mundo. Ninguém teria nos olhado de canto, como faziam em Washington. Mia teria brincado com o grupo de crianças que subiam na estátua de peixe. Este poderia ser nosso lar. Estas pessoas poderiam ser nossa família. Tinha certeza disso.

Na volta para casa, mergulhei no silêncio do carro e nos sons da estrada. A cada quilômetro que me aproximava de Washington, sentia uma dor no coração, como se eu estivesse indo na direção errada. Por 800 quilômetros, a jornada dos últimos cinco anos se reproduziu como um filme em minha cabeça. Vi Mia andando em minha direção no abrigo para sem-teto. Senti o estresse e o desespero em proporcionar um bom lar para ela. Todos os nossos trajetos de carro. O acidente. Aquelas noites frias em nosso sofá retrátil no estúdio. Talvez *O Alquimista* tivesse razão. Talvez se eu desse o primeiro passo rumo a meus sonhos, o Universo abriria o caminho e o guiaria. Talvez, para encontrar um lar verdadeiro, eu precisasse abrir meu coração para amar um lar. Parei de acreditar que lar era uma casa chique nas colinas. Lar era um lugar que nos acolhesse, uma comunidade, uma certeza.

Meses depois, uns poucos dias após o Natal, com Mia no banco traseiro, lá estava eu novamente nas colinas, rumo a Missoula. "Está vendo as luzes?", perguntei, desligando o rádio, apontando para as estrelas brilhantes do vale. Espiei pelo espelho retrovisor e vi Mia balançando a cabeça, na cadeirinha.

"Onde estamos?", perguntou ela, olhando para as colinas de neve passando pelas janelas.

Respirei fundo. "Em casa", disse.

Após anos de constante movimentação, Mia e eu, aos poucos, fomos nos instalando. O pai dela desapareceu durante os primeiros vários meses em que estivemos lá. Ele não atendia o celular, não aparecia para os bate-papos por vídeo, sobre os quais discutimos nos mínimos detalhes para agendar no novo plano parental, e eu não sabia explicar por quê.

Mia começou a correr de mim: em casa, no mercado, na calçada e em direção à rua. Eu a carregava, chutando e gritando, curvando-me para pegar suas botas de borracha quando elas caíam durante uma birra. Sabia que era uma reação natural a se mudar, perder o pai, ser desalojada e transplantada para um local onde o inverno nos manteve dentro de casa desde nossa chegada. Seu comportamento estava mais intenso que qualquer coisa que eu já experienciara, e não sabia como lidar com ele. Começou a ficar perigoso, tumultuado e exaustivo demais levá-la a qualquer lugar. Certa manhã, tive que dar cabo de duas tarefas: ir ao correio e à loja para comprar absorventes. Mia se recusou, por duas horas, a se vestir ou calçar os sapatos, chutando e gritando, e se debatendo tanto que parecia que eu estava tentando segurá-la embaixo d'água. O ataque de pânico me pegou de jeito, fazendo com que eu me arrastasse no chão, engasgando, enquanto Mia entrou no quarto feliz e contente para brincar com os brinquedos, contente por ter vencido outra batalha.

Como geralmente acontecia, as coisas tinham um jeito de se endireitar. Encontrei um trabalho de limpeza em um grande edifício comercial, além de alguns clientes que queriam que eu limpasse a casa deles. Um fim de semana, peguei uma revista na sala de espera do escritório chamada *Mamalode* e enviei um artigo curto. Eles o publicaram em versão impressa, e eu não conseguia parar de olhar para meu nome.

A mesma revista tinha um anúncio de uma pré-escola focada em aprendizado por meio do movimento, em uma academia de ginástica local. Depois de conhecer os proprietários, eles concordaram que eu limpasse a instalação em troca de aulas. Um dos funcionários veio morar conosco, pagando uma pequena quantia do aluguel e com a condição de que estaria lá quando eu saísse para trabalhar antes do amanhecer, antes de Mia acordar.

Um dia, no fim da primavera em Missoula, após nossa mudança, Mia comunicou: "Mamãe, a gente deveria fazer uma caminhada", disse ela, após olhar o céu azul pela janela. Sentei-me à mesa da cozinha de nosso apartamento no centro, esperando-a terminar o café da manhã. Meus olhos tremiam de exaustão. Eu apreciava os fins de semana quando podia dormir e passar um tempo a mais bebericando café antes de analisar as anotações da escola.

Por causa disso, hesitei em ir. Estava cansada demais de brigar com Mia e, embora ela não estivesse mais correndo tanto de mim desde o início da pré-escola, meu nível de confiança permanecia muito baixo. Mas ela me olhou com extrema avidez, e vi mais empolgação em seus olhos do que tinha visto desde que nos mudamos. Era o primeiro fim de semana quente e ensolarado, e ele me lembrou da magia que sentira quando vim pela primeira vez em agosto. Levantei-me da mesa e comecei a encher uma mochila com barras de proteína e garrafas de água. "Vamos", disse eu. Nunca a vira colocar os sapatos tão rapidamente.

A Universidade de Montana fica na base de uma montanha — cujo nome oficial é Sentinela, mas os moradores a chamam de "M", por conta da trilha visível em zigue-zague serpenteando até uma letra "M" maiúscula grande e branca, feita de concreto. Durante meses, olhei para ela enquanto ia às aulas, observando ao longe pessoas subindo a colina. Ficava com inveja delas, mas eu sempre parecia ter uma desculpa para não tentar.

Fomos de carro ao estacionamento na base da montanha. Várias pessoas estavam nas escadas que davam para a trilha. Todas usavam sapatos adequados de corrida ou caminhada, bebiam água de suas garrafas e pareciam prontas para subir a trilha ao lado da montanha.

"Certo", disse, alisando minha bermuda e questionando minha decisão de usar sandálias. "Até onde vamos?"

"Até o M", disse Mia. Como se não fosse nada. Como se não fosse um objetivo que eu determinara para mim mesma em minha primeira visita. Como se andar até o M não significasse escalar metade de uma montanha de 1.500 metros.

Quando começamos a trilha, calculei que chegaríamos a meio caminho do M antes de Mia se cansar, que eu acabaria carregando-a nos ombros até o carro. Mas ela passava por todos os contornos, pelos caminhantes sentados nos bancos que aproveitavam a vista.

Eu observava, incrédula, minha filha de quase cinco anos subindo o percurso, correndo, de saia e sapatos do Homem-Aranha, as pernas de uma girafa de pelúcia em torno do pescoço. Ela corria tão rápido que deixava os outros caminhantes para trás e, então, esperava que eu a alcançasse. Em contrapartida, eu bufava, pingando de suor. Essa foi, de longe, a caminhada mais difícil que eu havia feito em anos. Gritei a Mia que parasse, tensa por ela chegar até o M e escorregar em uma das placas de seu pavimento ou apenas ultrapassar o limite. A trilha e a montanha eram muito íngremes para eu enxergar o percurso acima. Às vezes, veria Mia inclinada sobre a margem da trilha, cerrando os pequenos punhos com determinação. Os meus estavam fazendo o mesmo.

Quando chegamos ao fim da trilha, ficamos sentadas no topo do M, assimilando a vista por alguns minutos antes de Mia se levantar e anunciar que deveríamos continuar andando. Eu a segui, espantada por ela querer seguir em frente. Ela parecia perfeitamente satisfeita em marchar até o topo, por vezes se agachando para ver formigas ou buracos de esquilos. Insisti que ela bebesse água, que comesse uma barra de cereais de amora. E continuamos a trilha.

Há várias opções para chegar ao topo de Sentinela, mas pegamos o trecho sinuoso na lateral. Embora a caminhada seja menos íngreme que as outras trilhas, a escalada por trás até o topo ainda é intensa. Eu tinha que descansar a cada dez passos ou mais. Mia parou algumas vezes comigo. Talvez fossem as endorfinas ou o calor do sol, mas eu estava fervilhando de alegria. Percebi que esses últimos passos foram um desafio para as perninhas de Mia. Ela podia ver como eu estava cansada.

No cume, ela ergueu as mãos acima da cabeça e riu. Tirei fotos dela lá, dançando no topo, tão acima da cidade. Nosso lar. Sentamos na beirada, a montanha em declive abaixo de nós, com vista panorâmica para Missoula. De onde estávamos, as construções pareciam minúsculas casas de boneca, e os carros, pontinhos brilhantes. Fiquei ali, traçando mentalmente um mapa da cidade — Missoula parecia tão grande para mim, ocupara tanto espaço em minha mente e meu coração, que era estranho vê-la de cima, em toda sua plenitude.

Imediatamente abaixo de nós estava o campus aonde eu ia para a faculdade e o auditório no qual, em dois anos, Mia me veria atravessar um palco e receber meu diploma de bacharel em inglês e escrita criativa. Da montanha, pude ver o gramado e as árvores sob as quais me deitara em minha visita de verão, onde sonhara em ser estudante. Pude ver nosso apartamento, os parques nos quais brincávamos, o centro da cidade onde Mia e eu enfrentamos calçadas escorregadias no inverno. E vi um rio correndo como uma cobra preguiçosa em meio a tudo isso.

Mia andou o caminho todo de volta até o carro. O pôr do sol lançou uma luz laranja-escuro em sua pele. Ela olhou para mim algumas vezes, confiante. "Conseguimos", parecia dizer com os olhos. Não somente subir a montanha, mas uma vida melhor.

Acho que no fundo significava as duas coisas.

ROTAPLAN
GRÁFICA E EDITORA LTDA
Rua Álvaro Seixas, 165
Engenho Novo - Rio de Janeiro
Tels.: (21) 2201-2089 / 8898
E-mail: rotaplanrio@gmail.com